日本の新規開業企業

忽那憲治
Kutsuna Kenji
【編著】

安田武彦
Yasuda Takehiko

東京 白桃書房 神田

まえがき

　新規開業という行為は企業家活動（アントレプレナーシップ）の重要な側面を構成している。しかし，わが国における新規開業の現状を見るとき，長らく停滞した状態が続いていると言わざるをえない。中小企業庁の『中小企業白書』や国民生活金融公庫総合研究所の『新規開業白書』から開廃業の推移をうかがうことができるが，1996-1999年の数値では，廃業率の5.6％に対して開業率は3.5％にすぎず，開業率が廃業率を大幅に下回る状態がここのところ恒常化している。開業率が10％を上回るアメリカやイギリスと比較するとき，わが国の現状は，開業率が4％弱と国際的に見ても低水準であることに加えて，廃業率を下回っているという極めて深刻な事態にある。
　企業家活動，なかでも新規開業企業に関する研究は，欧米においてはここ20年でかなりの蓄積を見るに至っており，そうした学術研究の成果が政策にも反映される形で当該国における企業家社会の構築および経済の活性化に貢献している。一方，このような欧米の状況とは対照的に，わが国においては新規開業企業や企業家（開業者）についての研究・分析は欧米からかなりの後れをとっている。わが国では新規開業企業や企業家に関する実態把握が必ずしも十分ではないとの認識に立ち，中小企業総合研究機構の調査プロジェクトとして研究会を組織し，今回2つのアンケート調査を実施することにした。1つは，1995年から1999年の5年間に設立された新規開業企業を対象に2002年11月にアンケート調査を実施した。同調査の対象先企業は，東京商工リサーチのデータベースから1万社をランダムに抽出した。有効回答数は1141社であり，回収率は11.4％であった。もう1つは，イギリスのノッティンガム大学ビジネススクールのポール・ウェストヘッド教授の協力を得て，イギリスと同じ質問票を用いての事業主に関する実態調査を実施した。各都道府県別・産業部門別の企業構成比を「事業所統計」から算出し，この比率に従って東京商工リサーチのデータベースから7000社をランダムに抽出し，

2002年10月にアンケート票を送付した。有効回答数は571社であり，回収率は8.2%であった。

本書では，この2つのアンケート調査によって得られたデータをもとに，さまざまな視点から分析を行っている。第1章から第9章は新規開業企業に関する実態調査のデータに基づいた分析であり，補章は，事業主調査のデータに基づいた分析である。以下，本書の章別のテーマについて簡単に述べておくことにしよう。まず第1章では，高橋徳行（武蔵大学経済学部）が開業者のプロフィールを概観した後，開業後の企業成長を事業機会および経営資源の充足状況の視点から分析している。第2章では，山田仁一郎（香川大学経済学部）が開業者のパートナーシップと人材育成について分析している。第3章では，原田信行（筑波大学大学院システム情報工学研究科）が開業者の労働時間を分析している。第4章では，本庄裕司（中央大学商学部）が新規開業企業のパフォーマンスを分析している。第5章では，岡室博之（一橋大学大学院経済学研究科）が開業後の取引関係の構築とパフォーマンスとの関連性を分析している。第6章では，忽那憲治（神戸大学大学院経営学研究科）が新規開業時の資金調達における金融機関の役割に関して，民間金融機関と政府系金融機関を比較している。第7章では，根本忠宣（中央大学商学部）が開業後のメインバンクの形成と取引状況について分析している。第8章では，伊藤康（千葉商科大学商経学部）と明石芳彦（大阪市立大学大学院創造都市研究科）が，新規開業企業の産学連携・研究開発補助金の活用について分析している。第9章では，安田武彦（東洋大学経済学部）が中小企業を対象とした政策金融の効果を分析している。補章では，忽那憲治（同上）が事業主調査のデータをもとに，企業家タイプ別の企業家活動の違いを分析している。わが国の企業家活動や新規開業企業に関する研究の進展および有効な支援システムの構築に向けて，本書が役に立つことができれば，編著者一同にとって何よりの喜びである。

最後に，この研究プロジェクトの実施・運営に当たっては，中小企業総合研究機構のスタッフ（当時）であった海堀昇平，鳥越良史，許伸江の3氏に大変お世話になった。相原基大（長崎大学経済学部），岡村秀夫（関西学院大学商学部），小宮一高（香川大学経済学部），松岡久美（香川大学大学院地

域マネジメント研究科)の各先生方からは本書の原稿執筆の段階で貴重なコメントを頂いた。山田幸三先生(上智大学経済学部)には出版社を紹介して頂き,白桃書房相談役の照井規夫氏には本書の出版を快くお引き受け頂いた。記して感謝したい。

       2005年3月 編著者を代表して 忽 那 憲 治

目　次

まえがき　i

第1章　開業者のプロフィール ─────────── 1
　　　　　　　　　　　　　　　　　　◆ 高橋　徳行

1. はじめに ……………………………………………………… 1
2. 開業者と新規開業 ……………………………………………… 4
　　2.1. 企業経済学からのアプローチ　4
　　2.2. 労働経済学からのアプローチ　5
3. 断念者と開業者の違い ……………………………………… 6
　　3.1. 動機の強弱による違い　6
　　3.2. トリガーイベント（引き金となった出来事）　8
4. 開業者のプロフィール ……………………………………… 10
　　4.1. 属性　10
　　4.2. キャリア　12
5. ティモンズ・モデルの検証 ………………………………… 15
　　5.1. ティモンズ・モデル　15
　　5.2. 変数の設定　17
　　5.3. 事業機会・不足型と非事業機会・充足型の違い　18
　　5.4. 事業機会と経営資源充足状況と企業成長　21
6. おわりに ……………………………………………………… 23

第2章　開業者のパートナーシップ ─── 27
　　　　　　　　　　　　　　　　　　　　◆ 山田 仁一郎

　1．はじめに ……………………………………………… 27
　2．開業におけるネットワークと組織化 ……………… 29
　　　2．1．組織化におけるネットワークと懐妊期間 29
　　　2．2．開業ネットワークにおけるパートナーシップ 30
　　　2．3．人的資源の獲得と育成 32
　3．開業者のパートナーシップと人材 ………………… 33
　　　3．1．経営パートナーの有無 33
　　　3．2．経営パートナーの役割 34
　　　3．3．経営パートナーの属性・キャリア 36
　　　3．4．開業者のネットワーク活動の変化 39
　　　3．5．パートナーシップの機能とパフォーマンス 43
　　　3．6．人材の育成と獲得 46
　4．人の結び付きがつくる優位性……………………… 48
　5．おわりに ……………………………………………… 50

第3章　開業者の労働時間 ─── 55
　　　　　　　　　　　　　　　　　　　　◆ 原田 信行

　1．はじめに ……………………………………………… 55
　2．開業者の労働時間 …………………………………… 56
　3．労働時間の決定要因 ………………………………… 59
　4．推定結果 ……………………………………………… 66
　5．おわりに ……………………………………………… 69
　付録　労働時間関数(1)式について ………………… 70

第4章　新規開業企業のパフォーマンス ─── 75
　　　　　　　　　　　　　　　　　　　　　　　　◆ 本庄　裕司

1．はじめに ………………………………………………… 75
2．開業研究の推移と先行研究 …………………………… 76
　　2.1．開業研究の意義と推移　76
　　2.2．先行研究　77
3．データ ………………………………………………… 78
　　3.1．サンプル企業の特性　78
　　3.2．パフォーマンスの測定と特性　80
4．パフォーマンスの決定要因 …………………………… 85
5．推定結果 ………………………………………………… 87
6．おわりに ………………………………………………… 94
付録1　わが国における開業の状況 ……………………… 95
付録2　サンプル企業の特徴 ……………………………… 96

第5章　取引関係とパフォーマンス ─── 101
　　　　　　　　　　　　　　　　　　　　　　　　◆ 岡室　博之

1．はじめに ………………………………………………… 101
2．開業後の取引関係 ……………………………………… 103
　　2.1．開業時の販売先の確保　103
　　2.2．新規の販売先の開拓　104
　　2.3．販売先の数と取引集中度の変化　105
　　2.4．取引関係の継続性　106
　　2.5．最大販売先からの支援　106
　　2.6．現在の最大販売先の属性　107
3．企業成長への影響 ……………………………………… 108
　　3.1．モデルと変数　108

3．2．仮説　111
       3．3．分析の結果と考察　115
    4．販売先からの支援の要因 ……………………………… 119
    5．おわりに ……………………………………………… 122

第6章　新規開業時の資金調達 ──────── 127
　　　　　　　　　　　　　　　　　　　◆ 忽那　憲治

    1．はじめに ……………………………………………… 127
    2．新規開業時の資金調達の概要 ………………………… 129
       2．1．新規開業時の資金調達と資本構成　129
       2．2．新規開業時における民間金融機関からの借入　129
       2．3．新規開業時における政府系金融機関からの借入　132
       2．4．民間金融機関融資と政府系金融機関融資の申請
            および認可　134
    3．先行研究 ……………………………………………… 135
    4．実証分析 ……………………………………………… 139
       4．1．データと変数　139
       4．2．推定結果　143
    5．おわりに ……………………………………………… 149

第7章　メインバンクの形成 ──────── 153
　　　　　　　　　　　　　　　　　　　◆ 根本　忠宣

    1．はじめに ……………………………………………… 153
    2．リレーションシップ・レンディングの重要性 ………… 154
       2．1．長期的取引関係　154
       2．2．取引関係の厚みと渉外活動　156
       2．3．1行取引対複数取引　157

2．4．新規開業企業におけるリレーションシップ・
　　　　レンディングの重要性　158
3．民間金融機関との取引状況 ……………………………… 159
　　3．1．企業特性別に見たメインバンク　159
　　3．2．メインバンクの変更状況　161
4．リレーションシップ・レンディングに関する分析
　　　結果 ……………………………………………………… 163
　　4．1．分析モデルと変数の選択　163
　　4．2．取引年数で見たリレーションシップ・レンディ
　　　　ングの有効性　165
　　4．3．渉外員との接触頻度の経済的意義　167
　　4．4．1行取引の有効性　170
5．メインバンクの合併効果 ……………………………… 173
6．政府系金融機関との取引状況 ………………………… 174
7．おわりに ………………………………………………… 176
付属資料Ⅰ：回帰分析の結果 ……………………………… 178
付属資料Ⅱ：メインバンクに対する満足度 ……………… 182

第8章　研究開発 ——————————————— 185
―外部研究機関との連携と補助金の活用―
♦ 伊藤康・明石芳彦

1．はじめに ………………………………………………… 185
2．新規開業企業における研究・技術開発活動の現状 …… 186
　　2．1．開業時の技術的優越性　186
　　2．2．研究・技術開発の状況　188
　　2．3．研究・技術開発の成果　190
　　2．4．外部研究機関の影響　192
　　2．5．補助金・助成金の影響　194

3．研究開発活動の成果に関する実証分析 …………… 196
　　3．1．モデルと変数　196
　　3．2．推定結果　198
　　3．3．小括　200
　4．外部研究機関との連携の決定要因に関する分析 ……… 201
　　4．1．モデルと変数　201
　　4．2．推定結果　203
　5．研究開発補助金の効果 …………………… 205
　　5．1．研究開発補助金に関する論点　205
　　5．2．研究開発補助金の効果　207
　6．おわりに ……………………………………… 209

第9章　政策金融の活用 ──── 213
◆ 安田　武彦

　1．はじめに ……………………………………… 213
　2．新規開業者が直面する金融環境と政策金融の効果 …… 214
　3．開業資金規模の決定要因の実証結果 ………… 217
　　3．1．推定式と変数　217
　　3．2．検証結果　224
　4．政策的含意および今後の課題 ………………… 228

補章　企業家タイプと企業家活動 ──── 231
◆ 忽那　憲治

　1．はじめに ……………………………………… 231
　2．企業家タイプと企業家活動に関する先行研究 ……… 232
　3．アンケート調査方法 …………………………… 235
　4．企業家タイプの定義 …………………………… 237

4．1．自ら創業した企業の事業主と事業を継承した
            企業の事業主　238
        4．2．家族経営企業の事業主と非家族経営企業の事
            業主　238
    5．企業家タイプ別の比較分析 ……………………………… 239
        5．1．事業を創業および継承した理由　239
        5．2．ビジネス・チャンスの認識・特徴　243
        5．3．重視する経営のパフォーマンス指標　246
        5．4．事業に関する新たな取り組みに対する態度　248
        5．5．パフォーマンス　250
    6．おわりに ………………………………………………………… 251

参考文献　253

第1章

開業者のプロフィール

1．はじめに

　本章は，新規開業の担い手である開業者，より正確に言えば開業時点の開業者に焦点を当てている。新規開業は，事業環境や事業を始めるために必要な経営資源の調達環境とともに開業者そのものに大きな影響を受ける。事業環境や経営資源の調達環境は客観的な条件であり，誰にも共通に与えられたものである。しかし，そのなかで実際に事業を始める人と始めない人がいるのは，開業者を含めた開業予備軍の属性，キャリア，家庭環境，そして民族などの主観的条件がそれぞれ異なっているからと考えることができる[1]。

　開業者のイメージは多種多様である。遡れば，株式会社日立製作所を創った小平浪平（経営者の敬称は省略した：以下同じ）も森永製菓株式会社の創業者である森永太一郎もともに，明治時代を代表する稀有の事業家であり，当時西洋で作られていた製品に負けない国産品の製造に一生を捧げた。しかし，小平は東京大学を卒業後就職しているが，森永は10歳頃から行商をして生計を立てた。創業年齢は小平が36歳，森永は34歳とともに当時としては遅い。創業前の洋行経験は高学歴の小平にはなく，一方森永は足かけ12年間のアメリカ生活がある。創業分野は機械と食品で全く違う。また，日本に初めてドライクリーニングの技術をもたらした株式会社白洋舍の五十嵐健治は，高等小学校を卒業した後，三越に勤めるまでの5，6年は放浪生活をしてい

る。キリスト教の洗礼を受けた後に生活態度が改まり，30歳で独立した。キリスト教の洗礼を受けたことが，その後の人生に大きな影響を与えたという点では森永と同じである。

最近も，一橋大学卒業，日本興業銀行（現在のみずほ銀行）入行，そしてハーバード大学MBA（経営学修士）修了という華やか経歴を持つ楽天株式会社の三木谷浩史に典型的な開業者のイメージを重ね合わせる人がいる。その一方，一般には知られていないかもしれないが，専業主婦，そして地元広島の小さな会社勤務を経て独立し，現在会員数10万人を擁する女性市場に特化したマーケティング支援会社である株式会社ハー・ストーリィ（広島県広島市，従業員数40人）を創業した日野佳恵子という女性も今を特徴付ける開業者である。

さまざまな開業者像が描かれるのは，開業者そのものが多様な存在であるからに他ならない。1995年に店頭公開した，調剤薬局大手のクラフト株式会社（東京都千代田区，従業員数709人）の創業者の1人であり，退職後，MR（医療情報担当者）派遣事業などを手がけるアポプラスステーション株式会社（東京都千代田区）を立ち上げた伊藤昭は，自分で事業を起こす人のタイプを次のように表現している[2]。

「自分は，0-1型の人間。女王バチのようなもので，何かを作り上げるのが好きであり，得意である。そうしたものを軌道に乗せるのがうまい人もいる，これは1-5型。そして，軌道にのった事業を軌道からはずれないように育てる人がたくさんいる。これは6-100型の人だ。松下幸之助はすべてを兼ね備えていた人であるが，自分は0-1のところが得意である。」

このように多様な開業者のプロフィールを整理する意義の1つは，新規開業を促進する政策を考えるとき，どのような開業予備軍を対象に政策を実行すれば良いのか，さらに昨今注目されている起業家教育の中でどのような教育が効果的なのかを理解することである。もちろん，すぐに失敗するような新規開業を数多く生み出しても意味がない。

本章では，まず，開業者に着目した新規開業の考え方について簡単に整理する。Storey（1994）で示されているように，新規開業の理論は，産業構造の違いからアプローチする企業経済学の視点と開業の担い手の違いからアプ

ローチする労働経済学の視点がある。開業者のプロフィールの調査は後者の視点によるものである。

　次に，開業予備軍を対象とした調査によって，実際に開業に至った人と途中で断念した人の主な違いを見る。Reynolds and White（1997）では，開業までのプロセスの間に「懐妊」段階を置いている。「懐妊」とは，開業を決意し，何らかの準備を始めたときを指しているが，ここでは，「懐妊」後に断念した者と開業した者との比較を行っている。また，新規開業をするか否かの決断の際，どのような「出来事」と出会い，その「出来事」にいかに対応したかも触れている。その理由は，例えば，キャリアは開業者の特徴として重要であるものの，そのキャリアは必ずしも開業を目指して戦略的に形成されたものではないことも多いからである。

　そして，開業者を対象とした調査から開業者のプロフィールを紹介する。日本では，開業者に関する情報は，国民生活金融公庫総合研究所が毎年実施する「新規開業実態調査」が包括的なデータを提供していた。しかし，「新規開業実態調査」から得られるものは，当然のことながら国民生活金融公庫の融資先に限定される。最近は，開業者を対象とするさまざまな調査が実施されるようになり，従来とは異なった開業者像も少しずつわかるようになってきた。本書の各章で使われる(財)中小企業総合研究機構が実施したアンケート調査「新規開業にかかる実態調査」もその1つである。この調査の特徴の1つは，国民生活金融公庫に融資を申請していない企業が74.0％も含まれていることである。

　最後に，開業後の成長をティモンズ・モデルの枠組みで考えた。生き残った場合，事業機会追求型でありながら開業時の経営資源が必ずしも十分ではなかった開業者の成長力が強いと推測されるが，このタイプの開業者は資金の出し手から見た場合，最もリスキーに見える貸出先という問題を抱えている。

2．開業者と新規開業[3]

2.1．企業経済学からのアプローチ

　他の国と同様に日本にも新しく生まれる企業を対象とした公式統計はない。そのため，毎年，どれだけの新規開業企業が誕生しているのかは，総務省「事業所・企業統計調査」，厚生労働省「雇用保険事業年報」，法務省「民事・訟務・人権統計年報」，そして国税庁「国税庁統計年報書」などを使って推測している。そのなかで，データの質には問題はあるものの，新規開業率は，産業部門，地域，そして時期によって異なっている。

　その違いを説明する方法として，大きく分けると2つのアプローチがある。1つは，企業経済学者によるもので，産業構造が新規開業を生み出す決定的要因と捉える考え方であり，ここでは1人1人の開業者の個性には関心が払われない。もう1つは，労働経済学者によるもので，開業するか否かは労働市場で個人が決定した判断の結果として捉える考え方である。この場合，開業者の強烈なパーソナリティ，事業に失敗した経験，教育，そして家庭的バックグラウンドの違いなどが重要になる。

　2つのアプローチは補完的であり，排他的ではない。新規開業促進政策を行おうとした場合，どのような人が開業しやすいのか，また成長企業を設立する傾向が強いのかが明らかになった方が政策効果は高まる。しかし，それだけでは不十分であり，どのような特性を持った業種や地域により多くの新規開業が生まれるのかがわかると，今度は産業政策や地域政策も効果的に実施されるようになる。ちなみに，本章における開業者のプロフィールは，労働経済学の視点からの関心事項である。

　企業経済学的アプローチをする際の基本的な実証モデルは，例えば，Orr (1974) では，次のような式で示されている。

$E = f(\pi, BE, GR, C)$

　ここで，Eは新規開業，πは利益，BEは参入障壁，GRは成長，Cは集中度を示している。このモデルによると，ある業界，産業，そして地域への新規開業数は，開業後の利益が高いほど促進され，規模の経済，製品の差別

化，そしてユニークな生産方法へのアクセスなどの参入障壁を形成する要因によって妨げられる。また，産業や地域経済の成長率とは正の関係があり，集中度の高さは既存企業との間で結託の機会が豊富になることを意味するので，新規開業の可能性を低くする。さらに特定企業の集中度が高いほど新規開業は困難になると期待される。

アメリカのビジネススクールでは，参入する業種を選択する基準として「NO IBM」という表現がよく使われる。これはIBMが汎用コンピューターで世界市場を独占していた時代を想定し，特定企業が市場を支配している業界で新規に事業を始めることは賢明ではないことを意味する言葉として知られている。

2.2. 労働経済学からのアプローチ

Storey (1994) によると，新規開業に関心のある労働経済学者はKnight (1921) の業績に大きな影響を受けている。つまり，ある個人が失業者でいるのか，給与を支払われる雇用者でいるのか，それとも開業して経営者になるのかという3つの状態の1つを，それぞれのステータスで得られる効用の大きさと移動コストによって選択するというのである。

このフレームワークに従うと，ある個人が失業率の高いときに職を失った場合，それぞれのステータスが与える効用の大きさの視点で考えると，失業者は起業することや再就職することを選択しようとする。しかし，移動コストの視点では，失業率の高い時期の再就職は困難となる。その結果，失業者のままでいるか，開業するかのどちらかの道を選ぶ。以上から，失業率の高い時期に失業者を減らすには，失業者に開業への動機付けができれば良いことになる。イギリスでは1982年に，失業者が開業した場合1年間にわたって毎週40ポンドを支払うという企業開設手当制度を実施し，1982-88年にかけて10万以上の新規開業を輩出した。これは，ナイトの理論が正しいことを裏付ける1つの証拠になる。ただし，この制度による新規開業の失敗率は一般の新規開業よりも高かったことには注意を向けておく必要があるであろう。

このように，ナイトの理論は，産業や業界などの条件が同じでも個人の置かれた状態によって新規開業の程度が異なっていることを示したという意味

で，新規開業の研究に1つの視点を提示した。しかし，具体的にどのような個人が開業するのかというところまでは考えていない。

そこで，「開業者はどういう人なのか」「どのような人が開業しやすいのか」という疑問に答える必要が生まれるが，それには，開業した人だけを対象とする調査だけでは不十分である。そこで，次に開業を決意しながら断念した人と実際に開業した人の違いを見ていきたい[4]。

3．断念者と開業者の違い

3．1．動機の強弱による違い[5]

開業者の属性の違いに着目した分析は，昨今，日本でも数多く行われるようになったものの，その多くは，開業後の経営成果に焦点を当てたものがほとんどである。しかし，2003年度に経済産業省が実施した「起業に影響する諸要因に関する調査」は，開業希望者を対象とした創業塾[6]に参加した人，つまり開業予備軍を調査対象とし，しかもその予備軍が実際に開業したのか，依然準備中であるのか，もしくはすでに断念してしまったのかを尋ねている。そのため，開業や誕生を実現したグループとそうではないグループの違いを分析することを可能にしている[7]。

Reynolds and White（1997）では，企業の開業や誕生までのプロセスの間に「懐妊」段階を置くことによって分析を行うことの有効性が示されている。「懐妊」とは，起業を決意することであり，その定義は一様ではない。ただし，開業率の問題を議論する際，懐妊率の問題と懐妊後誕生に結び付く率を分けて考えることは有意義であろう。例えば，起業家教育は懐妊率を高めるのに効果はあっても，懐妊後のプロセスには大きな影響を与えない可能性がある。懐妊しても誕生に結びつかない理由は，懐妊するか否かとは異なった要因によるものかもしれないからである。わが国では，高度成長期に比べて，開業希望者に対して開業を実現する割合が減少しているので[8]，懐妊後から誕生に至るまでのプロセスに着目する意義は大きいと言える。

ここでは，創業塾を受講した段階で，「計画立案中」（1351件，全体の46.7％）と回答した人を懐妊した状態と捉え，そのなかから「創業塾受講後

に開業した（現在も継続中）」（203件）を懐妊後に誕生したグループ（誕生），そして「開業の目処が立っていない」（560件）と「断念した」（121件）をそれぞれ「流産1」「流産2」とした。

すると，男性の場合，懐妊後誕生につながった割合は，160件，懐妊グループの16.3%であるのに対して，女性は43件，11.7%と低い。一方，流産1では男性は392件，39.9%，女性は168件，45.7%，そして流産2では男性は78件，7.9%，女性は43件，11.7%といずれも女性がその割合において男性を上回っている（図1-1）。

懐妊後，誕生できるか否かに影響を与えそうな変数はいくつか想定できる。例えば，Storey（1994）では，結婚，離婚，教育，子供，失業，前職の賃金，経験，年齢，民族，性別，社会的地位，学校，地域，相続・流動性，パーソナリティ，管理職経験，そして家族による事業経験を「自営業の選択に関する影響要因」として，いくつかの調査結果の報告を行っている。

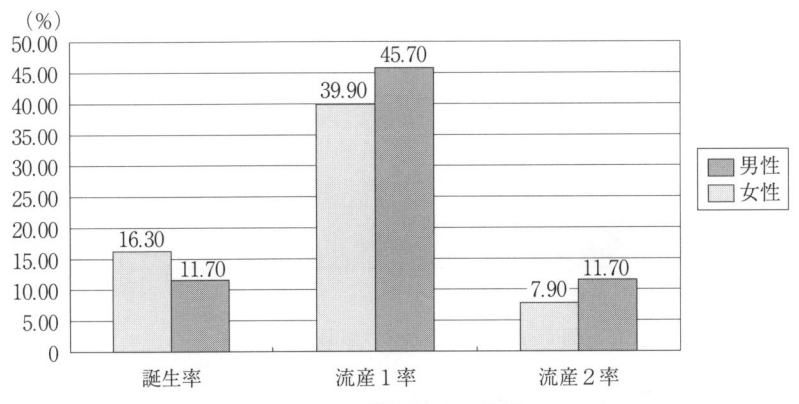

図1-1　「懐妊」後の状態

「起業に影響する諸要因に関する調査」の結果を見ると，「勤務者ではなく事業経営者になりたいと考えた動機について，次の項目はあなたの気持ちの中でどの程度の強さでしたか」の答え方に誕生グループと流産グループの違いが明白に表れている。

設問は全部で「多くの収入が得られる」「自分の能力をより生かすことができる」「雇用されるより自己裁量のできる起業の方が性格に合う」「好きな

ことを仕事にしたい」「時間や働く場所が自分のライフスタイルに合っている」「社会に必要とされる仕事で働き甲斐を感じたい」「働きに応じた成果が得られる」「ビジネスチャンスやアイデアを発見した」「適当な勤め先がなかった」「配偶者や家族・親族の死亡によりやむを得ず」「資産などを有効活用したかったから」の11項目の設問に対して,「強い」「やや強い」「弱い」「なし」の4つから1つの選択肢を選ぶ設計になっている。そこで,それぞれのグループが11の設問中,「強い」をどれだけ選択したのかを見ると[9],男性では,誕生グループが3.2,断念をした流産2グループが1.8,女性では,誕生グループが3.3,断念をした流産2グループでは2.0となっている(図1-2)。能力のなかに意欲を含めるか否かは議論の余地があるものの,達成意欲は開業者の特徴としてさまざまな研究者が指摘していることであり[10],動機の「種類」も重要であるが,「強さ」そのものも重要と言える。

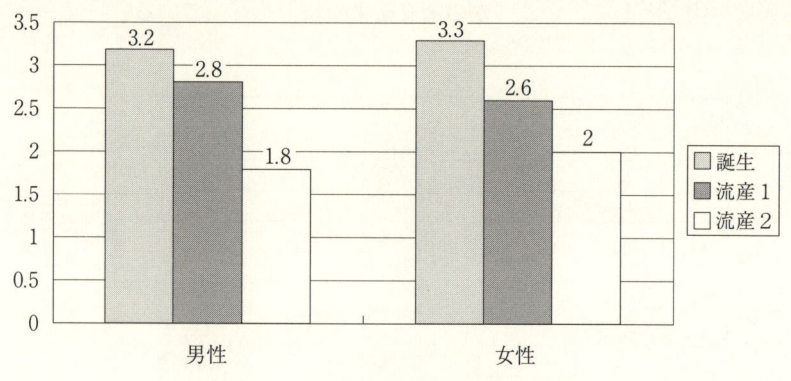

図1-2 「懐妊」後の状態別動機の強さ

3.2. トリガーイベント(引き金となった出来事)

　開業者を考える際に留意しなければならないことの1つに,開業者の多くは,幼いときからずっと起業家を目指していたわけではないということである。もちろん,パソナグループ代表の南部靖之のような学生時代から会社に就職することは全く考えなかった人がいないわけではない。しかし,割合とすればそれほど多くない。戦略的に開業を志してきたのであれば,学歴や職歴,そして事業経験に「開業者らしい」特徴が数多く表れるであろう。しか

し,「ちょっとしたきっかけ」が開業者になるかならないかの分岐点を形成しているのだとすれば,キャリア形成などの項目にそれほど大きな違いは出てこない可能性も否定できない。その意味では,どのようなことをきっかけに新規開業を志したのか,どの瞬間に開業者になろうと決心したのかを知っておくことは,開業者像を正確に把握するために重要である。

株式会社ドトールコーヒーの創業者である鳥羽博道は,20歳代のときに勤めていた会社の先輩が社長に往復ビンタされている光景を見たことのショックが独立する契機となり,遺伝子破壊マウスの量産化を主な事業分野とする株式会社トランスジェニック(熊本県益城郡,資本金24億1402万円)の創業者である井出剛は,この分野の戦略的研究が日本のバイオ産業振興に不可欠と考え,行政担当者に訴えたものの,全く相手にされなかったので自ら起業したのである。

身近な事例も数多く見られる。大学卒業後,東証1部上場の製薬会社に22年間勤めた後,特許事務所を開いて独立した人は上司との仲がしっくりいかないなかで開業を考え始めている。消防設備の法定点検や工事業で独立した人は,勤務先から同部門が赤字に転落し,駐車場の保守・点検まで手を広げるように言われた。そこで,慣れない仕事をするよりも,それまで同部門で働いていた人数を5人から3人に減らすことを提案したところ,勤務先社長から分社を勧められ,そのまま独立している。

国民生活金融公庫総合研究所「新規開業実態調査」(2002年度)によると,開業した直接のきっかけとしては「勤務先で仕事の方針や内容に不満があった」(14.4%)や「勤務先の将来性に不安があった」(10.9%)が上位を占める。選択肢だけを見ると,このようなきっかけは時間をかけて「熟成」されてきたかのように思える。しかしながら,鳥羽博道の例に代表されるように,勤務先に対して不満や不安を抱いている時間はそれほど長くはないと推定される。同調査では,開業を準備してから実際に開業するまでの期間を0.6年と報告している。準備期間は意外と短い。

新規開業をゴールとしてキャリア形成をしてきたのではなく,あるきっかけ,つまりトリガーイベントへの対応の結果の1つが開業であったと考えた方が素直に説明できる事例が少なくない。

4. 開業者のプロフィール

4.1. 属性

ここでは，本書で行われている分析の主要なデータとなっている「新規開業にかかる実態調査」と政府系金融機関のシンクタンクである国民生活金融公庫総合研究所が1991年度から毎年実施している「新規開業実態調査」（以下，国金調査)[11)]の２つによって開業者のプロフィールを見てみたい。

新規開業の重要性が繰り返し強調され，またさまざまな施策が実施されているなかで，開業者のプロフィールに関する情報の蓄積は進んでいない。これまでは，国民生活金融公庫総合研究所による調査が包括的なデータを提供していた。しかし，同調査から得られるものは，当然のことながら，国民生活金融公庫の融資先に限定される。ここで使用する「新規開業にかかる実態調査」では，開業時に，国民生活金融公庫に融資を申請していない企業が74.0％も含まれているので，両者を対比することで，１つだけの調査を見る場合よりは開業者全体の姿を知ることができる。

もちろん，この２つの調査がカバーしていない開業者グループも数多く存在する。代表的なグループとしては，いわゆるSOHO（スモールオフィス・ホームオフィス）と呼ばれる，自宅の一室や小さな事務所でごく小さな規模で事業展開をしている人たちである。彼らや彼女たちは，開業の際，金融機関からの借入をしないケースが多いので国民生活金融公庫からの対象から漏れ，また法人設立をしないで個人営業のままでいるので，法人が大部分を占める「新規開業にかかる実態調査」にも含まれない。また，使用する国金調査は1999年度に実施したものであるが，これは「新規開業にかかる実態調査」と年度を合わせるためである。開業者のプロフィールに関しては，数年単位で大きく変わるものではない。

開業者の年齢（開業時）は，「50-59歳」が最も多く，全体の31.4％を占める。「中高年」と呼ばれる「45歳以上」は，59.8％にのぼる（表1-1）。国金調査と比較すると，「新規開業にかかる実態調査」の開業者はかなり高い年齢で事業を始めている。

第1章 開業者のプロフィール

表1-1 開業者の年齢(開業時)

年齢区分	度数	割合(%)	(参考)国金調査 (1999年度) 割合(%)	(参考)就業構造基本調査 (1997年) 割合(%)
18-29歳	50	4.8%	12.0%	25.0%
30-34歳	76	7.4%	17.4%	24.8%
35-39歳	124	12.0%	17.9%	
40-44歳	166	16.1%	14.6%	22.1%
45-49歳	218	21.1%	15.8%	
50-59歳	324	31.4%	18.8%	14.2%
60-80歳	75	7.3%	3.5%	13.8%
合計	1033	100.0%	100.0%	100.0%

(注) 1．開業時の年齢は，「現在の年齢-(2002-開業年)」によって求めたものである。
   2．就業構造基本調査では，30歳代，40歳代は1つのカテゴリーで分類されている。
   3．新規開業にかかる実態調査の集計では17歳以下及び81歳以上は集計から除外した。
   4．新規開業にかかる実態調査以外では，「18-29歳」は20歳代，「60-80歳」は60歳以上のことである。
(出所) 国金調査は国民生活金融公庫総合研究所編『平成12年版新規開業白書』(中小企業リサーチセンター)。就業構造基本調査は中小企業庁編『2002年版中小企業白書』(ぎょうせい)。

表1-2 開業者の性別

	度数	割合(%)	(参考)国金調査 (1999年度) 割合(%)	(参考)帝国データバンク調査 (1999年) 割合(%)
男性	1096	96.8%	86.9%	94.5%
女性	36	3.2%	13.1%	5.5%
合計	1132	100.0%	100.0%	100.0%

(注) 帝国データバンク調査の調査対象は創業者ではなく，調査時点における法人の代表者である。

　開業者の性別は，女性が3.2%を占めるに止まり，残りの96.8%は男性である(表1-2)。わが国には，開業者の創業時点における性別データのみならず，そもそも法人代表者を含めた経営者の性別データが官庁統計に存在しない。しかし，3.2%という数字は，国金調査の13.1%と比べてかなり低い。既存企業の法人代表者の性別調査を行っている帝国データバンク調査の5.5%にむしろ近く，これは調査対象企業の多くが法人(ただし，調査時点

の個人企業割合は6.7%）であることによるのかもしれない。

家事負担は、女性と男性には大きな違いがある。「特に負担を感じない」は男性の74.1%に対して女性は50.0%と低い（表1-3）。ただし、家事負担が女性に集中するのは、日本だけの現象でもなく、また専業主婦がいる世帯だけのことでもない。例えば、米国のNational Parenting Associationは、シニアマネジャー級のキャリアウーマンの世帯も、家事の負担は女性に集中していること報告している。

表1-3　性別と家事負担

		大変負担に感じる	多少負担に感じる	特に負担には感じない	合計
男性	度数	71	208	800	1079
	割合（%）	6.6%	19.3%	74.1%	100.0%
女性	度数	5	13	18	36
	割合（%）	13.9%	36.1%	50.0%	100.0%
合計	度数	76	221	818	1115
	割合（%）	6.8%	19.8%	73.4%	100.0%

4.2. キャリア

開業者の学歴で最も大きな割合を占めるのは「大学（文系）」（33.8%）であり、次いで「高校」（31.2%）と「大学（理系）」（19.5%）が2桁台となっており、残りは10%に満たない（表1-4）。国金調査との大きな違いは、「専修・各種学校」の割合が5.8%（国金調査15.3%）と低いことと、全体的に高学歴であることである。「専修・各種学校」が低い理由としては、女性割合が低く、そのために美容師になるために通ったりする専修学校の割合が低いことなどが考えられる。

開業前の就業形態では「常勤役員」が33.0%、管理職（勤務者）が42.1%と両者で75.1%と全体の4分の3を占める（表1-5）。国金調査と比べて、開業者が高学歴であること、そして年齢層が高いことなどが関係している。

離職形態は、「自らの意思による退職」が圧倒的に多く、全体の65.8%を占める（表1-6）。次に多い「その他」（20.5%）は、自由意見欄の具体

表1-4　開業者の最終学歴

	度数	割合（％）	（参考）国金調査（1999年度）割合（％）
小中学校	22	2.1%	6.1%
高校	329	31.2%	39.4%
高等専門学校	31	2.9%	1.1%
専修・各種学校	61	5.8%	15.3%
短大	26	2.5%	3.1%
大学（文系）	357	33.8%	19.1%
大学（理系）	206	19.5%	13.1%
大学院（文系）	7	0.7%	0.7%
大学院（理系）	16	1.5%	1.0%
合計	1055	100.0%	98.9%

（注）国金調査には「その他」が含まれているので合計は100％にはならない。

表1-5　開業前の就業形態

	度数	割合（％）	（参考）国金調査（1999年度）割合（％）
常勤役員	370	33.0%	12.5%
管理職（勤務者）	472	42.1%	35.5%
管理職以外（勤務者）	208	18.6%	40.9%
非常勤役員	3	0.3%	―
派遣・契約社員	3	0.3%	0.4%
パート・アルバイト	7	0.6%	3.8%
学生	6	0.5%	0.2%
専業主婦・主夫	3	0.3%	1.5%
家族従業員・家業手伝い	12	1.1%	―
その他	37	3.3%	5.1%
合計	1121	100.0%	100.0%

（注）国金調査には「非常勤役員」と「家族従業員・家業手伝い」が含まれていない。

な記述を見ると，「兼任」「出向」「別会社や子会社の設立」「多角化」「事業部の独立」「合併による新会社設立」などが数多くあるので，「純粋」な開業

とは異なった形態も数多く含まれていると考えられる。また，解雇や勤務先の倒産が離職形態となっている割合は2つの調査ともに低い。非自発的に失業した人は，開業者のなかでも一般に少ない。

表1-6　離職形態

	度数	割合（%）	（参考）国金調査（2000年度）割合（%）
定年退職	44	4.1%	1.6%
解雇	32	3.0%	5.2%
勤務先の倒産	69	6.5%	4.9%
自らの意思による	698	65.8%	88.3%
その他	218	20.5%	―
合計	1061	100.0%	100.0%

（注）1．国金調査には「その他」が含まれていない。
　　　2．国金調査では1999年度には設けられなかった設問項目である。

　開業前に開業後の業種と同様な業種を経験した人の割合（斯業経験割合）は77.9%であり，国金調査（84.7%）とそれほど大きな差はない（表1-7）。また，事業経験は32.9%が「あり」と回答しており，これは国金調査（20.6%）よりかなり高くなっているが，先に述べたように「兼任」「出向」「別会社や子会社の設立」「多角化」「事業部の独立」「合併による新会社設立」などの理由による開業が数多く含まれていることが影響しているものと思われる（表1-8）。

　斯業経験や事業経験は本書の第4章などのテーマである「成長」を考えるときにも重要である。先験的には，成長に対して正と負の両方の効果が考えられる。斯業経験に関しては，業界の基本的な商慣行や知識を知っていることは生存や成長に不可欠な要因と思われる一方，業界慣行に染まりすぎることは事業機会を失うことにもつながる。

　事業経験も過去の事業の成功もしくは失敗からどれだけ多くのことを学んでいるかは一律には論じられない。例えば，わが国で初めて添乗員派遣業を立ち上げた三橋滋子が代表取締役を務める株式会社ツーリズム・エッセンシャルズ（東京都港区，1975年創業）は，彼女にとって初めての会社ではな

い。今の会社を立ち上げる数年前に同じ業務を行う企業を設立し，増資に伴う判断ミスによって他人に経営権を奪われた苦い経験を生かしての再出発なのである。過去の失敗を生かして経営を行った結果，三橋が去った企業は倒産し，彼女の企業は今も同業界のリーディングカンパニーとして活動を続けている。

表1-7 斯業経験の有無

	度数	割合（％）	(参考）国金調査（1999年度）割合（％）
あり	878	77.9%	84.7%
なし	249	22.1%	15.3%
合計	1127	100.0%	100.0%

表1-8 事業経験の有無

	度数	割合（％）	(参考）国金調査（2000年度）割合（％）
あり	371	32.9%	20.6%
なし	756	67.1%	79.4%
合計	1127	100.0%	100.0%

（注）国金調査では1999年度には設けられなかった設問項目である。

5．ティモンズ・モデルの検証

5.1．ティモンズ・モデル

バブソン大学のティモンズ教授は開業プロセスの特徴を，①事業機会，経営資源，そして開業者（チーム）のバランスが重要であること，②事業機会主導型であることの2つによって示している[12]（図1-3）。つまり，成長可能性の高い新規開業企業は，最初に有望な事業機会を発見し，それを実現するために必要な資金，人材，そして開業者（チーム）を揃えたり作り上げたりするのであり，すでに存在する資金，人材，そして開業者（チーム）の能力や器に合わせて事業機会を選択するものではないということである。

ティモンズ・モデルにおける事業機会の重要性は，経営戦略論の枠組みで考えると，「事業機会」の優位性を重視した戦略に相当する。代表的なフレームワークとしてはマイケル・ポーターの5つの力（Five Forces）が有名である。一方，財・サービスの供給システム（調達，生産，マーケティング，物流，販売，アフターサービスなどから成り立つ一連のシステム）やヒト，モノ，カネなどの経営資源に代表される「組織の力」の優位性を重視する戦略もある。

ティモンズ・モデルでは，事業機会，経営資源，そして開業者チームのバランスと適合の重要性を強調していると同時に，3つの要素が不均衡である状態が成長の原動力になっている。つまり，事業機会に比べて見劣りのする経営資源や開業者チームを鍛え上げることによって企業は成長するのである。このとき，見劣りのする経営資源や開業者チームに事業機会を合わせることは縮小均衡につながる。このような不均衡の克服過程が企業成長の糧であることは，「組織内のゆらぎ」，「アンバランスな戦略」，そして「オーバーエクステンション」と言った概念によって日本の経営学者からも重要性が指摘されている[13]。

そこで，ここでは，調査対象企業を開業時に，①経営資源が豊富であったか否か，②事業分野の決定が事業機会型であったか否かの2つの軸によって

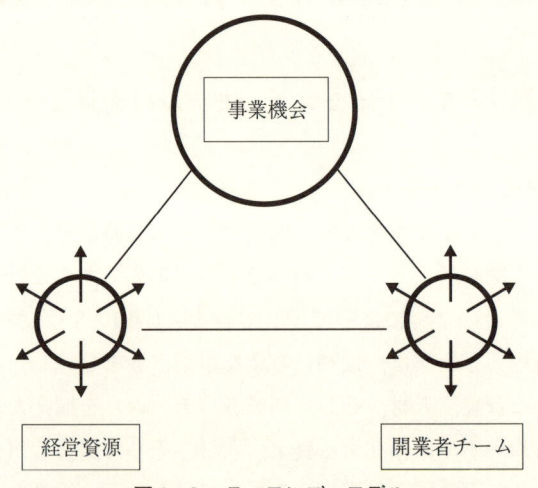

図1-3 ティモンズ・モデル

分類し，ティモンズ・モデルが「新規開業にかかる実態調査」の対象企業に当てはまるものかを見てみたい。

5.2. 変数の設定

　開業時に経営資源が豊富であったか乏しかったかの変数は次のようにして作成する。「新規開業にかかる実態調査」におけるアンケート調査設問の「問20　準備期間や創業当初ではどのような点に苦労されましたか。それぞれ該当する番号1つに○印を付けてください」において，「自己資金の蓄積」「外部からの資金調達」「創業パートナーなど人材確保」「仕入先・外注先の確保」「販売先の確保」「経営や法律関係の知識不足」の評価の平均を求め，その平均値が「1以上2.5以下」であれば「不足型」，「2.5超3.5以下」であれば「中間型」，そして「3.5超5以下」であれば「充足型」とした[14]。点数が低いほど苦労したとする選択肢となっている。

　事業機会型か否かは，「問21　現在の事業分野に決めた理由として，該当する番号1つに○印を付けてください」で「成長の見込める分野であったから」もしくは「社会が必要としている分野であったから」を選択した場合は「事業機会型」とし，それ以外の選択肢である「この仕事が好きだから」「自分にできそうな仕事を絞り込んだ結果」「身に付けた資格や知識を生かせる」「これまでのキャリアを生かせる」「良きパートナーに出会った」「資金調達の能力に合わせた」を選択した場合は「非事業機会型」とした。

表1-9　経営資源の充足状況・事業分野決定理由別の分布

経営資源	分野決定理由	事業機会型	非事業機会型	合計
不足	度数	81	220	301
	割合（％）	8.4%	22.9%	31.4%
中間	度数	128	355	483
	割合（％）	13.3%	37.0%	50.4%
充足	度数	47	128	175
	割合（％）	4.9%	13.3%	18.2%
合計	度数	256	703	959
	割合（％）	26.7%	73.3%	100.0%

以上の変数を設定することによって,「新規開業にかかる実態調査」の調査対象企業は6つに分類される。つまり,事業機会・不足型（全体に占める割合：8.4%,以下同じ）,事業機会・中間型（13.3%）,事業機会・充足型（4.9%）,非事業機会・不足型（22.9%）,非事業機会・中間型（37.0%）,そして非事業機会・充足型（13.3%）の6つのタイプである（表1-9,図1-4）。

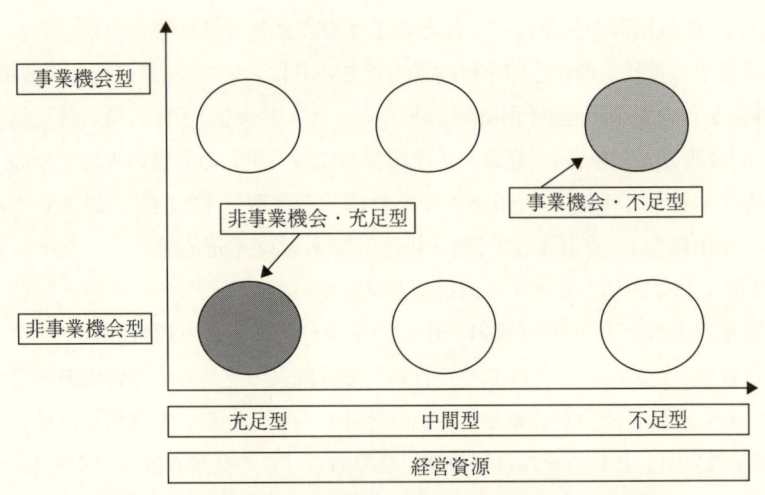

図1-4　経営資源の充足状況と事業分野決定理由による類型化

5.3. 事業機会・不足型と非事業機会・充足型の違い

　ティモンズ・モデルによると,成長性や発展性の可能性は,事業機会と当初の経営資源の乖離が大きいほど,つまり不均衡の程度が強いほど高まる。それは,開業当初は経営資源等の制約によって小さな規模でスタートし,その後は事業規模を事業機会の大きさに急速に接近させようとするからである。

　その点を確認するために,6つのタイプのうち,まず事業機会・不足型と非事業機会・充足型の2つを取り上げる。前者の事業機会・不足型はティモンズ・モデルの典型であり,後者の非事業機会・充足型はその対を成すものである。

　まず,両者の成長性や発展性を雇用,売上,そして開業者の収入の3点から見ると,いずれも事業機会・不足型は非事業機会・充足型を上回っている。

事業機会・不足型は開業時点から調査時点にかけて平均25.9人の雇用を増加させている一方，非事業機会・充足型は4.6人に止まっている。売上高は実数を比較しているが，事業機会・不足型は前々年度から直近年度の間，平均で58.3％の伸び率を示す一方，非事業機会・充足型は8.7％の伸びである。開業者の収入も同様に，事業機会・不足型の方が改善度合いは大きくなっている（表1-10）。

　しかし，ここで注意しなければならないことは，成長と安定や収益性の高さは必ずしも一致しないことである。むしろ，成長過程にあるときの企業は不安定であり，また投資の先行やオペレーション技術の未確立などによって収益性が低くなることは珍しくない。この調査でも，収支状況や事業に対する満足度は，高い成長率にもかかわらず，事業機会・不足型は非事業機会・充足型よりも平均値では劣っている（表1-11）。

表1-10　「事業機会・不足型」と「非事業機会・充足型」のダイナミズムの比較

	事業機会・不足型	非事業機会・充足型
①創業時の役員＋従業員数（人）（平均値）	8.5	13.6
②現在の役員＋従業員数（人）（平均値）	34.4	18.2
②－①（人）（増加数）	25.9	4.6
③売上高（前々年度）（万円）（平均値）	26705	36306
④売上高（直近年度）（万円）（平均値）	42281	39462
((④／③)－1)（％）（伸び率）	58.3％	8.7％
⑤創業直前の収入（平均値）	2.7	3.3
⑥現在の収入（平均値）	3.1	3.5
⑥－⑤（増加ポイント）	0.4	0.2

（注）収入の平均値は，「250万円未満」が1点，「250-500万円未満」が2点，「500-1000万円未満」が3点，「1000-1500万円未満」が4点，「1500万円以上」が5点として計算されている。

表1-11　「事業機会・不足型」と「非事業機会・充足型」の経営状況の比較

	事業機会・不足型	非事業機会・充足型
収支状況（平均値）	2.8	3
事業に対する満足度（平均値）	2.1	2.6

（注）「収支状況」も「事業に対する満足度」も5段階評価で5点が最も高く，1点が最も低い評価になっている。

両者の開業時の状況を比較すると,事業機会・不足型は開業者の年齢が若い,個人企業割合が高い,自己資金割合が低い,負債割合が高いといった特徴が見られる(表1-12)。さらに,金融機関への申請・認可状況を見ると,事業機会・不足型は,非事業機会・充足型と比べて,より積極的に金融機関に申請をしているものの,その認可割合は,民間金融機関の場合,低くなっている。これは,開業時点において,企業の成長可能性を見抜くことの困難性も表している(表1-13)。

また,2つのタイプの開業者の調査時点における週当たりの労働時間を比較すると,事業機会・不足型は,平均で73.1時間であるのに対して,非事業

表1-12 「事業機会・不足型」と「非事業機会・充足型」の開業形態等の比較

	事業機会・不足型	非事業機会・充足型
年齢(開業時)(歳)	48.4	53.7
常勤役員割合(開業時の就業形態)(%)	32.10%	39.10%
個人企業割合(開業時)	19.70%	14.20%
個人企業割合(現在)	2.50%	4.70%
資本金(平均値)(開業時)(万円)	1943	1854
資本金(平均値)(現在)(万円)	6002	3037
資金調達額(万円)(平均値)	5843	2652
自己資金割合(%)(平均値)	50.25%	61.70%
負債割合(%)(平均値)	33.01%	23.13%

(注) 1.資本金の比較は,開業時は個人企業を除いたもの,現在は開業時および現在も個人企業ではないものを対象としている。
2.「事業機会・不足型」の資金調達額では,8億5000万円,7億8000万円,5億3000万円がそれぞれ1企業ずつあり,この3企業で全体の平均値を2700万円引き上げている。一方,「非事業機会・充足型」の資金調達額の最高額は4億円である。

表1-13 「事業機会・不足型」と「非事業機会・充足型」の金融機関申請状況

	事業機会・不足型	非事業機会・充足型
民間金融機関への申請割合	48.80%	24.20%
同認可割合	72.50%	84.40%
国民生活金融公庫申請割合	32.40%	17.10%
同認可割合	75%	71.40%

機会・充足型は65時間に止まっている。開業後の成長は，開業者の就業時間だけで決定されるものではないが，ハードワークは高い成長の１つの要因になっていると思われる。

5．4．事業機会と経営資源充足状況と企業成長

ティモンズ・モデルの中心概念は，開業時の企業の特徴を，事業機会とそれを実現するために必要な経営資源や開業者（チーム）が不均衡であることと捉え，それを克服する過程が開業プロセスであるとし，そこに大きな成長可能性が存在するということである。

先に，典型的な２つのタイプを比較したが，ここでは，再び９つの類型を通して「新規開業にかかる実態調査」の調査対象全体を見てみたい。

９つの類型化を行うためのデータが利用可能な882企業全体では，開業時から現在まで１万1852人の雇用が純増している。どのタイプの開業が，どの程度，雇用の創出に貢献したのかを見ると，先の事業機会・不足型は企業数では8.7％を占めるに止まるが，雇用増加の貢献度では全体の17.2％である。一方，非事業機会・充足型は，企業数では全体の13.6％を占めるものの，雇用増加の貢献度は4.8％である。

全般に，事業機会型は非事業機会型よりは企業割合に比べて雇用創出への貢献度が高く，同様のことが不足型と充足型の間にも言える。事業機会型は企業数では26.9％を占め，雇用増加数では47.4％を占める一方，非事業機会型では，企業数は73.1％，雇用増加数では52.6％である。また，不足型は企業数では31.4％を占め，雇用増加数では34.7％であり，中間型はそれぞれ50.2％，52.5％，充足型は18.4％，12.8％となっている。経営資源の切り口は，事業機会ほど鮮明に違いは出てこないものの，それでも不足型のほうが充足型よりは企業数に比べて雇用増加への貢献度は高くなっている（表１-14，表１-15）。

最後に９タイプそれぞれの１企業当たりの創業時の雇用数，現在の雇用数，そして創業時から現在まで雇用数の年平均成長率を見ている（表１-16，図１-５）。このことからも，開業時の不均衡がその後の成長率に影響していることが確認できる。

表1-14　雇用創出力の比較（度数の分布）

経営資源	分野決定理由	事業機会型	非事業機会型	合計
不足	企業数	77	200	277
	増加人数	2038	2077	4115
中間	企業数	118	325	443
	増加人数	2633	3585	6218
充足	企業数	42	120	162
	増加人数	952	567	1519
合計	企業数	237	645	882
	増加人数	5623	6229	11852

（注）増加人数は「現在の役員数＋従業員数」から「開業時の役員数＋従業員数」を引いて求めた。

表1-15　雇用創出力の比較（割合）

経営資源	分野決定理由	事業機会型	非事業機会型	合計
不足	企業数	8.7%	22.7%	31.4%
	増加人数	17.2%	17.5%	34.7%
中間	企業数	13.4%	36.8%	50.2%
	増加人数	22.2%	30.2%	52.5%
充足	企業数	4.8%	13.6%	18.4%
	増加人数	8.0%	4.8%	12.8%
合計	企業数	26.9%	73.1%	100.0%
	増加人数	47.4%	52.6%	100.0%

（注）増加人数は「現在の役員数＋従業員数」から「開業時の役員数＋従業員数」を引いて求めた。

表1-16　雇用創出力の比較（開業時雇用数と現在雇用数）（1企業当たり平均値）

	①開業時雇用数（人）	②現在雇用数（人）	年平均伸び率（％）
事業機会・不足型	8.5	34.7	94.9
事業機会・中間型	13.2	37.3	51.5
事業機会・充足型	22.4	44.1	23.8
非事業機会・不足型	7.2	17.8	38.3
非事業機会・中間型	10.5	21.3	30.6
非事業機会・充足型	13.9	18.2	12.6

（注）年平均伸び率は，まず，（現在雇用数－開業時雇用数）／開業時雇用数によって，開業から現在までの伸び率を計算し，それを（2002年－開業年），つまり経過年数で除した値である。

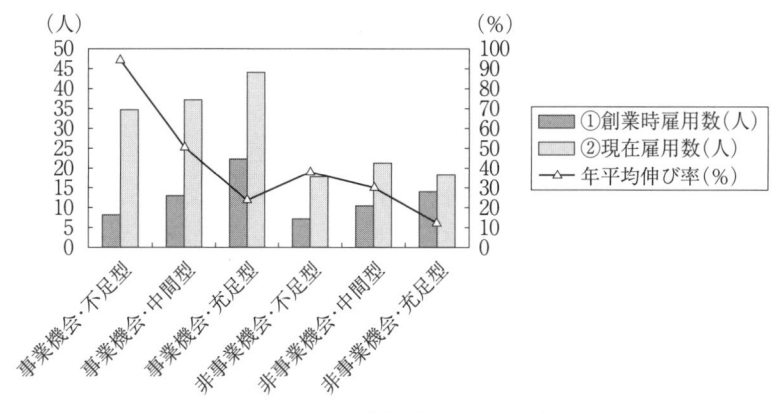

図1-5　タイプ別に見た雇用成長率

6．おわりに

　開業直前や開業間もない企業か業歴を重ねた企業かにかかわらず，企業が追求しようとする事業機会とそれを実現する経営資源や経営者（チーム）のバランスは企業の生存や成長を決めるうえで決定的に重要な要因である。

　ここでは，事業機会・不足型の成長力の高さを示したものの，政策への提言を考えたときにはいくつかの問題が残されている。第1は，調査対象企業が少なくとも開業後生存している企業であり，かつおそらく生存企業のなかでも比較的経営成果が良好な企業がアンケートに回答していることである。不均衡が成長可能性の高さの必要条件であるとしても，それは不安定さを伴うものであるから，事業機会と経営資源等の適合に失敗して，消滅する企業割合は，成長可能性は低いとしても開業当初から事業機会と経営資源が均衡している企業と比べて高いことは十分に予想される。つまり，不均衡は成長可能性の高さの必要条件であっても十分条件ではない。消滅した企業も含めて調査を行うことによって，開業当初の不均衡とその後の成長の関係がより明確にわかるであろう。

　第2は，事業機会の有効性を事前に判断することの困難性やそもそも事前判断の不可能性である。開業者の経営資源が不十分であることは事前に判定

できるとしても，事業機会が成長可能性に富んでいるのか否かを銀行などの利害関係者が事前に見極めることは難しい。そのため，事業機会・不足型の開業はリスキーなスタートアップとして支援者から排除され，成長性は低くても充足型に優先的に資金や支援が向かう可能性がある。つまり，成長可能性の高い企業は銀行などが融資をためらう企業なのである。この問題を解決するには，開業期の企業に対するベンチャー・ファイナンスやビジネス・エンジェルのより積極的なコミットメントが不可欠になる。

　第3は，事業機会の事前予知と同様に，不均衡な状態を解決し乗り越える開業者の能力を見極めることの難しさである。

　いずれにしても，開業者のプロフィールは多様であり，目的に応じて，これらを整理したり類型化したりすることは，政策効果を高めるうえで重要である。

【注】
1）Alvarez and Barney（2002）では，開業者の事業機会などの認識能力の違いなどを経営資源の異質性と見なして，創業間もない企業の競争優位を構成するものとして分析している。
2）パーソナル・インタビュー（2002年6月18日）。
3）本節はStorey（1994）に拠っている。
4）Reynolds and White（1997）では，一般成人を調査対象として，そもそも開業を決意しなかった人も比較対象に組み込んでいるが，日本ではそこまで踏み込んだ調査はほとんど実施されていない。
5）本小節は高橋（2004）に拠っている。
6）創業塾とは，創業を考えている人を対象に，日本商工会議所および各地商工会議所，全国商工会連合会および都道府県商工会連合会（中小企業庁補助事業）が主催する講座である。事業を開始するための心構え，ビジネスプラン作成研修，融資制度や創業事例の紹介など，実際の創業に役立つ内容を，経営コンサルタント，中小企業診断士らが講義している。
7）かながわ女性センター（2000）「『女性と起業』に関するアンケート調査」は，開業前の女性に焦点を当てた，数少ない調査の1つである。
8）中小企業庁（2002），p.48。
9）すべてに「強い」と回答するとスコアは11である。
10）例えば，Bygrave（2003）などを参照。
11）国金調査の有効回答数は年度によってバラツキはあるものの，おおむね1000件から

2000件程度である。調査対象は国民生活金融公庫が融資を実行した（注：申込ではない）企業であり，融資時点で開業後1年以内（開業前も含む）の企業である。
12) Timmons (1999), pp.37-44.
13) 組織内の「ゆらぎ」は野中（2002），「アンバランスな戦略」と「オーバーエクステンション」は伊丹（1984）でそれぞれ触れられており，ともに企業の成長や発展に果たす不均衡な状態の役割を強調している。
14) 評価は「非常に困難であった」を1,「極めて容易であった」を5とする5段階評価である。

〔高橋　德行〕

第2章

開業者のパートナーシップ

1．はじめに

　開業者が事業創造を行う。その成否を分ける要素として，本人のプロフィール，育ちや天分が大きく影響を与えるが，人は1人だけでは何もできない。新規開業において組織の確立は，成長のために不可欠な条件であり，ネットワークと人材の問題が資金調達や取引先の確保などと並んで中心的な課題となる。特に新規開業時に開業者を支えるネットワークと人材は，どのような特性を持っているのか。その重要性がこれまで繰り返し指摘される一方において，その実態は，必ずしも明確に確認されてこなかった。そこで本章では，開業者のパートナーシップとネットワーク，人材獲得の現状と課題に関する具体的な状況を確認し，理論的な検討を加える。

　開業者は事業創造の初期の段階において，経営資源の調達や新製品・サービスの開発などさまざまな活動に従事する。この混迷と一般に考えられる状態から，どのように開業者は新しい秩序と有機的なシステムをつくりだすことができるのだろうか。その1つの着眼点が，ネットワーク活動を通じてどのように人材を組織化しているのかという問いになる。開業に際して自然発生的な人間関係は，限界がある。同じ職場や限られた取引先，地域から派生する関係や家庭を中心とした血縁の人間関係も通常は，固定的であると考えられる。

戦後の混乱時期において，日本のその後の飛躍的な経済発展を実質的に担ってきた多くの企業家活動においても，多くの人と人の強いつながりを物語るエピソードが残されている。本田宗一郎と藤沢武夫，井深大と盛田昭夫，松下幸之助と高橋荒太郎など，経営パートナー関係の発展過程が開業後の企業の大きな成長の鍵となってきたという例示には事欠かない。日本に限定された現象でもない。ヒューレットパッカード社の創始者の2人であるウィリアム・ヒューレットとデイビッド・パッカードはスタンフォード大学で出会い，ビル・ゲイツとスティーブ・バーマーはハーバード大学で意気投合し，退学してマイクロソフト社を設立し，スティーブ・ジョブズとスティーブ・ウォズニャックは，UCバークレー大学を通して出会ってガレージでアップル社を創った。既に言い古された観のあるシリコンバレーの例をこれ以上，紐解くまでもなく，企業の創生過程には，人と人の出会いとさまざまな伝説や逸話が尽きない。ただ，言えることとして開業は，無から有が生じるわけではなく，何らかの因果関係・歴史的地域的文脈が存在する。企業家は，すべての与件から自由に戦略を選べるわけではなく，逆に資源的制約などが必然的に存在する条件下において，むしろ創造的な新しい企業戦略が構想されると考えられるべきであろう（加護野［1981］）。

　その意味で個体としての新しい組織の誕生は，母体となる組織や背景との関係を取り結ぶ人と人のネットワーク活動に着目するのは，普遍的なアプローチである。経営資源や事業機会の制約を所与のものとして考えたとき，これらを巧みに結び付けることができる企業家活動とそうでないものとの違いは，開業者を中心とした組織化の過程にあると考えられる。

　新しく企業が創造される過程において，開業者のビジョンを具体的な企業の戦略的な活動範囲（ドメイン）として確立することが重要であるが，それは1人の一度の大きな意思決定によってなされるようなものではない。むしろ，複合的な連鎖経路を辿る知識のネットワークが巧みに編集されることでつくられる。その過程においては，従来注目されてきた産学連携のみならず，投資家や顧客などとの多角的なパートナーシップが非常に重要な役割を担っているものと考えられる。本研究では，なかでも経営にまつわる組織の内外のパートナーシップに注目する。

2. 開業におけるネットワークと組織化

2.1. 組織化におけるネットワークと懐妊期間

　これまで日本のみならず欧米においても，企業家の開業に際しての克服しなければならない課題として，不足するさまざまな経営資源の獲得が繰り返し指摘されてきた。開業期の企業組織の形成にとって，人材を獲得し，組織化を行うことは不可欠なステップである。開業段階の企業は，組織として認知されるよりも開業者個人の存在が，その得意とする営業・技術開発などの分野を問わず，事業の正面へと出てきて注目を受ける場合が多い。しかしながら，開業者1人が関与し，意思決定していくことで可能になることは非常に限られており，開業初期から事業の安定的な成長要因は，なかなか確定されない。

　開業者は，そもそも新規開業と事業展開の過程で，必然的に多様なネットワーキングの広がりというものに寄りかかりながら，その後の発生していくさまざまな経営活動の限界を乗り越えていくことになる（Reynolds [1991]，金井 [1994]，山田 [1999]）。開業時における人的課題というものは，そのネットワーキングの過程そのもののなかで取り扱われる。

　開業までのスタートアップ期におけるネットワーク・プロセスの以前には，多様な「懐妊」期間（Reynolds [1991]）が存在し，紆余曲折のある複雑な組織と個人のやり取りを経て，新しい個体の組織化としての分化と統合が行われる。ハイテク・ベンチャー企業のケースなどにおいては，この懐妊期間は，「プレベンチャー」期間とも呼ばれ，発明家としての開業者が技術特性に従って，知的財産権の取得や大学等，さまざまな関連機関との調整を行うなど，事業機会とのマッチングのために試行錯誤を行う時期であると考えられている。

　多様な資源を調達するだけではなく，さまざまなネットワークから合流された人間関係が1つの束となって目標へ向けて統合されていくためには，一定の期間を要する。例えば，Stinchcombe（1965）は，新しい組織が直面する問題を「新しさの脆弱性（liability of newness）」と強調し，(a)役割獲得，

(b)コミュニケーション・システムの不備,(c)構成メンバーへの信頼保証,(d)市場における信頼構築,の4点に関する非効率性とリスクの分類を行った。このようにチームとしての企業家活動が形成されるには,その企業家を中心とした内外の相互作用にはいくつかの克服されるべき課題があり,開業期と成長期に先行して組織化（organizing）のための懐妊期間があることは無視されてはならない。

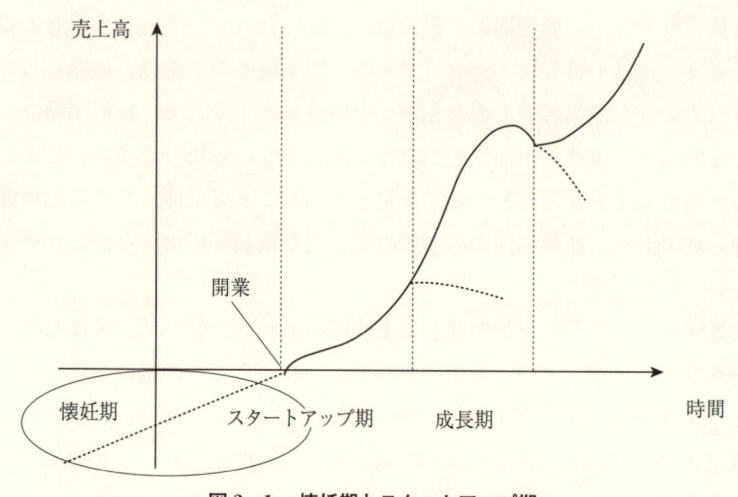

図2-1 懐妊期とスタートアップ期

分社や家業からの発展など,母体となる組織が明確に存在する場合も,何らかの形での独立形態での開業の母体がはっきりしない場合も,このような懐妊期間としてのネットワーク・プロセスは,往々にして存在する。本章では,こうした懐妊期間における事業創造活動のネットワークのなかで,開業前後の経営に関する意思決定をする中核としての人間関係を「パートナーシップ」と呼称し,分析と考察の主な対象とする。

2.2. 開業ネットワークにおけるパートナーシップ

グラノベッター（Granovetter [1973]）が述べたように,経済活動は,常に社会活動である。開業するネットワークが社会的ネットワークの一部であるというだけでなく,ビジネス・ネットワークの母体として社会的ネットワークの複雑で豊穣な背景がある。そのなかに一定の鍵となる関係として

パートナーシップが存在する。例えば開業者にとって経営資源は，人間関係のコミュニケーションのなかに存在する。投資家の資金もまた，それ自体が資源として有効なのではなく，企業家である開業者との出会いと，一定の関係性の構築によって新事業に対するかかわり合いのなかで価値を帯び，経営資源となる。

そうしたネットワークは，企業家にとって，フォーマルなもの（投資家・エンジェル，会計士，法律家，開業支援団体）とインフォーマルなもの（家族，友人，職務を通じた知り合い）等がさまざまに存在する。これら個人的なネットワークから幅広いネットワークへと次第に広がり，その逆に緩いつながり（弱連結）のなかから，深い関係性が生まれることがある。こうしたネットワークの伸び縮みの相互作用のなかで最も重要な関係性が培われる。しかしながら，開業者を中心としたネットワークの紐帯のなかでも焦点となる強連結としてのパートナーシップを定量的に観察し，実証的に分析として扱った研究は，欧米の例も含めて驚くほど少ない[1]。これは1つには，開業についてそのようなことを観察した十分なデータセットを入手し，調査を行うことが既存企業の研究に比べて，著しく困難であることが理由であろう。

企業家活動とは，本質的にネットワーク活動であるとさえ言われるが（Birley [1984], Dibini and Aldrich [1991]），その意味は多様にある。これまで開業時の企業の形成過程において，主要な役割として注目を浴び，成功の主要因として分析されてきたのは，開業者としての企業家である。しかしながら，近年，企業家活動の単独の主体としての社会的ネットワークのなかでの孤独なヒーロー像としての働きよりも，企業家チームの形成とその働きに議論の焦点が移りつつある[2]（Cooper [1986], Vyakanrnam *et al.* [1997], Ruef, *et al.* [2003]）。

これらの研究では，個人によって創業された企業よりも，パートナー関係やチームによって設立された企業の方が成功する傾向があると言われている（Doutriaux [1992], Van De Ven *et al.* [1984], Kazanjian and Rao [1999]）。複数の開業メンバーがパートナーシップによって能力を補完しあい，複雑な状況を管理する。その状況を支えているのは単に個人の能力だけでなく，むしろ特定のメンバー間の友情や愛着，信頼関係といった社会的な相互作用だ

とされる (Eisenhardt and Schoonhoven [1990], Lechler [2001])。ここで着目するべきなのは，開業者にとって事業創造において最も身近な人間関係の (性) 質や機能といった点である。

ここでは，単に新規開業とその後の組織の成長のためにネットワークが重要であるということではなく，開業時において開業者がどのように経営におけるパートナーシップを持ち，具体的にいかなる知識や能力の分野について，補完的な機能や支援を得ているのかを明らかにする。

2.3. 人的資源の獲得と育成

新規開業企業の長期的な競争力を支える経営資源は，他社との差別化の視点からすると，人的資源の獲得と開発が不可欠である。近年の労働市場は大きな変質を遂げつつあり，大企業を中心とする日本型雇用慣行が変化しているものの，中小企業全体としては，現在においても十分な人材確保が進んでいるとは言えない状況にある[3]。

しかしながら，中小企業においては，適切な人材の獲得の困難さもさることながら，能力開発を重視する企業が少なく，資源制約から組織内の能力開発体制が必ずしも十分でないとの認識も幅広くある。開業された企業が長期的に繁栄するためには，資源獲得型のネットワークに支えられながら，組織の成長を裏付けるような幅広い人材を獲得していかなければならない（平田 [2002]）。

著名なグレイナー (Greiner [1972]) の組織成長のモデル[4]にあるように，企業は成長に伴い，単なる規模的な拡大にとどまらず，開業早期から成長期，成熟期に向けて，組織の内外の分化と統合の過程などの変化と革新を繰り返すと考えられている。開業者が組織を創造していくプロセスは，開業以前の開業者のネットワークを通じた先取的行動を契機に，チームの形成がなされ，組織の構築と成長が行われるという経過をたどると考えられる。これらの経過のなかで開業者とパートナーの役割の分業などの観点に加えて，組織として現在，どのような人材を獲得しようとしているのかを合わせて調査・分析することは，その状態を考察するうえで示唆に富むであろう。

よって，この章では，開業者の経営にまつわるパートナーシップの観点と

ともに，新規開業企業が相対的にリスクの高い開業時を経て，いかなる方策・工夫で人材確保に取り組み，育成などに成功しているのかについて確認し，その現状と課題を明らかにする。

3．開業者のパートナーシップと人材

次に，今回のわれわれのアンケート調査の経営関連項目の内容に従って，1）経営パートナーの有無，2）経営パートナーの役割とキャリア，3）開業者自身のネットワーク活動の変化，4）人材の育成と獲得方法について，述べる。

3．1．経営パートナーの有無

まず，開業時，自社内，あるいは社外に，経営に関する相談ができるパートナー（以下，「経営パートナー」と呼ぶ）が存在したかどうかを尋ねている。サンプル企業の結果を表2-1に示す。全体のうち，社内における経営パートナーが存在しているのは39％にすぎず，61％の開業者が存在しなかったとしていることがわかる。一方，社内の経営パートナーの存在とは対照的に，新規開業時において開業者の社外の経営パートナーは，61％が存在しているということがわかる。

表2-1　社内外の経営パートナーについて

分類	社内		社外	
	回答数	構成比	回答数	構成比
1．存在した	412件	38.6%	665件	61.0%
2．存在しなかった	654件	61.4%	426件	39.0%

（注）有効回答数は，社内パートナーは1066社，社外が1091社。

有効回答数に微妙な差異はあるものの，開業者にとっての経営パートナーは，開業時においては社外に存在する傾向があるということが明らかになっている。従来，ベンチャーや企業家活動を巡る議論には，新しくつくる組織内外の協力グループの有効性が成功にとって極めて重要であるという指摘はあった。例えば，ヴェスパー（Vesper [1989]）は，事業の内容に即して単

独かチームかを選択し,いかに内部のチーム形成や外部のメンバーの活用の仕方に工夫が必要なことを指摘している。また外部に存在する専門家やメンター (Mentor:精神的な支柱者5)) と開業者との結び付きがストレスと不安が大きい開業者にとっていかに重要であるかという議論は存在した (Kets de Vries [1977])。今回の調査で社内と社外のパートナーとの明示的な違いの傾向が確認されていると言えよう。

では,これら経営の内外のパートナーの具体的な役割としては,どのような内容が含まれているのだろうか。

3.2. 経営パートナーの役割

問37では,その内外の経営パートナーの方の担当業務あるいは助言の内容は,主にどのような分野に力点を置いたものかを尋ねている6)。その結果を示すと社内の経営パートナーの役割は,図2-2のようになる。

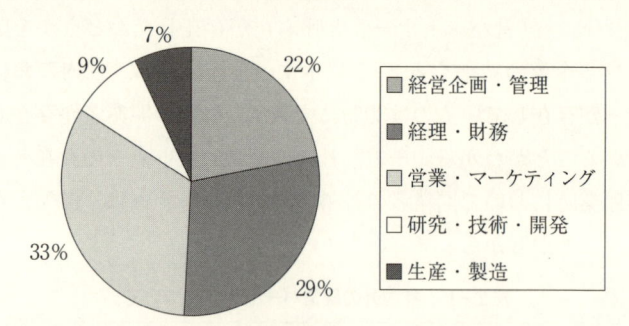

図2-2 社内の経営パートナーの役割
(注) 有効回答数は,391社。

凡例:
- 経営企画・管理 22%
- 経理・財務 29%
- 営業・マーケティング 33%
- 研究・技術・開発 9%
- 生産・製造 7%

社内の経営パートナーの役割は,営業・マーケティングが33%,経理・財務が29%と多く,それに続いて経営企画・管理が22%と続くことがわかる。研究・技術・開発9%と生産・製造7%などとの違いが出ており,社内の経営パートナーの役割がいわゆる技術系の業務よりも営業・管理事務系の側面が強いことが明らかになっている。この事実は,先行研究にある佐藤・玄田 (2003) らが指摘する成長する中小企業における「文系出身の右腕」の役割の重要性と重なりあう部分があると言えよう。

続いて,社外の経営パートナーの役割を図2-3に示すと,次のように

なっている。

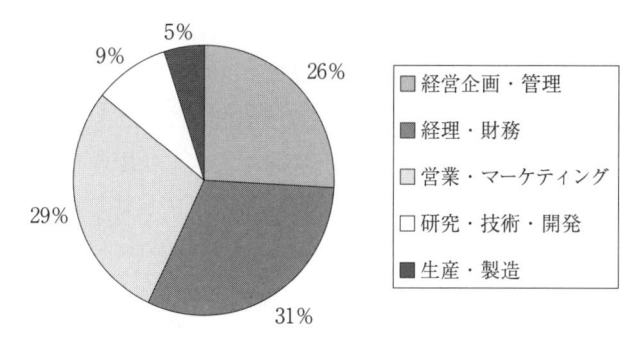

図2-3　社外の経営パートナーの役割
（注）有効回答数は，589社。

　経理・財務が31%，営業・マーケティングが29%，経営企画・管理が29%と，これら3つが社内の経営パートナーの役割と同様に多い。それに続く，研究・技術・開発9%と生産・製造5%などとの違いも，ほぼ共通している[7]。

　一方，開業時の開業者自身の役割を回答者に対して尋ねた結果，図2-4のような結果を得ている。

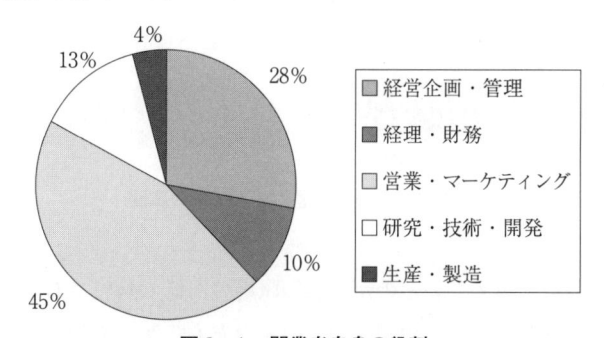

図2-4　開業者自身の役割
（注）有効回答数は，461社。

　内外の経営パートナーの結果とは非常に対照的に，開業者自身の最大の役割は，営業・マーケティングが44.9%と大きく占める。次いで経営企画・管理の27%であり，研究・技術・開発が13%，経理・財務が10%，生産・製造が4%と続いている。

これは経営パートナーの役割や助言の内容・知識とはかなり異なる結果であり，最大の違いは営業・マーケティングなどの直接，販売実績にかかわる傾向がある点である。また，相対的に経理・財務項目の割合がほぼパートナーの役割の中で約30％を占めているものが10％まで低下している点も指摘できる。これは，開業者自身が事業創造にあたって，実際の売り上げ等の事業の成果について積極的に責任がある点を役割として自覚している特徴が浮き彫りになっていると言えよう。

3.3. 経営パートナーの属性・キャリア

次に社内の経営パートナーの開業時には，どのような属性を持つ存在であったのかを確認すると，図2-5のようになっている。

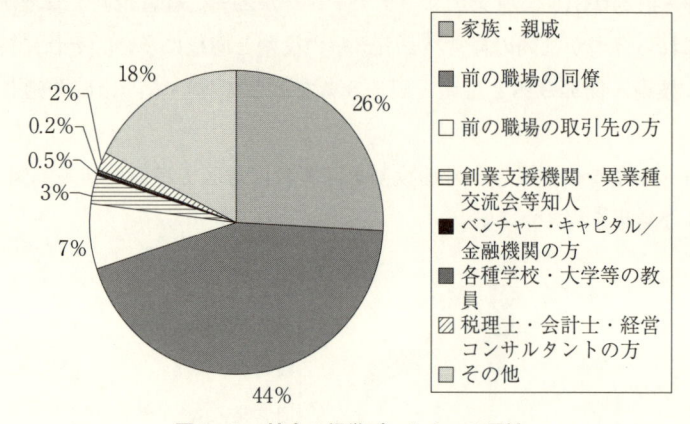

図2-5 社内の経営パートナーの属性
(注) 有効回答数は，417社。

圧倒的に多数を占めているのが，前の職場の同僚で44％である。次いで家族・親戚が26％と高い。前の職場の取引先の方も7％とあるが，これら回答項目にないその他が18％を占めていることも特徴的である。さらに開業支援機関・異業種交流会等の知人や税理士・会計士・経営コンサルタントなどの専門家，ベンチャー・キャピタル／金融機関の方，各種学校・大学等の教員などは，割合としては全体として非常に低い数値に留まっている。

これらの事実は，家族・親戚や前の職場の同僚にせよ，開業者との共通経

験や持続的な公私に渡るかかわり合いの深さが，新規開業のパートナーシップを形成するうえで重要な条件であることを示唆している。特におよそ半数を占める前の職場の同僚との開業におけるパートナーシップ関係が際立って多いことは，特筆に価する。

この数字は，近年指摘される企業や大学からのスピンオフの重要性などの考え方とも一致する。技術・市場に関する知識の共有もさることながら，協働体験の蓄積が，新事業創造にあたって貴重な基盤となるという意味があるのではないか。また社内の経営パートナーの性質という点においても，興味深い。もっとも新規開業の過程のパートナーシップの深さそのものを評価・測定することは，とりわけ困難であることも事実であり，この点で過去の事例研究等の方法による蓄積の重要性が指摘でき，補完関係にあるとも言えよう。

次に社外の経営パートナーの開業時における属性を図2-6に示すと，次のようになっている。

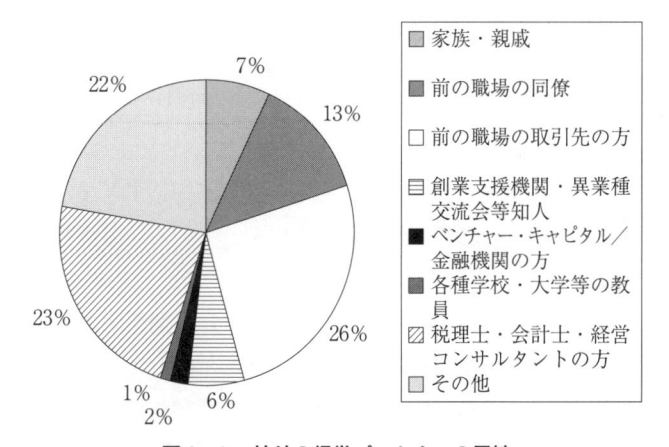

図2-6　社外の経営パートナーの属性
（注）有効回答数は，615社。

前の職場の取引先の方が26％と，社内の経営パートナーの場合と比較して格段に増加しており，続いて税理士・会計士・経営コンサルタントなどの専門家が23％，その他が22％と全体の大勢を占めている。前の職場の同僚は13％，家族・親戚も7％，開業支援機関・異業種交流会等の知人が6％に留

まり，ベンチャー・キャピタル／金融機関の方は2％，各種学校・大学等の教員などは1％にすぎず，非常に低い割合である。

社内の経営パートナーの属性と比較すると，前の職場の取引先と税理士・会計士などの専門家の比率の違いが著しい。外部専門家に対する依存がはっきり出ている。前の職場の取引先の割合が高い比率を示していることは，開業者のパートナーとの関係性に関する示唆に富んでいる。社外の経営パートナーの属性は，社内の場合よりも多様で，その点で共有経験よりも，知識や経験の補完性などの客観的な機能の側面が重要なことを意味していると考えられよう。

また，開業時点での経営パートナーの開業経験の有無について，尋ねたところ次のような回答を得ている。社内外それぞれの経営パートナーについて示すと，表2-2のようになる。

表2-2 社内外の経営パートナーの開業経験

分類	社内経営パートナー		社外経営パートナー	
	回答数	構成比	回答数	構成比
1．創業経験がある	110件	24.7％	386件	59.5％
2．創業経験はない	335件	75.3％	263件	40.5％

(注) 有効回答数は，社内が445社，社外が649社。

社内の経営パートナーで開業経験があるのは，25％にすぎない。一方，社外の経営パートナーは，59％が開業経験を保持している。開業者自身の以前の開業経験ではなく，パートナーについての設問で，社内外のそれぞれのパートナーについて差がはっきりと出ていることは，開業者が社内外の経営パートナーに対する要望や関係性が異なることを示唆していると考えられる。

次に，開業以前の，その経営パートナーの方の就業業種について，回答企業の事業内容との異同（同業種あるいは異業種）を尋ねたところ，表2-3のような回答を得ている。

社内の経営パートナーの開業以前の業種は，57％が同業種である。一方，社外の経営パートナーは，56％が異業種で構成されており，対照的な結果である。社内外の経営パートナーの存在を考えるうえで，こうした属性や開業経験などのキャリアが異なっていることは，開業者が内外の経営のパート

表2-3　社内外の経営パートナーの開業以前の業種

分類	社内経営パートナー 回答数	構成比	社外経営パートナー 回答数	構成比
1．同業種	251件	57.30%	256件	39.70%
2．異業種	154件	35.2 %	365件	56.6 %
3．就業経験なし	33件	7.5 %	24件	3.7 %

（注）有効回答数は，社内パートナーが438社，社外が645社。

ナーに対して結んでいる関係特性の生まれ方の違いを示唆していると考えられる。

　以上のように，社内外の経営パートナーと開業者の役割については，その構成に違いが確認されている。社内外のそれぞれの経営パートナーは，表面的な役割・助言内容などについては，概ねの共通が見られる一方において，その属性，過去の開業のキャリアについては，対照的な結果が特徴として表れている。社内の経営パートナーは，開業経験がなく，事業の同業種の出身者が多い傾向があるのに対して，社外の経営パートナーは，開業経験があり，異業種の出身者が多い傾向にあると考えられる。

　それでは，このような内外の経営パートナーの存在を持つ開業者は，ネットワークとしての社内外の活動を開業時からどのように展開しているのであろうか。

3．4．開業者のネットワーク活動の変化

　開業者自身の就業時間のうち，社内向け活動と社外向け活動の時間の比率を「開業時」と「現在」のそれぞれについて尋ねている。この比率は，調査の質問票のなかで合計100％となるように記入する形式をとっている。ここでいう社内向け活動とは，製品の設計・開発・製造，サービスの企画・検討，経営管理などの活動を総称したもので，社外向け活動とは，顧客・投資家・支援機関等との営業・広報・情報収集などの全体の活動を指している。

　「開業時」と「現在」において，開業者の全体の活動時間の中はどのような変化をしているのか，増減の差を算出したところ，図2-7のような結果が出ている。

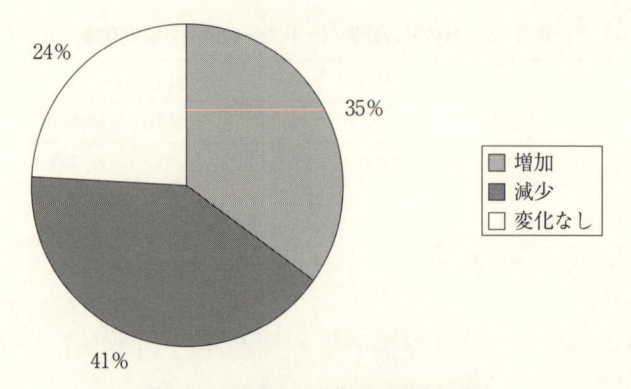

図2-7 開業者の社内活動時間の増減
(注) 有効回答数は,1049社。

　開業者の社内向けの活動時間が増加しているのは35%であり,特に変化がないという回答が24%である。これは,合計が開業者の全体活動時間であることから,開業時から現在にむけて,開業者の社外向けの活動時間が41%増加していることを示している。

　続いて,社内外のパートナーシップの存在が開業者の社内外の活動時間の変化にどのような影響を与えているのかについて,クロス集計の分析を行う。社内パートナーのいる開業者の社外活動時間の増減結果を示すと図2-8の

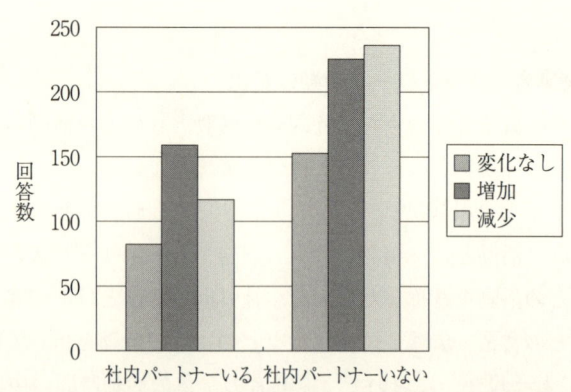

図2-8 社内の経営パートナーのいる開業者の社外活動時間の増減
(注) 有効回答数は,971社。

ようになる。

　社内パートナーのいない開業者といる開業者の間では，いない開業者の方といる開業者の間の社外活動時間の増減の分布に差があることが示されており，図表からは，いない開業者において社外活動時間が減少している傾向を読みとることができる[8]。一方，社外パートナーのいる開業者の社外活動時間の増減結果を示すと図2-9のようになる。

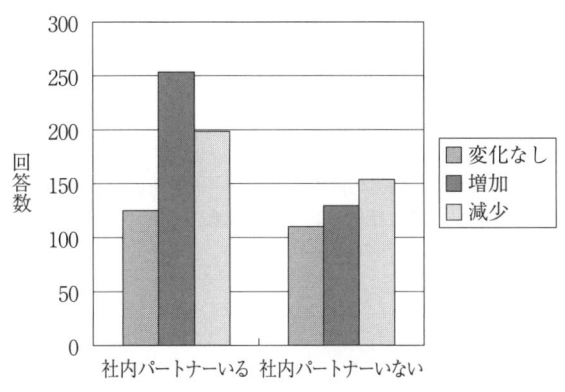

図2-9　社外の経営パートナーのいる開業者の社外活動時間の増減

（注）有効回答数は，971社。

　社外パートナーのいない開業者といる開業者の間では，いる開業者の方が社外活動時間の増減に差の分布が大きくある傾向が示されている[9]。このような結果は，開業者にとって，社内外のパートナーの存在の有無が，社外のネットワーク活動や社内の内部統制等の活動時間などに有意義な影響を与えていることを示していると考えられる。

　社内の経営パートナーのいない開業者の方が社外活動時間の増減に差が大きくあるという結果は，組織の内部にパートナーのいない状況が開業者に対して組織の内外の情報・知識の収集に関する活動を活発にさせている可能性を示唆している。一方，社外の経営パートナーのいる開業者の方が社外活動時間の増減に差が大きくなるという結果は，社外パートナーの存在が開業者に対して，組織の内外の情報・知識の収集に関する活動をより活発にさせている可能性を示唆している。

次に，社内外の両方に経営パートナーがいる場合（図2-10）と社内外に両方ともいない場合（図2-11）の開業者の社外活動時間の増減傾向を示すと次のようになっている。

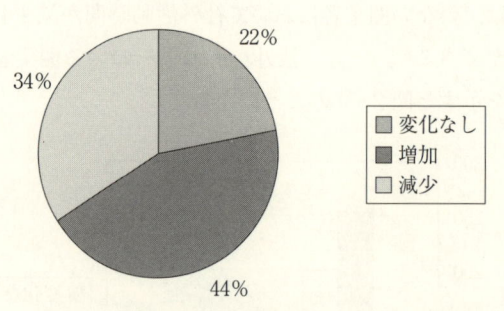

図2-10 社内外の両方に経営パートナーのいる開業者（社外活動時間の増減）

- 変化なし：34%
- 増加：44%
- 減少：22%

（注）有効回答数は，273社。

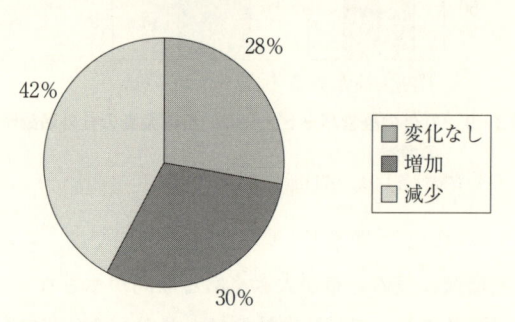

図2-11 社内外の両方に経営パートナーのいない開業者（社外活動時間の増減）

- 変化なし：42%
- 増加：30%
- 減少：28%

（注）有効回答数は，308社。

これらの結果は，興味深いことに社内外両方に経営パートナーがいる開業者は，社外活動が増加していく傾向を示しており，社内外の両方にいない開業者は，社外活動が減少する傾向を示していると言える[10]。企業家としての開業者は，元来，人と人を結んで事業機会を獲得する仲買的な機能を持つ一方で，必要十分で多様な資源[11]を獲得するためには，ネットワーク関係が常に不足しているという矛盾した状態を抱えている。このことは，ネットワークの構造的すきま（Structural Hole）と呼ばれ，企業家のネットワーク

行動を説明する重要な理論的視野となっている[12]。ネットワークの不足を補うパートナーを持たない開業者は社外的なネットワーク活動が不活発になる傾向を示し，パートナーのいる開業者が持続的にネットワークを拡張させていく傾向は，従来の定性的調査や理論研究の仮説を裏付けている可能性がある。

この結果と，図2-9および図2-10の結果である社内の経営パートナーのいない開業者の方が社外活動時間の増減に差が大きくなり，社外の経営パートナーのいる開業者の方が社外活動時間の増減に差が大きくなる結果を合わせると，経営パートナーが開業者にとっての組織の内外の情報・知識の収集に関する活動の方向性を大きく左右している可能性を示唆していると言えるであろう。

3.5. パートナーシップの機能とパフォーマンス

次にパートナーシップの有無が経営のパフォーマンスにどのような関連性があるのか，その機能について検討を加えていこう。開業者のパートナーの有無と直近年度の収支状況が同業他社と比較してどの程度良好なのかについてクロス集計分析を行うと次のような結果が得られた[13]（表2-4）。パートナーのいる開業者の方が5％の有意差で直近の収支状況が良いととらえている数字がでてきている。

表2-4 経営パートナーの有無と直近の収支状況

	N	平均値	標準偏差
パートナーあり	703	2.94	1.10
パートナーなし	329	2.81	1.15

（漸近有意確率 0.048）

パートナーシップの保有のパターンを，パートナーが1）自社の内にも外にもいるタイプ，2）内にはいないが外にはいるタイプ，3）内にはいるが外にはいないタイプ，4）内外両方にいないタイプに分類して同様の成果を分散分析によって調べると，それぞれパフォーマンスの認識パターンに差があるように見える（図2-12）。

このように開業者のネットワーク活動パターンのみならず，パートナー

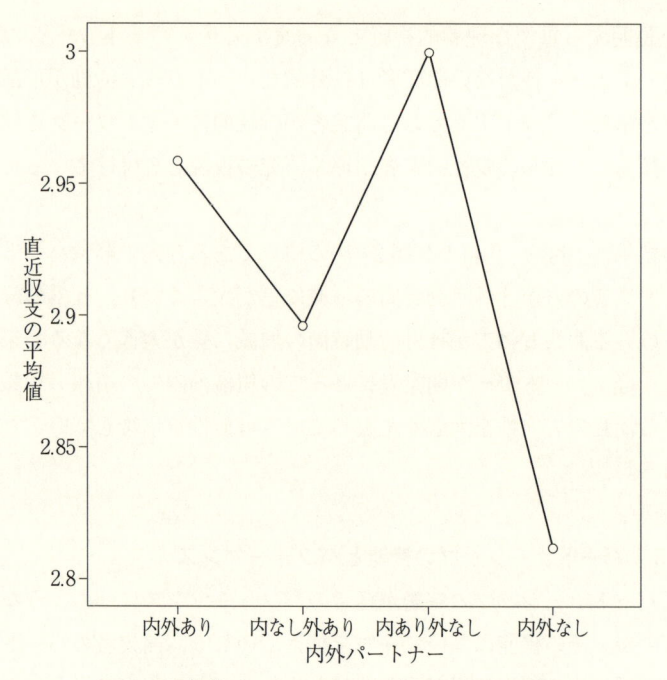

図2-12 経営パートナーのタイプと直近の収支状況

(横軸: 内外パートナー — 内外あり、内なし外あり、内あり外なし、内外なし)
(縦軸: 直近収支の平均値)

(注) 有効回答数は，1032社。

シップの有無が経営のパフォーマンスにも影響を与えていると推察できる。それではパートナーシップの機能関係は，開業者とパートナーとの間でどのように成立しているのであろうか。開業者と内外のパートナーとの役割の対応関係についてクロス集計を分析すると次のような結果が得られた（表2-5，表2-6）。例えば，開業者本人の役割が経営企画・管理や財務において強い場合は，営業マーケティングなどの外回りの仕事を内部パートナーに期待している（40％と56.3％）。また開業者本人が営業マーケティングや研究開発・技術において強い場合には，むしろ経営財務を内部パートナーに期待している（40％程度）というはっきりした傾向が現れている（表2-5）。

一方，開業者と外部パートナーについても，その役割が重複する傾向はかなり少ない。開業者が営業マーケティングや財務に強い場合には，外部パートナーには経営企画・管理に関する役割を期待しており（30％程度），強みが技術にある場合には財務を頼り（35％），経営企画管理が強い場合には，

第2章　開業者のパートナーシップ

表2-5　開業者と内部パートナーとの役割関係

開業者本人の役割	社内パートナーの役割				
	経営企画管理	経理財務	営業マーケティング	研究技術開発	生産製造
経営企画管理	24.44	17.78	40.00	11.11	6.67
経理財務	25	6.25	56.25	9.38	3.13
営業マーケティング	17.21	40.16	24.59	8.20	9.84
研究技術開発	22.22	41.67	25	8.33	2.78
生産製造	33.33	33.33	22.22	0	11.11

表2-6　開業者と外部パートナーとの役割関係

開業者本人の役割	社外パートナーの役割				
	経営企画管理	経理財務	営業マーケティング	研究技術開発	生産製造
経営企画管理	23.36	27.10	30.84	14.95	3.74
経理財務	32.35	23.53	29.41	5.88	8.82
営業マーケティング	33.53	32.35	23.53	8.24	2.35
研究技術開発	25	35.42	29.17	4.17	6.25
生産製造	33.33	13.33	33.33	13.33	6.67

表2-7　内部・外部パートナーの役割関係

社内パートナーの役割	社外パートナーの役割				
	経営企画管理	経理財務	営業マーケティング	研究技術開発	生産製造
経営企画管理	19.72	28.17	36.62	12.68	2.82
経理財務	42.86	9.09	32.47	11.69	3.90
営業マーケティング	24.69	39.51	23.46	8.64	3.70
研究技術開発	25.81	29.03	16.13	19.35	9.68
生産製造	45.0	20.0	30.0	5.0	0.0

営業マーケティングを頼る傾向が見られる（30％）。内外パートナーと開業者とのパートナーシップ関係の特質は，補完性にあることが分析の結果として見えてくる（表2-6）。

　さらにこの結果を得て，内外のパートナー同士の補完関係を調べて見ると，

その役割が重複する傾向はとても少ない（表2-7）。しかし，開業者と内外のパートナーとの関係の特徴とは異なるのは，内部パートナーと外部パートナーとの補完・分業関係のパターンが非常に多岐にわたっており，一括りにまとめづらいという点にある。これは，開業者と内外パートナーとの対応関係に比しても，そのパートナーの強みそのものに関係性の成立が依存しており，組み合わせそのものに大きな傾向が見られないためではないかと考えられる。

3.6. 人材の育成と獲得

本調査では，さらに一般従業員の能力開発のために，どのような方法を重視しているのかを尋ねている。回答結果は，図2-11のようになっている。社内の現場でのOJT[14]が，42%であり，社外研修などOFF-JT[15]が19%となっており，多数を占めている。一方，社内の新プロジェクト参加が9％，他社等との共同開発参加8％，同業種交流会参加10％，異業種交流会参加7％，その他5％となっている。

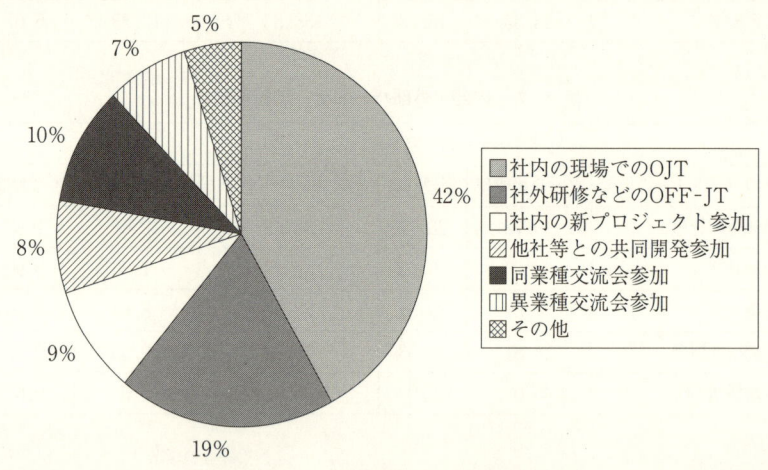

図2-11　一般従業員の能力開発方法
（注）有効回答数は，1008社。

本調査と比較してサンプルの対象企業が一般的な厚生労働省が行っている能力開発基本調査の結果と比較すると，能力開発プログラムの実施率はかな

り大幅に違いがある[16]。開業間もない新規開業企業にとって，OFF-JT実施の経営資源的な余裕は少なく，OJTに依存している傾向が浮き彫りになっている。もっとも，同業種・異業種を問わない各種の交流会の比率は，合計では18％となる点を考慮すると，OFF-JTの19％と匹敵しており，それらを合計すると38％とOJTの約42％とほぼ同等の割合となっている。

次に，組織のそれぞれの部門について，将来的に人材を増やす，あるいは減らす予定について尋ねたところ，回答は表2-8のとおりである。

表2-8　各部門の人材増減の方針

分類	増やす 回答数	構成比	現状維持 回答数	構成比	減らす 回答数	構成比
経営・企画・管理	315件	31.2％	677件	67.10％	17件	1.7％
経理・財務	256件	25.4％	731件	72.60％	20件	2.0％
営業・マーケティング	678件	64.4％	365件	34.70％	10件	0.9％
研究・技術・開発	409件	42.6％	540件	56.20％	12件	1.2％
生産・製造	319件	34.4％	564件	60.80％	44件	4.7％

最も増加させようとしている人材は，営業・マーケティングに関する人材の64％であり，それに研究・技術・開発に関する人材の43％が続いている。残りの生産・製造に関する人材が34％，経営企画・管理に関する人材が31％，経理・財務に関する人材が25％となっている。一方，現状維持させたいと考えられている人材は，67％を占める経理・財務に関する人材を筆頭に，経営企画・管理に関する人材が67％，生産・製造に関する人材が61％，研究・技術・開発に関する人材の56％が続いており，押しなべて高い。逆に減少させようとしているという回答は，低い率でしか結果がでていない。

これらの回答は，極めて厳しい不況状況における新規開業企業の人材に関する要望がでているのと同時に，人件費の増加に関する懸念があることから現状維持傾向が強く，減少させようという傾向は，それほど強くないことが現れていると考えられる。

これら新規開業企業が人材採用の際に主に使用している方法を尋ねており，結果は，図2-12で示しているとおりである。

最も多数を示しているのは，知人などからの紹介の31％であり，微細な差

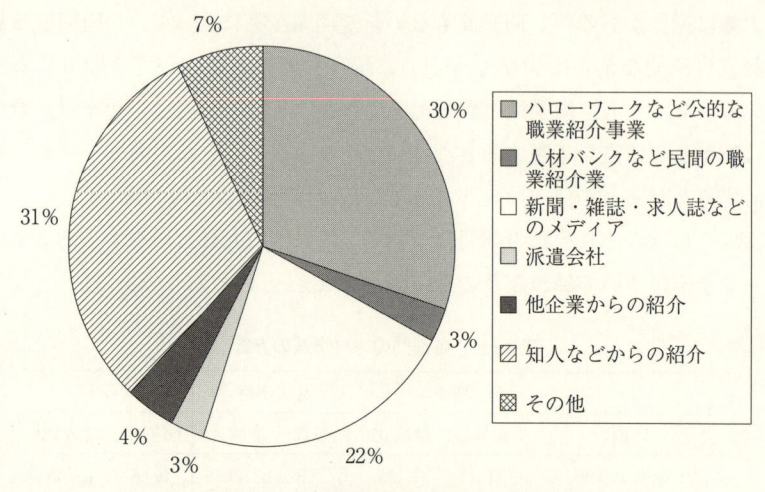

図2-12 人材採用の際に使用する方法
(注) 有効回答数は, 1008社。

でハローワークなど公的な職業紹介事業といった公的機関が30％を占めている。新聞・雑誌・求人誌などのメディアが22％と次いで高い。他企業からの紹介が4％, 人材バンクなど民間の職業紹介業が3％, 派遣会社が3％, その他の7％という結果になっている。

4. 人の結び付きがつくる優位性

先行研究において, チームによって率いられるベンチャーは, 単独によって開始される場合よりも平均して成功率が高いと考えられていることは, 前述した。本研究においても, 開業の懐妊期から現在に至るまで, 新しく創る組織の内外にパートナーシップを持っている方が一定の優位性や活発なネットワークを生み出しているという点が確認できた。チームの優位性は, 多様な性格, 知識, スキルそして能力を持つ人々が集まることによる補完性が基礎であると考えられてきた (Roure and Maidique [1986], Vesper [1990])。ここで議論するべき重要な問いは, どのような結び付きがいかなる優位性を新規開業企業にもたらすのかという点である。具体的には, なぜ企業家は, 開業において新しく創る組織の内側と外側のそれぞれにパートナーがいる場

合があり，そのことによって違いが生じているのか．

　一般にネットワーク論においては，「弱連結の強み」（Granovetter［1982］）というパラドクスが良く知られており，転職などの社会経済的ステータスの向上の資源獲得には「強連結」よりも有効であることが知られている．しかし，ここでは弱連結と強連結のどちらが有効なのかという問いではなく，新規開業にあたって企業家がより広く組織の外部につながりをもとめることと，新しく創る組織のなかの関係性を深くすることの両立をどのように行っているのかという課題が浮かび上がってくる．

　こうした関連するネットワークの議論を踏まえると，開業する際に内外により広くて深いパートナーシップを取り結ぶチームが人の結び付きが紡ぎだす価値，社会関係資本（Social Capital）をベンチャーにもたらし，成功率が高まるという可能性を推察することができる．懐妊・発生期にある企業家は，既存の社会的ネットワークから，彼らのプロジェクトに役立つ知識や資源を獲得する過程を生み出す（Aldrich［1999］）．Burt（2005）は，優位性のメタファーとして社会関係資本という用語を用い，ある人々やグループが努力に応じてより高いリターンを得る過程を説明している．彼は，対照的なネットワークのメカニズムが「よりうまくつながること」の意味する所をいくつか異なる方法で定義している．Yamada（2004）もまた社会関係資本の形成そのものが知識創造を行う企業家活動の多元的な機能の1つであることに着目する．

　上記のような議論に加え，Adler and Kwon（2002）は，人がよりうまくつながることのいくつかの異なる定義を整理して，社会関係資本の先行研究をレビューしている．多くの研究は，社会関係資本の所在の重点を1）開業主体が組織の外部関係，もしくは，2）集合的な主体間の内部的関係の構造のどちらかに焦点を当てている．第1のグループは外部関係，情報の非対称性やパワーの便益などに焦点を当てている「架け橋型（bridging）」と呼ばれ，第2のグループは，内部関係，連帯そして信頼が強調される「絆型（bonding）」と呼ばれている．

　本研究では，この分類を背景に両者の視点にのっとり，懐妊・発生期の企業家にとって社会関係資本の要となる関係を内部のパートナーと外部のパー

トナーに分けて調査を行った。新規開業の人材（Human Capital）を巡る状況やネットワークの活性化度とパフォーマンスとの関連を検討すると，開業者を中心にした知識・技能の補完関係がパートナーシップを形成していることが見えてくる。その関係性の質は，架け橋型か絆型なのか，必ずしも〈全体として〉峻別しがたいが，Burtの「すきま理論」によって提示されているような社会関係資本の媒介機能が，ネットワークにおける重要なポジションを占めることとその新しい組織の創造における優位性につながることを推察することができる。

5．おわりに

　本章では，「新規開業にかかる実態調査」の経営関連項目の結果に基づいて，わが国における新規開業企業における開業者のパートナーシップと人材の現状と課題に関する実態を明らかにした。本章の目的は，開業者の人の結び付きから生まれる優位性を社会関係資本の観点から説明することを試みた。特に新規開業企業の成長とパフォーマンスが単なるビジネスモデルのような視点からではなく，組織が生まれる懐妊期から現在の過程における異なる知識のつながりが生まれるための社会的なダイナミクスに焦点を当てる必要性について，注意を促した。具体的には，開業者を中心にその経営パートナーシップ関係を明らかにした。アンケートの集計結果から，開業者にとっての経営パートナーは，開業時においては，相対的に社内よりも社外に存在する傾向があるということが明らかになっている。

　社内外にいる経営パートナーは，役割・助言内容などについては，概ねの共通が見られる一方において，その属性，過去の開業のキャリアは，対照的である。社内の経営パートナーは，開業経験がなく，事業の同業種の出身者が多い傾向があるのに対して，社外の経営パートナーは，開業経験があり，異業種の出身者が多い傾向が現れていた。また，全体として開業時から現在にかけて，開業者は，社内向けの活動時間よりも社外向けの活動時間の増加させている傾向が見られる。

　さらに社内の経営パートナーのいない開業者の方がより社外活動時間の増

減に差の分布が大きくある傾向があり，社外の経営パートナーのいる開業者の方がより社外活動時間の増減に差の分布が大きくあるという傾向も確認された。これらの結果は，開業者に対して組織の内外のネットワーク活動を活発にさせている要因として，内部に経営パートナーのいない状況と社外に経営パートナーが存在する状況の2種類が存在していることを示唆している。クロス集計の結果，社内外両方に経営パートナーがいる開業者は，社外活動が増加していく傾向を示し，社内外の両方にいない開業者は，社外活動が減少する傾向を示しているということが明らかになった。また内外パートナーと開業者とのパートナーシップの関係性の特質は，基本的に分業・補完性にあり，パートナーシップの豊かな開業者ほどパフォーマンスもやや高い傾向にあることが分析の結果として確認できた。

　従業員の能力開発方法については，一般的な社内の現場でのOJTが，42％であり，社外研修などOFF-JTが19％となっており，多数を占めている。一方，社内の新プロジェクト参加や他社等との共同開発参，同業種・異業種交流会参加が10％に満たない程度で存在している構成となっている。他調査の結果と比較して，開業間もない新規開業企業にとって，OFF-JT実施の経営資源的な余裕は少なく，OJTに依存している傾向が浮き彫りになっている。

　今後，最も増加させたいとしている人材は，営業・マーケティングに関する人材の64％であり，それに研究・技術・開発に関する人材の43％が続いているが，総じて現状維持傾向が強く，減少させようという傾向も，それほど強くないことが現れている。これは，大不況時の新規開業企業の人事採用に関する守りの姿勢の傾向であると言えよう。人材採用の際に主に使用している方法は，知人などからの紹介とハローワークなど公的機関が多くを占め，次いで新聞・雑誌・求人誌などのメディアが使われているという結果が得られた。

　本章では，新規開業時において開業者がどのように経営におけるパートナーシップを持ち，具体的にどのような分野について，いかなる属性のタイプの相手から補完的な機能や支援を得ているのかが明らかになった。また，新規開業企業の人材に関する開発方法と獲得方法，今後についての指針に関

する現状認識が明らかになった。

　今後は，本調査の対象企業が，開業後生存を持続している企業であり，かつ比較的経営成果が良好な企業がアンケートに回答している点を条件に，企業家特性や事業形態や経営のパフォーマンスとパートナーシップ関係についてなどの分析を加え，類型化等のより詳細な考察を加えていく必要がある。今回，特に開業時における組織の枠を越えた開業者と外部の人間との経営のパートナーシップ関係の意義が確認されたことは，今後の政策立案や調査分析のみならず，一定の実践的含意があると考えられる。

　はじめに述べたように，開業期の企業形成にとって，人材の獲得と組織化を行うことは欠くことのできない重要な基礎に他ならない。その事業内容にかかわらず，その成否に影響を与えていることが予想される。例えば，開業時の社外の経営パートナーで最も大きな割合を占めていたのが，以前の職場の取引先であることなども，初期の主要な顧客との密接な関係が事業機会の獲得と新組織の評判のために重要であるなどの先行研究との観点から言っても含意に富んでいる。

　経営パートナーの存在が開業者のネットワーク活動時間に影響を与えていることで示されたとおり，開業期の組織の安定とその後の成長要因を考察するうえで，開業者と社内外のキーパーソンを巡るネットワーク関係性の焦点の問題は，今後も重要な点となり続ける。新規開業企業が事業機会と経営資源の組合せという課題を企業家主体の体制で取り組む状態から，組織として特有の能力を発揮して取り組む状態へとどのように移行することができるのかという問題は，今後の開業インフラの構築や人材育成などの政策支援を効果的にするためにも，一層の解明が必要となっていると言えよう。

【注】
1）国内の研究では，玄田・佐藤編（2003）が成長する中小企業の「右腕」に関する定量的な調査結果を分析しているのが，この点に関する希少な研究の1つである。
2）もっともヴェスパー（Vesper [1989]）が言うように，古典的にはチーム形成が得策かどうかは，開業企業の事業内容および開業者特性に限りなく依存する。
3）特に，中小企業ではIT技術者に代表されるような専門的知識を有する技術者が不足の状態にあり，優秀な技術者を確保することが経営課題の1つとなっている（平成13年

中小企業白書Ⅱ部1章1節)。
4) グレイナーは，組織において開業早期から5段階に分け，リーダーシップ，自律性，内部統制，形式性偏重などの危機が定期的に訪れることをモデルとして提示している。
5) Bisk (2002) は，第三者からの支援が事業の成否に影響を与える点，メンターが必ずしも事業内容の経験者である必要性がないことなどを指摘している。
6) 問36の有効回答者を対象にしている。
7) 社内の経営パートナーと比べて，社外において経理・財務がより多くなっているのは，税理士・会計士などの外部専門家への依存傾向が出ているものであると考えられる。
8) カイ二乗検定の結果は0.048となっており，5%有意差を示している。
9) カイ二乗検定の結果は0.0017となっており，1%有意差を示している。
10) もっとも，これらの結果は，対象サンプル数がそれぞれ273社，308社と減少してしまっている。
11) この場合の多様な資源には，いわゆる人・モノ・金と呼ばれるものだけではなく，既存の産業に革新的製品・サービスを導入するために必要な手段，あるいは新しい産業そのものを創造する際の不確実性を社会的に正当化するための信認，信頼などといった要素も含まれるべきだろう。詳しくは，アルドリッチ＝フィオル (Aldrich and Fiol [1994]) を参照。
12) 詳しくは，バート (Burt [1992]) を参照。
13) 有意確率は，マンホイットニー検定によっている。
14) OJT (オン・ザ・ジョブ・トレーニング) とは，職場内訓練のことで企業における従業員教育の基本形態の1つである。通常業務を行いながら業務遂行に必要な知識・スキルを習得していく方法を指す。日常的な業務をよりよく成し遂げようという本人の意欲を，上司がサポートすることで成立する。長所としては，具体的・実際的な題材で，状況に応じて柔軟に指導ができ，コストがかからない，と考えられてきた。一方，短所として，必要となる学習内容を体系的・計画的に実施することが困難で，上司や先輩の意欲・能力・経験に左右され，汎用性のある知識・スキルが後回しになることが指摘されている。
15) OFF-JTとは職場を離れて行われる人材開発手法であり，集団で1カ所にまとまって実施されることが多い。新入社員研修等，一定期間集中して行われるため，日常の職務遂行に邪魔されず，体系的知識が身につきやすいと考えられている。
16) 2001年度の能力開発基本調査では，OJT実施企業が41.6%，OFF-JTが64.9%である (有効回答企業数2176社)。

〔山田 仁一郎〕

第3章

開業者の労働時間*

1. はじめに

　本章では，開業後比較的間もない時期における開業者の労働時間について分析を行う。これまで，日本のみならず欧米においても，開業者の労働時間を観察し，実証的に分析を行った研究はほとんど存在しない。そのため，開業者の労働時間については，分析以前にその実態さえ十分には把握されておらず，したがって例えば「開業者は平均的にはどの程度働いているのか」といった基本的な問いかけにさえ十分に答えることができないという状況にあった。

　これは，1つには，そのようなことを観察したデータセットが容易には入手できないことによる。一般に，新企業の所在情報を入手し調査を行うことは既存企業に比べてはるかに困難であり，また，単に会社経営者全般を対象とした調査を行った場合には，開業者以外の後継者や，事後的に昇進によって経営者になった者が対象に含まれてしまう。

　例えば，日本については，就業構造基本調査や労働力調査に基づけば「自営業主」や「会社役員」の労働時間を観察することはできるが，それらには後継者や事後的に会社役員になった者についての情報が含まれる[1]。さらに，これらの官庁統計では，公表資料に基づく限り，集計された平均値と若干の分布についての情報が得られるのみであり，必ずしも十分な分析ができると

は言えない[2]。しかし,起業活動について考える場合には,これまで主に焦点が当てられてきたそのリスクや報酬の程度だけでなく,労働時間をはじめとする労働条件,労働環境についての情報も併せて検討される必要がある。

そこで,今回,開業後3-7年の企業の開業者を対象としたアンケート調査(「新規開業に係る実態調査」)に開業者自身の労働時間を尋ねる設問を設けることにより,これまで十分には明らかになっていなかった開業者の労働時間についてのデータを入手した。本章は,そのアンケート調査の結果をもとに,開業者の労働時間について観察し,そのうえで,どのような開業者がより長く,あるいはより短く働いているのかを検証する労働時間関数の推定を行うものである[3]。労働時間関数の推定にあたっては,主要な説明変数として,開業者の人的属性(年齢,学歴,性別),設立された新企業の企業属性(業種,企業規模),株式公開予定の有無,会社設立の背景(独立型,家業発展型等の違い)および直近年度の売上高変化率を用いる。このような,起業活動の特殊性に焦点を当てた労働時間関数の推定は,筆者が知る限りこれまで行われたことのないものである。

本章の構成は以下のとおり。まず次節では,本調査の調査結果を用いて,開業者の労働時間の実態を概観する。続く第3節では,労働時間関数推定のためのモデルを提示し,第4節ではその推定結果を報告する。第5節は結論である。

2. 開業者の労働時間

今回,われわれが2002年11月に実施したアンケート調査の調査対象は,東京商工リサーチ(TSR)の企業情報データベースから抽出された,開業年が95年-99年(すなわち,開業後3-7年)の,製造業,卸・小売業,運輸・通信業,サービス業のいずれかに属する企業1万社である[4]。TSRは,帝国データバンクと並び日本の中小企業の企業情報を最も広範に保有する調査会社の1つであり,現実問題として日本においてそれ以上のカバレッジを持つ企業情報を入手しアンケート調査を行うことはほとんど不可能である。中小企業白書等でも,TSRの企業情報をもとにしたアンケート調査が多く行わ

れている。

　このTSRのデータベースには，当該時期・業種に属する新企業は各年4000-5000社，5年間で約2万2000社存在した。本調査では，このうち各年2000社ずつを無作為に抽出し，調査票を郵送した。結果的に，1万社とは，TSRが保有する当該時期・業種の新企業全リストの半数近くにアンケートを実施したことを意味している。

　調査の結果，1141の有効回答が得られた。ただし，ここからまず本章の分析に必要な項目の回答に未記入があるサンプルなどを除いた。さらに，本章の分析では，TSRのデータベースにおいてカバレッジが比較的小さく回答数も少なかった個人企業を対象から除き，分析対象を法人企業（有限会社と株式会社）に限定した。これらの処理の結果，最終的な分析観測数は755となった[5]。本章のすべての分析は，この統一されたサンプルのもとで行う（詳細なサンプル特性は表3-4，表3-5を参照）。なお，以上をまとめると，本章における「開業者」の定義は，「開業後3-7年の，製造業，卸・小売業，運輸・通信業，サービス業のいずれかに属する，法人企業の開業者」である。本調査には，下記の設問が設けられており，この設問により開業者の週当たり労働時間を実数で把握することができる[6]。

　問23　創業者ご自身の，現在の平均的な週当たり就業時間（ご自身が仕事と考える活動に充てている時間）をお答えください。なお，1週間は24h×7日＝168時間です。

　この設問に対する回答の集計結果が表3-1である。これを見ると，開業後比較的間もない時期の開業者の労働時間は，平均で週当たり66時間に達していることがわかる。この結果は，後掲の表3-3に示されている非農林業・男性平均に比べ19時間長い。週当たり66時間と言えば，休日を仮に週1日として，週6日毎日11時間働くことを意味している。また，仮に1年間を50週として単純に換算すると，年間では約3300時間働いている計算になる。

　次に，その分布を示した表3-2を見ると，全体の87%の開業者が，被雇用者に対して適用される法定労働時間である週40時間を超えて働いており，

25％の開業者が実にその2倍に当たる80時間以上働いていることがわかる[7]。さらに、全体の1割と比較的少数ではあるが、100時間以上働いている開業者も存在している。週当たり80時間と言えば、休日を仮に週1日として、週6日毎日13時間以上働くことを意味している。週100時間と言えば、休日を設けないとしても1日平均14時間以上働いている計算になる。

表3-1 週間就業時間の記述統計

(時間)

平均	中央値	最小値	最大値	標準偏差
66.18	60	5	154	22.60

n = 755

表3-2 週間就業時間の分布

	34時間以下	35～40時間	41～49時間	50～59時間	60～69時間	70～79時間	80～99時間	100時間以上	計	(再集計)41時間以上	(再集計)60時間以上	(再集計)80時間以上
実数(人)	24	74	55	127	142	147	108	78	755	657	475	186
構成比	0.03	0.10	0.07	0.17	0.19	0.19	0.14	0.10	1.00	0.87	0.63	0.25

表3-3は、比較のために掲げた同じ時期（2002年平均）の総務省「労働力調査」による従業者全体、うち自営業主（雇有・雇無）、会社等役員、一般常用雇用者の週間就業時間の分布および平均値である[8]。ただし、今回実施した「新規開業に係る実態調査」では農林業は調査対象に含まれておらず、かつ結果的にサンプルのほとんどが男性である（表3-4を参照）ため、ここでは非農林業・男性の結果のみを掲げている。なお、労働力調査において、自営業主は「個人経営の事業を営んでいる者」、会社等役員は「会社、団体、公社などの役員（会社組織になっている商店などの経営者を含む）」と定義されている。したがって、法人企業の開業者のみで構成されている本章の分析サンプルに最も近い概念は、「会社等役員」である。

表3-1と表3-3から、開業後比較的間もない開業者の労働時間は、一般の男性常用雇用者に比べて約18時間、会社等役員と比べても約17時間長くなっていることがわかる。特に、一般の男性常用雇用者と比較すると、その労働時間は年間では単純換算で約2400時間となるのに対し、開業者は上述の

とおり約3300時間であり，開業者は男性常用雇用者に比べ年間約900時間長く働いていることになる。

また，その分布に関しては，表3-3から，一般の男性常用雇用者の場合にも62%が週当たり43時間以上，18%が60時間以上働いているほか，会社等役員では64%が43時間以上，24%が60時間以上働いていることがわかる[9]。しかしこれらの割合は，（平均値が開業者より短いことからもある程度類推できるように）いずれも表3-2の，87%の開業者が週41時間以上，63%が60時間以上働いているという結果に比べれば少ないものである[10]。

表3-3 自営業主および役員の週間就業時間
（総務省『労働力調査』抜粋加工：2002年平均，非農林業・男）

3-1）実数

	従業者総数	34時間以下	35～42時間	43～48時間	49～59時間	60時間以上	就業時間不詳	平均週就業時間	（再集計）43時間以上
自営業主・雇有	127	15	22	23	28	38	1	51.3	89
自営業主・雇無(内職者を除く)	242	61	45	35	44	57	1	45.4	136
会社等役員	293	33	72	56	61	71	1	49.0	188
合計	662	109	139	114	133	166	3	48.1	413
（参考）非農林業全体	3534	462	975	705	721	653	18	47.0	2097
（参考）一般常用雇用者	2584	226	773	552	561	465	7	47.9	1585
						(万人)	(時間)	(万人)

3-2）構成比

	従業者総数	34時間以下	35～42時間	43～48時間	49～59時間	60時間以上	（再集計）43時間以上
自営業主・雇有	1.00	0.12	0.17	0.18	0.22	0.30	0.71
自営業主・雇無(内職者を除く)	1.00	0.25	0.19	0.15	0.18	0.24	0.56
会社等役員	1.00	0.11	0.25	0.19	0.21	0.24	0.64
合計	1.00	0.17	0.21	0.17	0.20	0.25	0.63
（参考）非農林業全体	1.00	0.13	0.28	0.20	0.21	0.19	0.60
（参考）一般常用雇用者	1.00	0.09	0.30	0.21	0.22	0.18	0.62

3．労働時間の決定要因

本節および次節では，どのような開業者がより長く，あるいはより短く働いているのかを検証する労働時間関数の推定を行う。労働時間の決定問題は，労働参加（labor participation）の決定問題と並んで，特に欧米の労働経済

学において，古くから膨大な理論および実証研究の蓄積がなされてきた分野である[11]。しかし，それらの研究はほとんどが就業者全体か，あるいは賃金労働である被雇用者に焦点を当てたものである[12]。

本章で推定する労働時間関数の基本的な定式化は下記のとおり。

$$h = h(X, I, \phi) \tag{1}$$

ここで，h は労働時間，X は企業の利潤に影響を与えるさまざまな属性要因，I は開業者の効用関数の属性要因，ϕ は年々の事業の不確実性を表す撹乱項である。（モデルの考え方および導出過程については，まとめて付録としたのでそちらを参照されたい。）

具体的なデータとの対応に関しては，まず，効用関数の属性要因 I，および利潤関数の属性要因 X の構成要素の一部として，開業者の人的属性，具体的には開業者の年齢，学歴および性別を採用する。開業者の年齢には開業時の年齢を用いることも考えられるが，ここでは，調査された労働時間とその時点での年齢との対応という面をより重視し，開業時の年齢ではなく調査時点での年齢を使用する[13]。学歴については，最終学歴が大学以上（中退を含む）を1とするダミー変数を，性別については，女性を1とするダミー変数を採用する。ここで，学歴ダミーが「中退を含む」ものとして定義されているのは，純粋に調査票の設問がそのような形になっていることによるものである。また，I の構成要素としてしばしば用いられる世帯属性については，本アンケート調査では対応する設問項目がないため採用できなかった[14]。なお，これらの人的属性は効用属性要因 I と利潤要因 X として効用関数 U，利潤関数 π のいずれにも影響を与えていると考えられるが，本章の定式化は一種の誘導形であるため，両者の効果を区別することはできない。

次に，開業者の人的属性以外の X の構成要素として，設立された新企業の企業属性，将来的な株式公開予定の有無および会社設立の背景を採用する[15]。企業属性としては，今回の調査から観察可能な変数として業種と企業規模を使用する。業種は，設問項目の区分に基づき「製造業」「運輸・通信業」「卸・小売業」「サービス業（飲食店含む）」の4区分とする。企業規模は，本分析では企業の運営に常時従事している人間の総数で測ることとし，

具体的には「会社役員数＋従業員数」の形を採用する[16]。なお，設問項目の性質から，従業員には「常時勤務している」派遣社員・契約社員・パートタイマー・アルバイトが含まれる。

　株式公開予定は，主として株式公開の将来的な所得期待が，開業者の労働投入行動に違いをもたらしているかどうかを検証するためのものである。具体的には，当該項目について尋ねる設問

　　問9　現在，株式を公開していますか，あるいは将来的に公開する予定がありますか。

において，「将来的に公開する予定」を選択したものを1,「公開する予定はない／わからない」を0とするダミー変数を採用する。なお，本設問には第3の選択肢として「既に公開している」も設けられているが，本分析の対象である755サンプルの中に「既に公開している」とするサンプルはなかった。したがって，結果的に本分析の対象は未公開企業のみで構成されていることになる。

　さらに，会社設立の背景としては，選択肢を5つの類型に分けて尋ねた以下の設問の結果を用いる。それぞれの回答を1とするダミー変数を作成し説明変数に加えることにより，これらの設立の背景の違いが開業後の労働時間に違いをもたらしているかどうかを検証することができる[17]。

　　問18　貴社はどのような形態で設立しましたか。
　　1．特定企業（直前の勤務先など）の指揮系統下で，特定企業の関連会社として創業した（分社型）
　　2．フランチャイズ形態で独立した（フランチャイズ型）
　　3．特定企業（直前の勤務先など）の指揮系統下には入らず，特定企業とは強い資本関係等を持たずに創業した（独立型）
　　4．家業を発展させるかたちで，自ら新しい会社を設立して今の事業を始めた（家業発展型）
　　5．その他

事業の不確実性φについては,最も端的かつ確実に観察できる変数として,直近年度の売上高変化率を用いる。ここで,「直近年度の」売上高変化率が用いられている点は重要である。これには,「現在の」売上高は会計年度途中であるため観察できないという実際的な理由もあるが,いずれにしても,結果的に本変数には,先決変数であり現在の労働時間と同時決定の関係にはなっていないという分析上のメリットがある。この売上高の増加傾向は,一般的には現在の経営状況を改善する方向に働くとともに,将来にわたる開業者の事業の継続および成長に関する期待を高めると考えられる。一方,売上高の減少傾向は,一般的には現在の経営状況を悪化させるとともに,将来の事業継続に関する期待を減少させると考えられる。極端な例ではあるが,仮に売上の減少が続き企業が存続できなくなった場合には,通常開業者は甚大な経済的損失を被ることになる。したがって,売上高の変動に伴う開業者の労働投入量の変化は,これらの経営状況および期待の変化の影響が複合されたものとなる。具体的な変数としては,直近年度とその前年度売上高の対数差分による近似形(log［売上高／売上高(-1)］)を用いる。

最後に,開業後の経過年数の違いや開業後のマクロ的なショックの違いをコントロールするため,説明変数に開業年ダミーを加える。

以上をまとめると,労働時間関数の最終的な定式化は下記のとおりとなる。ただし,特定化に際して被説明変数および企業規模は対数形に変換している。

 log(週当たり就業時間)
  = f(開業者の人的属性,企業属性,株式公開予定,設立の背景,
   売上高変化率,開業年)
  = f(年齢,学歴,性別,業種,log(企業規模),株式公開予定,
   設立の背景,log［売上高／売上高(-1)］,開業年) (2)

この(2)式を,最小二乗法により推定する。

説明変数の記述統計を表3-4に,さらに,予備的分析として,推定に使用する各属性別の平均就業時間および観測数を表3-5に示した。まず年齢については,開業者の平均年齢は51歳,中央値も52歳と比較的高く,表3-5

の分布を見ても，50代が最も多く次いで40代，60代の順となっている[18]）。ただし，これは調査時点の年齢であり，開業年齢で見ると，平均値は45.9歳，中央値は47歳である。また，同じく表3-5より，年代別の労働時間については，39歳以下では平均で70時間を超えているのに対して，60歳以上では60時間以下となっているなど，若いほど長くなる傾向があることがわかる。学歴については，6割強が大学以上であり，その平均労働時間は大学以上層のほうが若干長くなっている。性別については，大部分（97.5％）が男性である。女性の観測数が少ないため一概には比較できないが，集計値を見る限り

表3-4 説明変数の記述統計

	平均	中央値	最小値	最大値	標準偏差
年齢（調査時点）	50.8	52	25	78	9.4
学歴（大学以上(中退を含む)=1)	0.613	1	0	1	0.487
性別（女性=1)	0.025	0	0	1	0.157
業種					
製造業	0.203	0	0	1	0.402
運輸・通信業	0.040	0	0	1	0.195
卸・小売業	0.438	0	0	1	0.497
サービス業	0.319	0	0	1	0.466
企業規模					
役員数+従業員数（調査時点）	23.6	10	1	941	63.3
株式公開予定ダミー	0.170	0	0	1	0.375
設立背景ダミー					
分社型	0.166	0	0	1	0.372
フランチャイズ型	0.029	0	0	1	0.168
独立型	0.673	1	0	1	0.469
家業発展型	0.053	0	0	1	0.224
その他	0.079	0	0	1	0.271
log(売上高／売上高(-1))	0.070	0.072	-3.076	3.219	0.506
開業年ダミー					
95年	0.195	0	0	1	0.396
96年	0.174	0	0	1	0.379
97年	0.205	0	0	1	0.404
98年	0.209	0	0	1	0.407
99年	0.217	0	0	1	0.413

n=755

表 3-5 属性別・平均週間就業時間

	平均週間就業時間	n
総数	66.2	755
年齢		
39歳以下	72.2	99
40～49歳	69.1	208
50～59歳	65.4	312
60歳以上	59.0	136
学歴		
大学以上（中退を含む）	64.5	463
それ以外	68.8	292
性別		
男	66.4	736
女	58.7	19
業種		
製造業	69.3	153
運輸・通信	63.7	30
卸売・小売業	66.7	331
サービス業	63.8	241
企業規模（役員数＋従業員数）		
1～9人	65.4	366
10～19人	67.8	201
20～49人	66.3	124
50人以上	65.2	64
株式公開について		
将来的に公開する予定	73.9	128
公開する予定はない／わからない	64.6	627
設立の背景		
分社型	62.7	125
フランチャイズ型	70.4	22
独立型	67.7	508
家業発展型	60.0	40
その他	63.1	60
log（売上高／売上高（-1））		
0 未満	68.2	254
0 以上	65.1	501
開業年		
95年	66.5	147
96年	67.8	131
97年	65.0	155
98年	65.2	158
99年	66.6	164

(時間)

女性の平均労働時間は男性よりも8時間近く短い。

業種分布については、卸・小売業（44％）、サービス業（32％）、製造業（20％）の順に多くなっており、運輸・通信業が最も少なく4％である。平均労働時間は、製造業が他の業種に比べてやや長く、一方で運輸・通信業およびサービス業がやや短い。企業規模（役員数＋従業員数）は、平均値では24人であるが、中央値では10人であり、表3-5の分布を見ると5割近くが10人未満、4分の3が20人未満、9割強が50人未満となっている。ただし、この企業規模も調査時点の値であり、開業時で見ると平均値は11.4人、中央値は5人である。平均労働時間については、10-19人の層が最も長くなってはいるが、全体として各層の間に大きな差は見られない。

また、全体の17％の開業者が将来的に株式の公開を考えている。表3-5によれば、株式公開予定のある企業の開業者の労働時間は、そうでない開業者に比べて平均で9時間以上長く、週当たり74時間に達している。会社設立の背景については、独立型が最も多く、全体の7割近くを占めている。平均労働時間は、これも観測数に相当ばらつきがあるため一概には比較できないが、集計値を見る限り最も長いのはフランチャイズ型の70時間、最も短いのは家業発展型の60時間であり、両者には週当たり10時間の差がある。

直近年度の売上高変化率については、平均で約7％の上昇を示している。表3-5より、売上高が増加している企業と減少している企業に分けて見ると、開業者の平均労働時間は0未満のほうが若干長いことがわかる。最後に、開業年については、もともと各年から同数の調査サンプルを抽出したことからある程度予想されることではあるが、95-99年の5年間にほぼ一様に分布している。平均労働時間についても、96年が若干長い程度で、開業年による大きな違いは見られない。

以上、単純な集計値に基づき、いくつかの属性別に労働時間の違いを観察した。その結果、属性によっては各層別に比較的大きな労働時間の違いがあることが確認された。ただし、これらの集計値は同じデータをさまざまな角度から眺めたものであり、本来はこれらの属性はそれぞれ同時的に影響を与えている。また、一般に、あるサンプル群を分割して再集計した場合にはそれぞれの集計値は通常別々の値になるが、それを観察しただけではその違い

が偶然的な誤差の範囲を超えるものなのかどうかは判断できない。そこで、さらに次節において、労働時間関数の推定を行いその結果を提示することにより、これらの違いが統計的に意味のあるものかどうか、およびこれらの要因を同時にコントロールした場合にそれぞれの要因はどの程度の影響を与えているのかを計量的に検証する。

4．推定結果

労働時間関数(2)式の推定結果は表3-6のとおりである。ただし、(2)式は被説明変数が労働時間の対数なので、各説明変数の労働時間に対する影響は非線形となる。そこで、各係数の大きさを最も簡単に評価するために、各係数の推定値に労働時間の平均値66.18を乗じた値を掲げた。[$\log Z = a_0 + a_1 Y \Rightarrow dZ/dY = a_1 Z$] なので、この「平均値で評価した値」により、近似的にではあるが各説明変数1単位の上昇が労働時間に何時間程度影響を与えるかを計算することができる。ただし、説明変数にも対数が使用されている企業規模については、この方式で係数の大きさを評価するのは適切ではないため表から除いている（注20も参照）。log［売上高／売上高（－1）］については、この項全体で売上高変化率の近似式となっていることから、この方式によりあわせて評価した。

推定結果を見ると、まず開業者の人的属性に関しては、開業者の年齢は負で有意、すなわち若い開業者ほど長く働く傾向があるとの結果が得られた[19]。その係数の大きさは、平均値で評価して、年齢が2歳高いと労働時間が1時間強短いという関係になっている。学歴については、大学以上ダミーが負で有意、すなわち相対的に高学歴の者のほうが労働時間が短い傾向があることが示されており、平均値で評価した場合のその差は約5時間である。性別についても、女性ダミーが負で有意、すなわち女性の労働時間が相対的に短い傾向があることが示されている。その係数の値は大きく、平均値で評価して、女性の労働時間は男性に比べて実に12時間強短い。

企業属性に関しては、業種については運輸・通信業とサービス業が（製造業を基準として）負で有意となった。係数の絶対値はサービス業よりも運

表3-6 労働時間関数の推定結果

被説明変数：log（週当たり就業時間）

	係数	t値	係数×66.18
定数項	4.6401	51.66**	—
年齢	−0.0089	−6.44**	−0.59
学歴（大学以上(中退を含む)＝1）	−0.0759	−2.95**	−5.02
性別（女性＝1）	−0.1889	−2.35*	−12.50
業種			
製造業	—		—
運輸・通信業	−0.1465	−2.13*	−9.70
卸・小売業	−0.0160	−0.46	−1.06
サービス業	−0.1109	−3.09**	−7.34
企業規模			
log（役員数＋従業員数）	0.0162	1.24	—
株式公開予定ダミー	0.1239	3.47**	8.20
設立背景ダミー			
分社型	−0.0389	−1.08	−2.58
フランチャイズ型	0.0282	0.38	1.87
独立型	—		—
家業発展型	−0.1240	−2.19*	−8.21
その他	−0.0667	−1.42	−4.42
log（売上高／売上高（−1））	−0.0573	−2.26*	−3.79
開業年ダミー			
95年	—		—
96年	0.0433	1.05	2.87
97年	−0.0038	−0.10	−0.25
98年	−0.0211	−0.53	−1.40
99年	0.0111	0.28	0.73
Adj-R^2	0.1019		（時間）
S.E.	0.3402		

注）　*　5％水準で有意　　　　　　　　　　　n＝755
　　 **　1％水準で有意

輸・通信業のほうが大きく，平均値で評価すると運輸・通信業は製造業に比べ10時間近く短い。企業規模については，有意な結果は得られなかったが，ある程度の正の関係，すなわち規模の大きな企業を運営する開業者ほど労働

時間が長い傾向があるという関係が見られる[20]。

また，将来の株式公開予定については，労働時間に対して正で有意，すなわち株式公開を志向する開業者はそうでない開業者に比べて長く働く傾向があるとの結果が得られた。その係数の大きさは，平均値で評価して8時間強である。この結果は，将来株式公開により莫大な報酬を得るという期待が，開業者を強く動機付けている可能性を示唆するものである[21]。とりわけ，もし開業者が，株式公開の実現確率がある程度でも開業者の労働供給量の増加関数であると認識していれば，その将来の莫大な所得獲得の可能性を高めるために開業者はより多くの労働を投入することになると考えられる。

会社設立の背景については，(「独立型」を基準として)「家業発展型」ダミーのみ負で有意となり，家業発展型の開業者の労働時間は相対的に短い傾向があることが示された。また，他の型に比べれば被雇用者に近い性質を有していると考えられる「分社型」が，有意ではないものの若干労働時間が短い傾向があるとの結果になっている。

直近年度の売上高変化率については，開業者の労働時間に対して負で有意となった。ただし，その係数の大きさは，平均値で評価して直近年度の売上高10％の増加に対して労働時間が0.38時間増える程度であり，それほど大きいものとは言えない。前節の議論に即して考えれば，この結果は，売上高の減少傾向に対して開業者は自らの労働投入量を増加させることにより対応する傾向があることを示している。この点に関しては，De Fraja（1996）の不確実性を含む起業モデルにおいても，起業前に業績期待に基づいて投資額を決定しそれが固定費となる場合，起業後の業績が期待よりも悪い場合のほうが，良い場合に比べて労働時間が長くなるとの分析が提示されている。したがって，今回の推定結果は，このDe Fraja（1996）の起業モデルを支持する結果であると言うことができる。直感的にも，売上高が減少している場合に，それに対処しようとし，また将来的な破綻の可能性を回避するために開業者がより長く働くように動機付けられることは理解できる。

最後に，開業年ダミーについては，いずれの変数とも有意な結果は得られなかった。これは基本的には，今回の分析対象である開業後3-7年の範囲では，開業後の経過年数によって開業者の労働時間が大きく異なるという傾

向は見られなかったことを意味している。

5．おわりに

　本章では，開業後比較的間もない時期における開業者の労働時間について分析を行った。今回，独自にアンケート調査を実施することにより，日本のみならず欧米でもこれまで十分には明らかになっていなかった開業者の労働時間の実態について観察し，分析を行うことが可能となった。調査結果によれば，開業後3－7年の時期にあたる開業者の労働時間は，平均で週当たり66時間であった。これは，一般の非農林業・男性常用雇用者平均に比べ週当たり約18時間，年間では単純換算で約900時間長い。また，全体の87％の開業者が，被雇用者に対して適用される法定労働時間である週40時間を超えて働いていること，25％の開業者が実にその2倍にあたる週80時間以上働いていること，さらに1割と比較的少数ではあるが，100時間以上働いている開業者も存在していることがわかった。

　次に，今回得られたデータをもとに，どのような開業者がより長く，あるいはより短く働いているのかを検証する労働時間関数の推定を行った。ただし，従来の被雇用者を中心とした分析枠組とは異なり，ここでは起業という活動の特殊性に焦点を当て，開業者の人的属性，設立された新企業の企業属性，将来的な株式公開予定の有無，会社設立の背景および直近年度の売上高変化率を主要な説明変数とする推定を行った。人的属性としては，開業者の年齢，学歴および性別を，新企業の企業属性としては，業種と企業規模を使用した。

　推定の結果，まず開業者の人的属性については，若い開業者ほど長く働く傾向があること，女性の開業者の労働時間は相対的に短い傾向があることなどが示された。企業属性については，運輸・通信業およびサービス業に属する開業者の労働時間は相対的に短い傾向があることが示された。また，株式公開予定については，労働時間に対して正の影響があることが示された。この株式公開予定の結果は，開業者が将来の所得期待に強く動機付けられている可能性を示唆するものである。会社設立の背景については，家業発展型の

開業者の労働時間は相対的に短い傾向があることが示された。最後に，売上高変化率は，開業者の労働時間に対して負の影響があることが示された。これは，売上高の減少傾向に対して開業者は自らの労働投入量を増加させて対応する傾向があることを示しており，De Fraja（1996）の不確実性を含む起業モデルを支持する結果である。

本研究により，開業者は一般的な被雇用者に比べて長く働いていること，およびどのような開業者がどの程度働いているかが計量的に明らかとなった。一般的に，起業活動には大きなリスクがあり，開業者の期待報酬は基本的にはそのリスクプレミアム分だけ大きいと考えられる（eg. 原田 [1998]）。さらに，通常開業者はその事業に自己資金を投入しており，したがって開業者が受け取る報酬にはもともとその投入資金に対する機会利益分が含まれる（cf. Harada [2004] 第2節）。それに加えて今回，開業者が長く働く傾向があることが確認されたことは，開業者が事業から受け取る報酬のうち純粋に労働所得に相当する部分についても，その長時間労働分だけ大きな報酬を得るのがむしろ自然でさえあると言えることを示している。

ただし，本章では，開業者の労働時間について，調査票の限界もありその長さのみに着目して分析を行った。当然，労働については，時間の長短だけでなくその内容・質についても検討されることが望ましい。しかし，そのような要因は労働時間以上に観察が困難であり，今回は分析に取り入れることができなかった。また，同じく本章では調査票の限界，具体的には現在の労働時間に対応すべき「現在の」経営成果を観察することが難しいなどの理由から取り扱うことができなかったが，本来は労働時間の長さとさまざまな経営成果との対応関係も主要な関心事である。これらの点については，調査設計の再検討も含めて今後の課題としたい。

付録　労働時間関数(1)式について

開業者の労働時間関数(1)式の考え方および導出過程は以下のとおりである。

まず，最も基本的な静学的労働供給モデルにおいては，各個人は消費 c と労働時間 h，および個人あるいは世帯属性の集合 I からなる効用関数 U

$$U = U(c, H-h, I) \quad ; \partial U/\partial c>0, \partial^2 U/\partial c^2<0, \partial U/\partial h <0,$$
$$\partial^2 U/\partial h^2>0 \tag{A1}$$

を持ち，これを制約条件

$$s.t. \ c \leq w \cdot h + P \tag{A2}$$

のもとで c と h について最大化すると想定する。ただし，H は投入可能最大労働時間，w は労働供給の結果として得られる時間当たり報酬額（被雇用者の場合は賃金率），P は労働以外から発生する所得である。この効用最大化問題の1階の条件から，意思決定者の最適な労働投入時間が

$$h = f(w, P, I) \tag{A3}$$

の形で導出され，これが労働時間関数として推定される。そして，これまで，先験的には符号の正負さえ明確でない w に対する労働時間の反応パラメータ［$\partial h/\partial w$］や，個人あるいは世帯属性による労働供給行動の違いなどが中心的なテーマとして検証されてきた。

本章でも，開業者の労働時間関数の推定にあたって，基本的にはこれと同様のアプローチを採用する。ただし，原田・木嶋（2002）および Harada and Kijima（2005）の起業モデルに基づき，上記モデルをより起業活動に即した定式化に拡張する。具体的には，まず開業者の効用関数として，(A1)式と同じく

$$U = U(c, H-h, I) \quad ; \partial U/\partial c>0, \partial^2 U/\partial c^2<0, \partial U/\partial h <0,$$
$$\partial^2 U/\partial h^2>0$$

を想定する[22]。そのうえで，開業者が事業から得る利潤関数 π が

$$\pi = \pi(h, X, \phi) \quad ; \partial \pi/\partial h>0, \partial^2 \pi/\partial h^2<0 \tag{A4}$$

の形で書けるとする[23]。ただし，X は企業の利潤に影響を与えるさまざまな属性要因，ϕ は年々の事業の不確実性を表す撹乱項である。

このとき，開業者の効用最大化問題は以下のようになる。

$$\max_{c, h} U(c, H-h, I) \quad s.t. \ c \leq \pi(h, X, \phi) \tag{A5}$$

この定式化と(A1)(A2)式の最も本質的な違いは，時間 h に対する限界収益が(A2)式では常に定数 w として固定されているのに対して，(A4)式では h を含む関数となる点である。結局，開業者の最適な労働投入時間は，(A3)式と同様に(A5)の1階の条件から

$$h = h(X, I, \phi)$$

の形で書けることになる。これが(1)式であり，本章では，これを基本形とした労働時間関数を推定する[24]。

【注】

* 本章は，拙稿「企業家の労働時間—実証分析—」『企業家研究』創刊号，pp.18-29 (2004年3月) に，他章との用語の統一および若干の改稿を行ったものである。掲載を許可いただいた同誌編集委員会に感謝する。

1) これはもともとの調査項目の問題なので，仮にこれらの調査の個票が入手できた場合でも，基本的に開業者の情報を分離することはできない。ただし，最大限の可能性として，就業構造基本調査において，複数の調査項目を組み合わせることにより調査時点以前1年以内に新しく自営業主になった者についての情報を抽出することはできる（eg.中小企業庁編［2003］，p.95）。ただし，その場合でも対象は自営業主に限られ，有限会社や株式会社などを設立しその経営者になった者は把握できない。
2) 日本においては，官庁統計の個票の入手は一般に非常に困難である。
3) なお，偶然にも国民生活金融公庫総合研究所が同公庫の融資先に対して毎年行っている「新規開業実態調査」でも今回新しく労働時間を尋ねる設問が追加された（国民生活金融公庫総合研究所［2003］）。しかし，いずれにしても同調査の調査対象は小企業に集中しており，また調査時期も開業後1年前後が中心となっていることから今回のわれわれの調査対象とは基本的に重ならないものである。
4) 逆に言えば，本調査では，主としてデータの補足の問題から農林水産業，建設業，不動産業に属する企業および開業後3年未満の企業は対象から除かれている。
5) うち有限会社250，株式会社505。
6) ここで，開業者は自身の労働時間を定義できるのかという問題があると思われるかもしれない。確かに，本調査ではこの点は最終的には各開業者の主観的判断に委ねられている。しかし，後で比較を行う代表的な統計調査「労働力調査」でも，自営業者や会社役員に対して，週間就業時間についてはその実数を尋ねており，本調査の取り扱いもこれに準じたものであると言うことができる。
7) もちろん，開業者は被雇用者ではないので法定労働時間の適用対象ではない。ここでは，日本における労働時間の比較の1つの目安として週40時間を用いている。
8) 表3-3では省略したが，従業者の内訳としては他に家族従業者，内職者，臨時雇，日雇がある。
9) このうち，特に一般常用雇用者の就業時間については，いわゆる「サービス残業」の問題から過少にしか把握されていないと考えられるかもしれない。しかし，「労働力調査」や「就業構造基本調査」は就業者に直接尋ねるタイプの統計調査であるため，事業主に対して被雇用者の労働時間を尋ねる「毎月勤労統計調査」や「賃金構造基本統計調査」とは異なり，サービス残業による補足過少の問題は原則的には存在しないと考えら

れている。実際，例えば「毎月勤労統計調査」で見ると，2002年の男性常用労働者の総実労働時間は平均で年間1980時間となり，開業者との開きはさらに拡大する。むしろ，労働力調査や就業構造基本調査には，副業がある場合には就業時間がそれを含んだものとして申告されるため過大バイアスの懸念がある。ただし，副業を持っている常用雇用者は多く見ても全体の5％程度にすぎず，その影響は全体としては小さいと考えられる。

10) 残念ながら，公表される労働力調査の集計表ベースでは，最長の労働時間区分が「週60時間以上」となっているため，例えば週80時間以上働くものがどの程度いるのかといった情報は得られない。したがって，労働時間の集計結果についてこれ以上の直接の比較はできない。

11) この膨大な研究の蓄積に関する優れたサーベイとして，Pencavel（1986），Killingsworth and Heckman（1986），Mroz（1987），Blundell and Macurdy（1999）を参照。

12) ただし，例外的に開発経済学の分野においては，途上国の自営業者（通常は農業従事者）の労働時間決定問題をモデルの一部に含む広範な理論および実証分析が展開されている（eg. Singh, Squire and Strauss［1986］）。また，企業家の労働時間の決定問題をモデル内で中心的に取り扱った数少ない理論分析の例として，本章でも触れる De Fraja（1996），原田・木嶋（2002），Harada and Kijima（2005）がある。

13) ただし，この「開業者の年齢」としてどちらの定義を採用するかという選択は主として概念上の問題であり，推定結果にはほとんど影響を及ぼさない。

14) 事業活動を主眼とするアンケート調査に，個人の世帯属性まで踏み込んだ設問を設けるのは必ずしも一般的ではない。

15) 本来は，X として企業の資本構成に関する項目も含めることが望ましいと考えられるが，今回の調査にはそのような情報が得られる設問が含まれておらず断念した。

16) 本分析のサンプルには，役員のみ（従業員数ゼロ）の会社が約7％含まれている。法人であっても，特に小規模な企業や開業後間もない企業の場合には役員のみで操業することは必ずしも不自然なこととは言えない。したがって，例えば通常の上場企業に対する実証分析とは異なり，ここでは企業規模を会社役員数を加えたものとして定義することとした。

17) 5つの変数全てを説明変数に加えると1次従属となり推定できないので，実際には1つ落とした4変数が加えられる。その場合，推定された各ダミーの係数は落とした変数を基準に評価されている。業種ダミー，開業年ダミーも同様。

18) なお，29歳以下の開業者は8人，70歳以上の開業者は18人存在している。

19) 年齢については，1次の項だけでなく2次の項も加えた推定も行ったが，有意な結果は得られなかった。

20) 有意な結果が得られなかったため詳述は避けるが，この企業規模については，被説明変数と両対数の関係にあるので推定された係数は弾力性としてそのまま評価できる。また，他の変数と同様にその効果を平均値で近似的に評価する場合には，［$\log Z = a_0 + a_1 \log Y \Rightarrow dZ/dY = a_1(Z/Y)$］より，［係数×（労働時間の平均値／企業規模の平均値）］によって計算することができる。

21) より厳密には，この結果は上場を予定している開業者が単に実務的により忙しい傾向があることを示している可能性もある。残念ながら，どちらの効果がどの程度であるかを区別することはできない。しかし，仮にそのような傾向があったとしても，開業者がそのとき総労働投入量を増加させるのは将来の期待所得があるからであり，両者に本質的な違いはないと解釈することもできる。
22) De Fraja (1996)，原田・木嶋 (2002)，Harada and Kijima (2005) では，企業家の効用関数として最も単純なコブ・ダグラス型 [$U=c^{\sigma_1} \cdot [(H-h)/H]^{\sigma_2}$] が想定されている（$\sigma_1$, σ_2 はパラメータ）。
23) 例えば Harada and Kijima (2005) では，具体的な利潤関数として，代表的なモデルの1つである Evans and Jovanovic (1989) を労働時間を含む形に発展させた，[$\pi = \theta(h/H)^\rho k^a - rk$] の形が想定されている。（$\theta$ は企業家能力，k は投入資本量，r は実質粗利子率，ρ と a はパラメータ。）
24) ここで，開業者の受け取る利潤 π をいくつかの要因に分解して効用関数に代入するのではなく，例えば労働時間と開業者の受け取りの関係を表す(4)式を直接推定することも考えられる。それも興味深い分析となり得るが，しかし本調査からは，π の実数を観察することができない。そのため，いずれにしても本章では，開業者の受け取りを明示的に取り入れた分析を行うことはできなかった。この点は今後の課題である。

〔原田 信行〕

第4章

新規開業企業のパフォーマンス

1. はじめに

　バブル崩壊後の長期的な経済活動の低迷などから，近年，わが国では開業に対する社会的関心が高まっている。米国経済が20世紀後半の低迷期をIT産業などにおける新しい企業の活躍で脱したことなどから，わが国でも新規開業企業の登場と活躍に期待が寄せられている。このことは，ここ数年の『中小企業白書』をはじめ，開業が政策的課題として恒常的に取り上げられていることからも察せられ，いまや開業は社会的かつ政策的に重要な課題と言っても過言ではない。

　これまでの間，開業を含めた新規参入は，既存企業に対する競争圧力としてはたらき，市場活性化の担い手としてとらえられてきた。開業による競争圧力は，既存企業に対して効率化を促すインセンティブとしてはたらき，また，イノベーションを創造する源泉として期待されている。さらに，開業は新たな雇用を創出し，これまで非効率的であった労働や資本などの生産要素の流動化にもつながる。このように，開業はイノベーションや雇用創出などを通じて市場活性化を促進し，経済的利益をもたらすと考えられている。そのため，わが国経済の閉塞感を打開する担い手として新規開業企業への期待は大きく，とりわけ，技術開発に特化した新規開業企業，いわゆる「ハイテクベンチャー」の活躍に注目が集まっている。

しかしながら，すべての新規開業企業が必ずしも成長をとげるとは限らない。そもそもすべての新規開業企業が競争や成長をめざすとは言い切れず，そのような目標とは無関係に開業する企業も少なくない。また，開業後に十分な成長をとげずに市場からの撤退を余儀なくされる企業も少なからず存在する。すなわち，すべての新規開業企業が必ずしも市場活性化の役割をはたすとは限らず，実際には，一部の成長著しい新規開業企業の活躍によって市場が成長し，経済的利益がもたらされることも十分に考えられる[1]。このような観点からは，開業そのものより，むしろ開業後のパフォーマンスが重要となるだろう。

そこで，本章では，開業後のパフォーマンスに焦点をあて，わが国における新規開業企業のパフォーマンスの決定要因を分析する。ここでは，（財）中小企業総合研究機構が実施したアンケート調査「新規開業にかかる実態調査」のデータをもとに，企業や開業者の特性と開業後のパフォーマンスとの関係を明らかにしていく。

本章の構成は以下のとおりである。第2節では，新規開業企業のパフォーマンスを分析する意義とその先行研究について説明していく。第3節では，新規開業企業のパフォーマンスの決定要因を分析するために，実証分析で用いたデータを説明する。第4節では，これまでの先行研究を踏まえながら，推定結果をもとに新規開業企業のパフォーマンスの決定要因を論じる。最終節では，本章のまとめを述べる。

2．開業研究の推移と先行研究

2.1. 開業研究の意義と推移

わが国の開業率は低調な傾向が続いており，開業率低下にともなう経済活力の減退に対する懸念が生じている（付録1）。しかしながら，Storey (1994) がその日本語版（忽那他 [2004]）においてイギリスにおける企業数の変化率と国内総生産成長率との関係を示したうえで論じているように，開業率の引き上げによって必ずしも経済的利益をもたらすとは限らない。前節で論じたように，そもそも新規開業企業が既存企業に対して競争圧力として

はたらかない限り，開業による市場活性化の効果を期待することは難しい。また，新規開業企業が市場に存続したうえで十分な成長を達成しない限り，イノベーションや雇用創出の担い手としての役割は期待できない。すなわち，経済的利益の視点からは，開業よりもむしろ開業後にどのようなパフォーマンスを達成しているかが重要と言える。さらに言えば，イノベーションや雇用創出などの経済的利益が実際に高いパフォーマンスをとげた新規開業企業によってもたらされるならば，高いパフォーマンスをとげる企業を特定化したうえで重点的な政策を検討するほうがむしろ効率的かもしれない。開業の支援政策を検討するにあたって，まずはどのような新規開業企業や開業者が実際に成長を達成しているかを明らかにすることが肝要と言えよう。

このような考えに呼応するかのように，1990年代を中心に，欧米諸国ではこれまでの開業や新規参入を対象とした研究だけでなく，開業後のパフォーマンスに焦点をあてた実証分析が試みられるようになった[2]。例えば，Audretsch（1995）は，アメリカの製造業における新規開業企業を対象に，企業規模や市場における規模の経済性などの要因が開業後の存続や成長に影響を与えることを論じた。欧米ではいくつかの実証分析にもとづいて開業や中小企業の政策が議論されてきた一方，わが国における新規開業企業に関する調査研究の蓄積は必ずしも十分とは言えず，新規開業企業の実態を把握するために十分な結果が提示されてこなかった[3]。その後，開業が社会的あるいは政策的に注目を集めるにしたがって，近年になって，ようやくわが国でも実証分析が試みられるようになった。以下では，わが国における新規開業企業のパフォーマンスに関する先行研究を紹介していくことにする。

2.2. 先行研究

わが国における新規開業企業のパフォーマンスに関する実証分析は，近年，既存のデータベースを再編加工したデータ，あるいは独自のアンケート調査などを用いていくつか試みられている。例えば，新規開業企業の存続については，Honjo（2000a, b, 2004），中小企業庁（2002），Okamuro（2004）などがあり，また，新規開業企業の成長については，玄田（2001），中小企業庁（2002），松繁（2002），Harada（2003），Honjo（2004），本庄（2004），榊原

他 (2004), 安田 (2004) などがある。このうち, 玄田 (2001), 中小企業庁 (2002), Harada (2003), 本庄 (2004) は, 国民生活金融公庫「新規開業実態調査」のデータを用いている。また, Honjo (2000a, b, 2004) は, 民間の信用調査会社である(株)東京商工リサーチのデータベースを用いている。

これらの先行研究では, 新規開業企業のパフォーマンスの測定にあたって, 従業員数あるいは売上高で測定した成長率, 利益や所得に関する指標, 存続あるいは退出や倒産などが用いられており, 全体として,「成長性」「収益性」および事業存続という意味での「安定性」の視点からパフォーマンスが測定されている。分析結果については, それぞれデータソースや観測期間が異なるなどの理由から必ずしも完全に一致した結果は得られていないが, 全体的な傾向を簡単にまとめると以下のようになる[4]。

まず, Honjo (2004), 本庄 (2004), 安田 (2004) が示したように, 新規開業企業のうち規模が小さく若い企業ほど成長する傾向が見られている。この傾向は, Evans (1987a, b), Hall (1987) をはじめとした欧米諸国でのいくつかの分析結果とも一致している。また, 先行研究では, 企業特性以外にも開業者自身の個人属性と開業後のパフォーマンスとの関係についても分析が試みられている。このような関係を明らかにすることは起業家精神の重要性を論じるうえでもたいへん興味深く, たとえば, 玄田 (2001), 中小企業庁 (2002), 本庄 (2004) など, 先の「新規開業実態調査」を用いた分析では, 勤務経験のある開業者ほど開業後の収益性が高い傾向が示されている。

本章では, あらたに(財)中小企業総合研究機構「新規開業にかかる実態調査」のデータを用いて, 新規開業企業のパフォーマンスの決定要因を分析していく。次節では, わが国の新規開業企業の特性を提示したうえで, 開業後のパフォーマンスの測定と決定要因を中心に説明していく。

3. データ

3.1. サンプル企業の特性

本章の実証分析では, データソースとして「新規開業にかかる実態調査」を用いる。なお, データソースの詳細については, 第1章以下の他の章も参

照していただきたい。以下，本章で用いるサンプル企業の特性について，新規開業企業の規模やパフォーマンスを中心に説明していく。なお，サンプル企業の特性については付録2も参照していただきたい。

まず，表4-1では，会社役員数と従業員数で見た企業規模を示し，また，表4-2では，会社役員数と従業員数との合計についての基本統計量を示す。表4-1，4-2から，開業後の会社役員数はあまり変化が見られない一方，従業員数については全体として増加傾向にあることがうかがえる。

表4-1 会社役員数と従業員数の平均 (単位：人)

開業年	開業時		現在（調査時）		
	会社役員数	従業員数	会社役員数	従業員数	N
1994	2.6	4.1	3.2	13.4	22
1995	3.1	6.3	3.3	16.7	187
1996	3.1	6.8	3.3	26.7	166
1997	3.1	8.8	3.3	19.1	193
1998	2.7	11.0	3.0	21.3	199
1999	2.8	8.2	3.2	17.3	213
全期間	2.9	8.2	3.2	19.8	980

(注) 開業時および現在について，会社役員数と従業員数がそれぞれ回答されている企業を有効回答とした。全期間は1994-1999年を意味し，Nはそれぞれの開業年における有効回答数を表す。

表4-2 会社役員数と従業員数との合計の基本統計量 (単位：人)

	平均	標準偏差	最小値	最大値
開業時	11.1	33.7	0	697
現在（調査時）	19.8	60.9	0	936

(注) 表4-1の「全期間」と同様，有効回答数はそれぞれ980。

次に，表4-3に新規開業企業の資本金規模を示す。開業時の資本金は平均で1879万円となっているが，標準偏差が大きく資本金にばらつきが見られている。このうち，300万円および1000万円と回答した企業が実際に数多く見られているが，これは有限会社あるいは株式会社の最低資本金で開業した企業が多数存在するためである。

続いて，表4-4に売上高による企業規模を示す。表4-4では，調査時点の直近年度，前年度，前々年度のそれぞれについての売上高の平均を示して

表 4-3 資本金の基本統計量　　（単位：万円）

	平均	標準偏差	最小値	最大値
開業時	1879	8331	0	200000
現在（調査時）	3338	12615	0	230000

（注）開業時および現在の資本金がそれぞれ回答されている企業を有効回答とした。有効回答数はそれぞれ967。

いる。売上高は開業年によってやや異なるが，平均で3億円から7億円の範囲で推移している。直近年度は全体的に景気低迷期にあったことなどから，特に，開業年の古い企業ほど，直近年度，前年度，前々年度の売上高は全体的に伸び悩んでいる。むろん，景気低迷期にありながらも開業後に成長をとげる企業も存在しており[5]，開業年ごとに見ると，前々年度あるいは前年度と比較して直近年度の売上高が増加している開業年も見られている。

表 4-4 売上高の平均　　（単位：万円）

開業年	直近年度	前年度	前々年度	有効回答数
1994	58846	76862	73664	23
1995	40203	38880	38427	186
1996	54673	51729	44129	171
1997	50968	58862	46024	194
1998	45226	40989	36420	197
1999	36951	38290	22918	212
全期間	45586	46243	37995	983

（注）売上高をマイナスと回答した企業（1社）は対象外とした。全期間は1994-1999年を表す。

3.2. パフォーマンスの測定と特性

公益法人などの一部の組織を除けば，企業はそもそも所有者の利益を追求する組織といってよく，そのうち，株式会社については所有者である株主の利益のための行動をとることになる。このような考えにしたがって，企業は株主の所有する株式が市場で高く評価されることをめざすと仮定し，パフォーマンスの指標として，株式の時価総額で測定した企業価値を用いる場合がある[6]。しかしながら，新規開業企業については株式市場で株式公開している企業の比率は極めて低く，また，わが国の場合，後述するように，将来的に株式公開をめざす企業の比率は決して高くなく，新規開業企業に限って言え

ば，企業価値がパフォーマンスの指標として必ずしも適切とは言えない[7]。

実際に，会計やファイナンスなどの分野において，株価の時価総額で測定した企業価値より，むしろROA（return of assets）やROE（return of equity）などの収益性（あるいは利益率）に関する指標がパフォーマンスとして用いられることが多い。収益性の高い企業は，配当などの所有者に対する還元も期待でき，また，退出や倒産などの可能性も低い。加えて，利益をもたらすと市場が判断した企業は高い評価を受けることにつながり，前述した企業価値も将来にわたっての収益性と連動することになる。しかしながら，市場で評価される収益性はあくまでも将来にわたっての利益である。残念ながら，この値を予測することは困難であり，多くの調査研究では，現時点での利益をもとにした収益性による測定にとどまっている。このような測定上の限界を考えると，将来にわたっての利益という視点からは，現時点での収益性より，むしろ成長性のほうが新規開業企業にとって重要な指標となる可能性は高い。情報の非対称性にもとづく不十分な資金調達によって，多くの新規開業企業が必ずしも十分な規模で開業を達成していないと考えれば，新規開業企業にとって，開業後の成長は規模の不経済性を克服するためにもたいへん重要と言えよう。

前節で述べたとおり，これまでの新規開業企業のパフォーマンスに関する先行研究では，成長性や収益性などの視点からパフォーマンスの指標を測定してきた。本章では，データソースから利用可能な「売上高成長」および「収支状況」を用いて，成長性と収益性の視点から新規開業企業のパフォーマンスを測定した。上記以外の指標として，先行研究で用いられたように事業の存続や退出に関する指標も考えられるが，データの制約のために本章では用いていない。

一方，すべての新規開業企業が必ずしも成長性や収益性を高めることを目標にするとは限らず，そのような目標とは無関係に開業し，まったく異なる効用をもつ開業者も少なくない。そのため，開業後のパフォーマンスを開業者自身の効用からとらえるために，開業者の現在の事業状況に対する満足度をパフォーマンスの指標として加えることにした。この「事業満足度」の指標は，経済全体への利益という観点からの意義は小さいが，開業者が多様な

意図をもって開業することを考慮すれば，上記の指標を補完する意味で有効なものと言えるだろう。以下では，これらのパフォーマンス指標についてそれぞれ説明していく。

3.2.1. 売上高成長

新たに市場に参入する新規開業企業は市場での地位も確立しておらず，売上高を獲得して成長していくことは，市場で存続していくためにも重要と言えるだろう[8]。特に，新規開業企業は業務期間が短く，金融機関との情報の非対称性にもとづく不十分な資金調達によって，その市場における最適規模よりも過小な生産量にとどまっている可能性はある。この場合，既存企業と比較すると費用の点で不利となり，競争劣位を解消するために早期の売上高成長の達成が求められる。加えて，売上高成長にともなって生産技術などの習得が実現されるならば，学習効果の視点からも売上高成長はスタートアップ期において重要となるだろう。

本章では，新規開業企業のパフォーマンスとして，売上高成長を用いて成長性を測定した[9]。表4-5に，開業年ごとの売上高成長の基本統計量を示す。売上高成長は，Honjo (2004) 同様，当該年と前年の対数の差を観測年数で割った値で定義しており，この値は，売上高の増減率に相当する。表4-5から，1997-1999年に開業した企業，すなわち，サンプル企業のなかでも比較的に若い企業の売上高成長が高いことがわかる。特に，最も若い1999年に

表4-5 売上高成長

開業年	平均	標準偏差	最小値	最大値	N
1994	0.053	0.211	−0.116	0.972	23
1995	0.028	0.159	−0.517	1.385	186
1996	0.019	0.167	−0.827	0.518	170
1997	0.072	0.201	−0.632	1.312	193
1998	0.063	0.166	−0.869	0.728	196
1999	0.148	0.250	−0.818	1.108	203
全期間	0.068	0.198	−0.869	1.385	967

(注) 売上高をマイナスと回答した企業（1社），および直近年度あるいは前々年度の売上高をゼロと回答した企業（12社）は対象外としている。全期間は1994-1999年を意味し，Nはそれぞれの開業年における有効回答数を表す。

開業した企業の売上高成長が高い傾向が見られている。

3.2.2. 収支状況

　成長性はスタートアップ期において重要な指標と言えるが，それとならんで収益性も重要な指標となるだろう。収益性の悪化にともなって倒産や事業縮小などのリスクは高まるため，このようなリスクを避けたい企業にとっては収益性を重視することになる。しかしながら，収支状況に関連する調査の回答は一般的に避けられる傾向にあり，アンケート調査の設問として用いる場合にはある程度の配慮が必要となる。直接，利益率などを尋ねる設問では回答率が低くなり，また，仮に収支状況が低い企業ほど回答しない傾向があれば，そこから得られたデータにはバイアスを含む可能性が残る。そのため，このアンケート調査では，同業他社と比較した場合の収支状況を「1：とても悪い」から「5：とても良い」の5段階で自己評価するにとどめている。

　図4-1に収支状況の評価を示す。図4-1から，収支状況を「悪い」と判断した開業者（1，2を選択した開業者）と「良い」と判断した開業者（4，5を選択した開業者）と同程度に存在することがわかる。しかし，「とても良い」と判断した開業者（5を選択した開業者）と比較すると，「とても悪い」と判断した開業者（1を選択した開業者）の比率のほうがやや大きく，

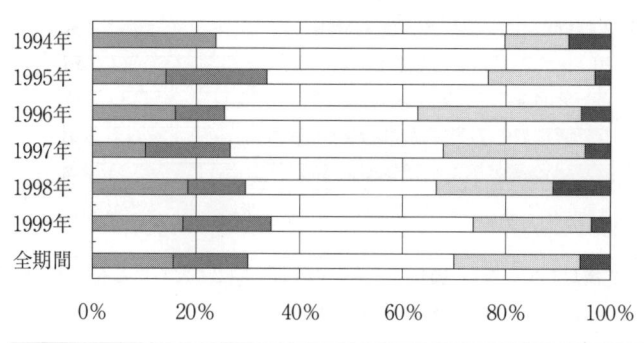

図4-1　収支状況の評価

（注）有効回答数は1059。

現在の収支状況について厳しいと判断する企業がある程度の割合で存在することがわかる。

3.2.3. 事業満足度

企業は将来にわたっての利益を追求することから，新規開業企業のパフォーマンスとして成長性や収益性の指標を用いたが，既に述べたとおり，成長や収益以外を目標に開業する開業者も存在し，異なる効用をもつ開業者も少なくない。そこで，前述したとおり，開業者自身の現在の事業状況に対する満足度を用いて新規開業企業のパフォーマンスを測定することにした。

アンケート調査では，開業者の事業状況の満足度を用いて新規開業企業のパフォーマンスも測定している。事業状況の満足度は，前述の収支状況の評価と同様，「1：満足していない」から「5：大変満足している」の5段階での自己評価で測定している。事業状況の満足度については図4-2に示すとおりである。「満足していない」と回答した開業者が3割以上を超える一方，「大変満足している」の比率は極めて小さい。全体的に，事業状況の満足度は低く，開業者は現在の事業状況に必ずしも満足していない傾向が見られている。

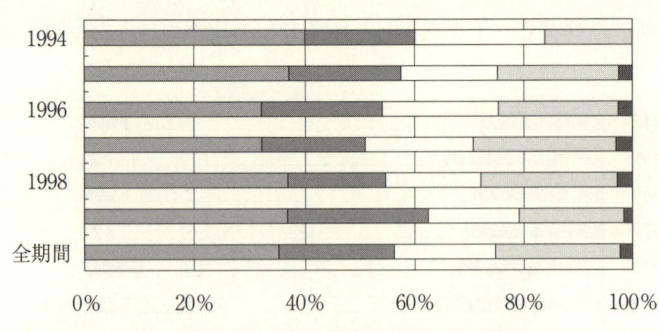

図4-2 事業状況の満足度

（注）有効回答数は1060。

4. パフォーマンスの決定要因

前節では，売上高成長，収支状況，および事業満足度を用いて新規開業企業のパフォーマンスを示してきた。以下では，データソースから入手可能なデータをもとに，これらのパフォーマンスの決定要因を明らかにしていく。実際の分析では，パフォーマンスの指標を被説明変数とし，データソースから得られた企業特性あるいは開業者の個人属性を説明変数とした回帰式を推定することでパフォーマンスの決定要因を明らかにしていく。以下では，パフォーマンスの決定要因としてとりあげた変数についてそれぞれ説明していく。

成長の決定要因に関するこれまでの先行研究では，企業の成長と規模との間には相関がないとした「ジブラの法則（Gibrat's Law）」を検証することを目的とし，いくつかの実証分析が試みられてきた。特に，企業の成長が規模と年齢によって決定されるとした，Evans（1987a, b）が提案したモデルをもとに企業成長の決定要因が分析されてきた。しかしながら，企業の規模や年齢以外にも技術開発力などの企業特性が影響を与えることも十分に考えられよう。また，事業組織形態や開業経緯など，企業タイプの違いによってパフォーマンスに対するインセンティブは異なることも考えられる。さらに，新規開業企業は比較的に小規模であることから，開業者の個人属性がパフォーマンスに影響を与えやすいことも想定される。

本章では，企業の規模と年齢に加えて，技術開発，開業時の資本構成，株式会社などの事業組織形態，開業経緯，株式公開意欲などの企業特性，および開業者の個人属性と新規開業企業のパフォーマンスとの関係を分析する。まず，開業時の企業規模について，開業時の会社役員数と従業員数の合計を用いた。また，企業年齢について，年齢の効果の非線形性を考慮して開業年ごとのダミー変数を用いた。これらの変数については，開業年や企業年齢の違いによる影響をコントロールする目的も含んでいる。なお，開業年に関するダミー変数のリファレンスは「1999年開業」としている。企業の規模と年齢以外として，企業の技術開発への取り組みや開業時の流動性制約などの影

響を分析するために，技術開発をあらわしたダミー変数および自己資金比率を用いた。

サンプル企業には個人事業主，合名・合資・有限・株式会社が含まれているが，事業組織形態によって異なることを考慮して，株式会社をダミー変数であらわすことにした。さらに，開業経緯による違いも十分に考えられるため，サンプル企業を「スピンアウト型（分社型とフランチャイズ型）」「独立型」「家業発展型」に分類し，スピンアウト型と家業発展型をダミー変数で

表4-6　変数の定義

変数	定義
（被説明変数）	
売上高成長	直近年度と前々年度から直近年度までの売上高成長率
収支状況	直近年度の収支状況を同業他社と比較して5段階で評価した指標（5：とても良い，1：とても悪い）
事業満足度	直近年度までの事業状況を自己評価した場合，どの程度満足しているかを5段階で評価した指標（5：とても良い，1：とても悪い）
（説明変数）	
開業時規模	開業時における会社役員数と従業員数の合計の対数値
95～98年開業ダミー	それぞれの開業年をあらわすダミー変数
技術開発ダミー	開業時から現在まで研究・技術開発活動を継続的に行ってきた場合を1，それ以外を0とするダミー変数
自己資金比率	開業時における資金調達総額のうち開業者の自己資金の占める比率
株式会社ダミー	株式会社の場合を1，それ以外を0とするダミー変数
スピンアウト型ダミー	「分社型」あるいは「フランチャイズ型」の場合を1，それ以外を0とするダミー変数
家業発展型ダミー	「家業発展型」の場合を1，それ以外を0とするダミー変数
株式公開ダミー	将来的に株式を公開する予定がある場合を1，公開する予定はない，あるいはわからない場合を0とするダミー変数
開業者年齢	調査時における開業者の年齢の対数値
女性ダミー	開業者が女性の場合を1，男性の場合を0とするダミー変数
大学ダミー	開業者の最終学歴（中退などを含む）が大学以上の場合を1，それ以外を0とするダミー変数
業種経験ダミー	開業者が以前に現在の事業に関連した仕事の経験がある場合を1，それ以外を0とするダミー変数
経営経験ダミー	開業者が以前に事業経営の経験がある場合を1，それ以外を0とするダミー変数

とらえることにした。さらに，新規開業企業のうち株式公開を通じた成長をめざす企業が存在する一方で，後で示すとおり，わが国では株式公開そのものをめざさない企業の占める割合は決して小さくない。このような成長志向の違いによって実際のパフォーマンスに違いが見られるかを検証するために，株式公開意欲も変数に加えることにした。

開業者の個人属性については，開業者の年齢，性別，学歴，および職務経験で測定している。職務経験については，関連業種での経験および事業経営の経験で測定している。

上記で説明した企業特性および開業者の個人属性以外に，新規開業企業が直面する市場の違いの影響をコントロールする必要があるだろう。実証分析で用いる「新規開業にかかる実態調査」は，わが国の製造業，運輸業，通信業，卸売業，小売業，飲食店，サービス業の業種を調査対象としている。これらの業種の違いをコントロールするために，それぞれのダミー変数（以下，「業種ダミー」と呼ぶ）を含めることにした。なお，業種ダミーのリファレンスはサービス業となっている。

表4-6において，業種ダミーを除き，本章で用いた変数の定義をそれぞれまとめておく。

5．推定結果

表4-1で示したとおり，他の開業年と比較すると1994年に開業した企業の観測数が他の開業年と比較すると小さく差異が認められるため，サンプル企業のうち1995-1999年に開業した企業に限定して推定することにした。また，サンプル企業には，医療法人などの公益性の高い法人も含まれているが，これらの事業組織形態の企業については目標とするパフォーマンスが異なるため，医療法人など特別な事業組織形態をとる企業はサンプルから除外した。結果として，本章の分析では，個人事業主および合名・合資・有限・株式会社が分析の対象となっている。さらに，実証分析のためのデータを整理する過程で，既に株式公開している企業が1社だけとなったため，これもサンプルから除外することにした。

表4-7に変数の基本統計量を示す。なお、パフォーマンスの指標によって欠損値の個数が異なり、観測数は売上高成長について748、収支状況および満足度について801となっているため、それぞれについての基本統計量を示しておく。表4-7において、株式公開ダミーの平均は約0.16となっている。株式会社以外の企業もサンプルに含まれていることには注意を必要とするが、わが国の新規開業企業のうち株式公開意欲をもつ企業の占める比率は20%も満たず、株式公開意欲をもたない企業の割合が高いことがわかる。

新規開業企業のパフォーマンスは、前節で説明したとおり、売上高成長、収支状況、および事業満足度の3つの指標を用いている。売上高成長は連続量であるため、通常の最小二乗法で推定するが、収支状況と事業満足度の2

表4-7 基本統計量

変数	売上高成長（モデル1）		収支状況,満足度（モデル2,3）	
	平均	標準偏差	平均	標準偏差
（被説明変数）				
売上高成長	0.161	0.460		
収支状況			2.940	1.107
満足度			2.397	1.243
（説明変数）				
開業時規模	1.747	0.975	1.733	0.966
95年開業ダミー	0.179	0.384	0.176	0.381
96年開業ダミー	0.178	0.383	0.177	0.382
97年開業ダミー	0.213	0.409	0.206	0.405
98年開業ダミー	0.222	0.416	0.221	0.415
技術開発ダミー	0.297	0.457	0.296	0.457
自己資金比率	0.563	0.366	0.559	0.364
株式会社ダミー	0.652	0.477	0.644	0.479
スピンアウト型ダミー	0.198	0.399	0.201	0.401
家業発展型ダミー	0.055	0.228	0.056	0.230
株式公開ダミー	0.162	0.368	0.157	0.364
開業者年齢	3.907	0.195	3.903	0.197
女性ダミー	0.021	0.145	0.025	0.156
大学ダミー	0.582	0.494	0.586	0.493
業種経験ダミー	0.804	0.398	0.799	0.401
経営経験ダミー	0.320	0.467	0.323	0.468

（注）「収支状況」と「事業満足度」とは、全く同一のサンプルとなったため、説明変数の基本統計量はまとめて記載している。

表4-8　推定結果

変数	モデル1 売上高成長	モデル2 収支状況	モデル3 事業満足度
開業時規模	−0.097***	−0.031	−0.013
	(0.024)	(0.050)	(0.049)
95年開業ダミー	−0.283***	0.046	0.148
	(0.053)	(0.115)	(0.129)
96年開業ダミー	−0.313***	0.228*	0.184
	(0.059)	(0.125)	(0.121)
97年開業ダミー	−0.165***	0.168	0.230**
	(0.059)	(0.111)	(0.116)
98年開業ダミー	−0.171***	0.281**	0.202*
	(0.053)	(0.119)	(0.119)
技術開発ダミー	−0.012	0.115	0.084
	(0.040)	(0.096)	(0.092)
自己資金比率	−0.021	−0.117	−0.209*
	(0.051)	(0.114)	(0.118)
株式会社ダミー	0.117***	0.187**	0.099
	(0.038)	(0.092)	(0.098)
スピンアウト型ダミー	0.072*	0.095	0.108
	(0.039)	(0.102)	(0.104)
家業発展型ダミー	0.092	0.409**	0.627***
	(0.089)	(0.164)	(0.170)
株式公開ダミー	0.134***	0.234**	0.065
	(0.049)	(0.118)	(0.116)
開業者年齢	−0.065	−0.398*	0.158
	(0.109)	(0.217)	(0.214)
女性ダミー	0.142**	0.343	0.260
	(0.069)	(0.232)	(0.238)
大学ダミー	0.060*	−0.054	−0.067
	(0.034)	(0.077)	(0.079)
業種経験ダミー	−0.093**	0.018	0.015
	(0.047)	(0.091)	(0.096)
経営経験ダミー	−0.052	0.002	−0.093
	(0.039)	(0.084)	(0.088)
業種ダミー	あり	あり	あり
R^2	0.138	0.021	0.020
観測数	748	801	801

(注)　括弧内はWhite (1980, 1982) の不均一分散での一致推定標準誤差。***, **, *はそれぞれ両側1％, 5％, 10％有意水準。R^2は決定係数であり，モデル2, 3については擬似決定係数。

つの被説明変数は1から5の5段階のスケールの質的変数で測定されている。よって，それに対応可能な順序プロビットモデル（ordered probit model）を用いて推定することにした。それぞれの推定結果は表4-8に示すとおりである。

まず，表4-8のモデル1，2で示した売上高成長と収支状況の推定結果から説明する。企業規模の係数は売上高成長に対して負で有意な値を得ており，開業時の規模が小さい企業ほど開業後に成長する傾向を示している。この結果は，Evans（1987a, b），Hall（1987）をはじめ，これまでの多くの先行研究と一致している。また，わが国における先行研究でもほぼ同様の傾向が示されていることから，わが国の新規開業企業については小規模で開業した企業ほど成長しやすいことになる。Jovanovic（1982）のモデルで示されたように，新規開業企業のなかでも規模が小さい企業ほど学習効果によって成長の余地があるのかもしれない。また，小規模で開業した企業は，規模の不経済性を克服するために，早期に成長をめざすことも考えられよう。また，Jovanovic（1982）あるいはAudretsch（1995）が論じたように，この結果については，早期に成長を達成できない企業は市場から退出するため，結果的に存続している企業が成長を達成していることを表しているのかもしれない[10]。その一方で，収支状況については企業規模の影響は有意ではなく，小規模な企業は規模の不経済性を克服するために売上高は伸ばすが，その成長が収益性にはまだ十分に結び付かないことも推察される。

1995-1998年の開業年ダミーは，売上高成長についていずれも負で有意な結果を得ている。表4-5でも1995，1996年に開業した企業の売上高成長が相対的に低く，これらの結果から，新規開業企業のなかでもより若い企業ほど成長していることがわかる。なお，開業年を表すダミー変数の代わりに2002年末時点での企業年齢を用いて推定した場合でも有意に負の相関が見られている。企業規模と同様，企業年齢についてもこれまでの先行研究とほぼ一致した結果となっており，より若い企業ほど早期に成長を達成していることになる。なお，収支状況についてはいずれの開業ダミーの係数も正の値を得ており，より若い企業ほど収益性については劣る傾向が見られている。若い小規模な企業ほど成長性が高い一方，このような企業の収益性は決して高

くなく,初期の成長過程にあっては収益性に結び付くまでに至らないと考えられよう。

技術開発は,売上高成長および収支状況のいずれについても有意な結果を得ていない。本章では,技術開発をすすめる企業ほど成長性が達成されると予想したが,その影響は示されなかった。この結果として,質的変数で企業の技術開発力を表すには限界があるが,それに加えて,技術開発が実際に成長や利益につながるためにはある程度のタイムラグが必要であることも考えられよう。本章のサンプル企業では技術開発の影響は見られなかったが,榊原他(2004)は,技術系製造業において研究開発集約度の高い新規開業企業ほど売上高成長が高いことを示している。このことから,新規開業企業の技術開発志向は,ある程度の技術が必要な市場において有意に影響を与える可能性は残っている。

開業時の自己資金による資金調達は,売上高成長および収支状況のいずれについて有意な結果は得られなかった。開業時の自己資金および開業費用と収益性との関係については,玄田(2001),中小企業庁(2002),Harada(2003),本庄(2004)などの「新規開業実態調査」のデータを用いた分析では正の相関を示しているが,榊原他(2004)は,開業時の借入金比率の影響について有意な結果を得ていない。新規開業企業については流動性制約の存在もあって,十分な資金供給を受けられない可能性があり,その結果,成長性や収益性を妨げられることを想定したが,本章の実証分析からはそのような関係は示されなかった。ただし,本章で用いた変数では,どこまでが企業が開業時に必要とする資金額かは明らかでなく,流動性制約の影響を明らかにするためにはさらなる分析が必要かもしれない。

株式会社を表すダミー変数の係数は,売上高成長および収支状況のいずれについても正で有意な値を得ている。すなわち,株式会社は他の事業組織形態と比較して,成長性および収益性が高いことになる。この結果は,成長や利益をめざして開業する開業者は,設立に煩雑な手続きが必要であっても資金調達の面で有利な株式企業としての設立をめざし,その一方で,そもそも成長や利益を目標としない開業者は,設立や解散が容易な事業組織形態にとどまることを意味しているのかもしれない。加えて,個人事業および合名・

合資・有限会社は，株式会社と比較すると，外部からの資金調達が容易ではなく，成長のために十分な資金調達が難しいことによる影響も考えられよう。

開業時の経緯については，スピンアウト型ダミーが売上高成長に対して正の係数を得ている。子会社，関連会社，あるいはフランチャイズとして開業したスピンアウト型企業ほど成長性は高い傾向が見られている。ただし，その結果は十分には有意でない。開業時あるいはスタートアップ期においては資金調達や需要獲得に困難がともなうことを想定すれば，親会社あるいは関係会社からの支援によって，スピンアウト型企業は独立型企業などと比較してこれらの点で有利にはたらくことが考えられる。このような傾向は，榊原他（2004）でも同様に見られている。その一方で，家業を発展させた形で開業した企業は，収支状況が良好な傾向を示している。家業発展型企業についてはこれまでの親や親族の資産を受け継ぐことで，事業に必要な土地や建物およびブランド（のれん）を安価で引き継ぐことができ，この要因が開業時あるいはスタートアップ期の収益性に影響を与える可能性はある。

さらに，株式公開ダミーの係数は，売上高成長あるいは収支状況のいずれも正で有意となっている。株式会社ダミーを用いて株式会社による違いをコントロールしたうえで，さらに株式公開意欲によるパフォーマンスへの影響が見られており，株式公開意欲をもつ企業ほど成長性や収益性は高い傾向が示されている。株式公開意欲と成長性との関係は，榊原他（2004）でも同様に見られており，企業あるいは開業者の成長意欲によって実際の成長に違いが見られることになる。一方，有意水準5％で，株式公開意欲をもつ企業ほど収益性は高いことが示されており，株式公開意欲は収益性の違いにも有意に影響を与えている。ただし，アンケート調査の限界もあって，株式公開についてはどこまで実現性があるかは明らかになっておらず，また，この変数は回答者の個人属性に影響を受ける可能性は残っている。

開業者の個人属性について，開業者の年齢は売上高成長と有意な関係は見られていないが，収支状況に対しては有意水準10％であるが負の相関が見られている。一般的に，ビジネスに必要な知識やノウハウは経験によって培われるという伝統的な考え方があり，年齢の経過にともなって人的資本の形成が行われるならば，年齢はパフォーマンスに対して正の影響を与えること

になる。しかし，その一方で，年齢の経過にともない新しい知識や情報を取り入れる適応力に不利にはたらくことも考えられよう。この結果は，年齢の経過にともなう経験より，むしろ変化に対する適応力など，若年層にとって有利な能力の効果も存在し，それが相殺された，あるいは後者の影響が上回ったことを表しているのかもしれない。加えて，昨今の高年齢層に対する厳しい雇用情勢を考えれば，高年齢層は開業後に高いパフォーマンスが得られないと予想されたとしても，高年齢層は若年齢層と比較して被雇用の機会が少ないことから，開業の道を選択せざるをえないことを表しているのかもしれない。また，性別については，女性の開業者ほど売上高成長は高い結果が見られている。ただし，中小企業庁（2002）など，これまでの先行研究では必ずしも違いが見られていないことなどから，性別による影響が定式化した事実として受け入れられるためにはさらなる分析が必要だろう。

開業者の教育水準について，大学ダミーの係数は収支状況に対して有意な結果を得ていないが，有意水準10%で売上高成長に対して正の値を得ている。この傾向は，Honjo（2004），榊原他（2004）などでも同様に見られている。大学などの高等教育機関での教育が実際に開業者の能力向上に貢献したかは定かではないが，開業者の学歴が取引や融資時のシグナリング効果としてはたらき，その結果，企業のパフォーマンスに対して間接的に影響を与える可能性は残る。

開業者の職務経験について，業種経験ダミーの係数は売上高成長に対して負の値を得ているが，それ以外については有意な結果を得ていない。分析結果から，関連業種で経験を積んだ開業者ほど売上高成長は低いことになるが，先行研究ではこのような結果は提示されておらず，定式化した事実として確証するためにはさらなる分析が必要だろう。

一方，事業満足度についてはいくつかの開業年ダミーを除き，十分に有意な結果は得られていないが，そのなかで，家業発展型ダミーの係数が正で有意な結果を得ている。成長性と収益性の推定結果とあわせて考えると，家業発展型企業について，成長性は低いが収益性と満足度については高いパフォーマンスを得ていることになる。家業発展型企業は，成長や利益をそれほど望まないが，それよりもこれまでの家業を安定的に継続していくことに

意義を見出しているとも考えられよう。この結果は，開業者タイプによる違いを示唆しているが，この点については補章で論じることにする。

6．おわりに

本章では，開業後のパフォーマンスに焦点をあて，「新規開業にかかる実態調査」のデータをもとに，わが国における新規開業企業のパフォーマンスの決定要因を分析した。分析結果をこれまでの先行研究と比較しながらまとめると以下のようになる。

まず，開業時の規模の小さい企業ほど成長性が高い傾向が示された。新規開業企業において企業の成長と規模との間に負の相関が見られることはわが国の先行研究においても既に示されており，定式化した事実として認識してよいだろう。ただし，企業規模は収益性に対しては影響を与えていない。企業年齢については，若い企業ほど成長性は高い傾向が示されており，この傾向もまたいくつかの先行研究と一致している。それ以外のパフォーマンスの決定要因として，株式会社の事業組織形態をとる新規開業企業，および株式公開意欲のある新規開業企業ほど成長性や収益性が高い傾向が示された。なお，開業者の個人属性については，一部を除いて十分に有意な結果はあまり得られておらず，これまでの先行研究と一致する定式化した事実は得られていない。最後に，事業満足度については，家業発展型の新規開業企業ほど高い傾向が示されている。

本章において，株式会社の事業組織形態をとる新規開業企業は成長性および収益性のパフォーマンスが優れており，事業組織形態や開業経緯によって開業後のパフォーマンスは異なる傾向が示唆された。また，家業発展型の新規開業企業は必ずしも売上高成長をとげていないが，収支状況の評価も高く事業満足度も高いため，それぞれの企業タイプによって開業意義が大きく異なる可能性がある。

わが国の新規開業企業において，「株式公開意欲のある若い小さな株式会社」が成長していることから，このような企業の支援をすすめることで，あらたな成長企業を生み出し，将来的な経済的利益に結び付く可能性はあるだ

ろう。一方，事業組織形態や開業経緯などによってパフォーマンスの違いが見られることから，開業の支援政策については，一律な施策より，むしろそれぞれの企業タイプに応じた施策のほうが効果的であることも示唆されよう。

付録1　わが国における開業の状況

　本節では，わが国における開業の状況を示す。図4-3に，わが国の法人（合名・合資・有限・株式会社）における設立登記数および開業率を示す。なお，ここでの開業率は，当該年における法人の設立登記数と前年度における企業数との比率で定義している。これ以外に，個人事業主も存在するが，実際に個人事業主を把握することはたいへん難しく，ここでは法人のみに限定している。ちなみに，2002年に設立登記件数は，合名会社が128社，合資会社が2804社，有限会社が6万8990社，株式会社が1万5622社となっており，有限会社が最も多いことになる。

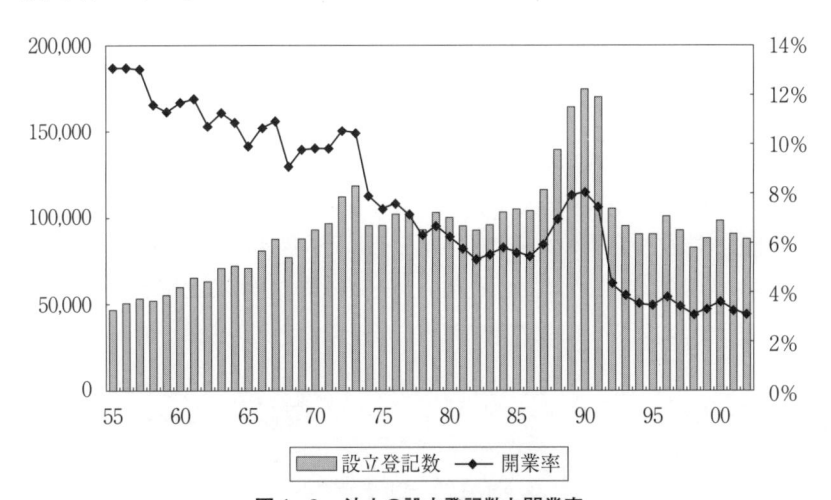

図4-3　法人の設立登記数と開業率
（資料）法務省『民事・訟務・人権統計年報』，国税庁『国税庁統計年報書』。

　図4-3で示すとおり，過去50年についてはわが国の開業率は低下しており，特に，バブル崩壊以降は3-4％程度と低調な傾向が続いている。『中小企業白書』などで既に示されているように，わが国における開業の推移は，

ここ数年，低調な傾向が続いており，いくつかのデータソースでも同様の傾向が見られている。2000年にはIT景気にともなうベンチャーブームが起こったと言われているが，開業率が増加傾向に転じるまでには至っていない。また，諸外国と比較してもわが国の開業率は低く，少なくともわが国の開業率は高いとは言えない（中小企業庁［2002］など）。ただし，開業数にあたる設立登記数については，第1次石油ショック以降はバブル景気を除けば横ばいで推移しており，「既存企業数の割には開業数が増加していない」というのがむしろ正確な解釈かもしれない[11]。

付録2　サンプル企業の特徴

調査票配布のための住所・企業名は，(株)東京商工リサーチが所有するデータベースから抽出している。アンケート調査の対象とした新規開業企業は，業種として，製造業，運輸業，通信業，卸売業，小売業，飲食店，サービス業，また，開業年として，1995年から1999年までの企業に限定した。ただし，回収された調査票から，1994年に開業した企業がいくつか存在したため，これらの企業もサンプルに含めている[12]。したがって，最終的なサンプルは，前述の業種に該当する1994年から1999年に開業した企業となり，観測数は1067社となっている[13]。

以下，サンプル企業の業種と開業年をそれぞれ図4-4，図4-5に示す。全体的に，製造業，卸売業，小売業，サービス業の占める比率が大きく，実際にわが国において企業数の多い業種によってサンプル企業が構成されてい

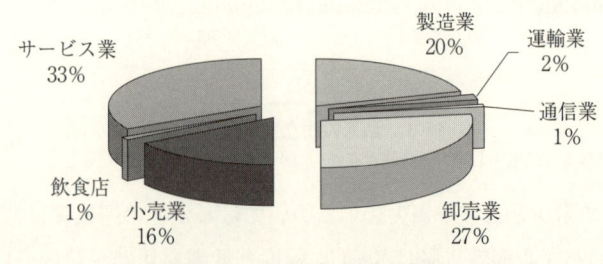

図4-4　サンプル企業の業種

（注）有効回答数は1021社。

- サービス業 33%
- 飲食店 1%
- 小売業 16%
- 卸売業 27%
- 通信業 1%
- 運輸業 2%
- 製造業 20%

る[14]）。また，前述したとおり，調査時点では1995年から1999年までの設立を抽出条件としたことから，1994年に開業した企業の比率は小さいが，それ以外については，いずれの開業年もほぼ均等の比率となっており，図4-3で示した横ばいの推移と一致している。

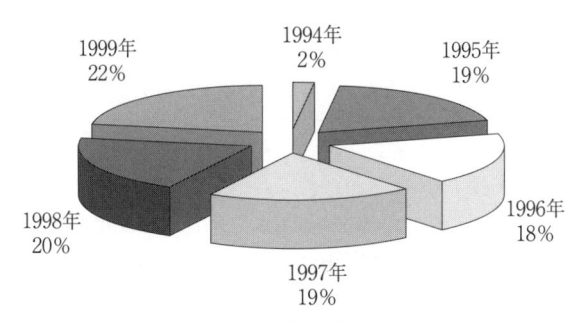

図4-5　サンプル企業の開業年
（注）有効回答数は1067社。

続いて，サンプル企業の企業形態を図4-6に示す。株式会社が全体の60%以上を占めており，株式会社が有限会社よりも多くを占める結果となっている。しかしながら，前述したおとり，わが国では株式会社よりも有限会社の開業のほうが多いことが知られている。これは調査の限界もあって，データベースでは個人事業や有限会社などの比較的に規模の小さい企業を十分にカバーできていないことが考えられよう。

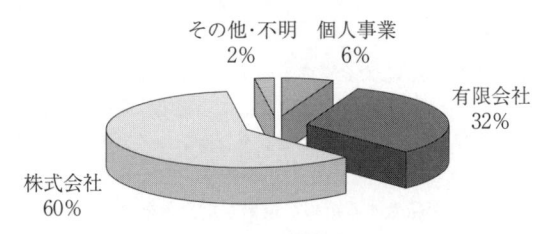

図4-6　企業形態
（注）有効回答数は1052社。合名会社および合資会社は，
　　「その他・不明」に含まれる。

【注】

1) 例えば，Jovanovic（2001）は，経済全体に対する急成長企業の貢献を示しており，1999年8月，アメリカにおける国内総生産の12-13%は，開業後20年も満たないマイクロソフト，シスコシステムズ，MCI，デルによって達成されていることを指摘している。
2) 産業組織論の代表的ジャーナルである *International Journal of Industrial Organization*（Vol. 13, No. 4, December 1995）では，特集号を組んで欧米諸国の状況を中心に開業後のパフォーマンスについての研究成果を提示している。
3) 例えば，イギリスにおける開業や中小企業の政策に関する議論については，Storey（1994, 2003）などを参照していただきたい。
4) わが国の新規開業企業のパフォーマンスに関する先行研究のサーベイについては，本庄（2004），安田（2004）などを参照していただきたい。
5) ただし，サンプルは存続した企業のみが対象であり，既に退出した企業は含まれていない。したがって，表4-4の平均は退出した企業を取り除いた平均である点に留意しておく必要がある。
6) この議論の前提として，誰が実質的に企業を支配しているか（コーポレートガバナンス），また，経営者がはたして所有者の指示どおりに行動するか（エージェンシー問題）について論じる必要があるが，紙面の都合もあってこれらの点については省略する。
7) 実際に，「新規開業にかかる実態調査」において，経営目標や経営戦略として，「株主や出資者の利益」よりも「利益率」や「売上高」を重視する回答が多く見られた。
8) 実際に，「新規開業にかかる実態調査」において，サンプル企業の約70%が売上高を重視しており，売上高は経営目標の1つとして重要とされている。
9) Evans（1987a, b）をはじめ，企業の成長に関する実証分析では，従業員数をもとにした雇用成長を用いることが多いが，本章では，新規開業企業や開業者が求めるパフォーマンスの達成に焦点をあてており，企業自身がはたして雇用成長を求めるかについては疑問が残るために用いていない。なお，雇用成長の決定要因については，第5章で論じることにする。
10) 本章の実証分析では，退出した企業のデータを入手しなかったため，退出した企業を含めた推定は行っていない。したがって，ここでの推定は開業後に退出した企業がサンプルとして除かれることから，サンプルセレクションバイアスの可能性は残る。ただし，退出した企業を含めて退出と成長のモデルを推定した場合，あらたに相関の問題（collinearity problem）が発生するため，退出した企業を含めないサンプルでの推定のほうが有効である可能性は残る。
11) 1991年以前の増加については，1991年4月の商法改正にともない有限会社と株式会社に最低資本金が設けられたことの影響も考えられる。
12) 回収された調査票から，開業年が1993年以前の企業および2000年以降と回答した企業はサンプルから除外している。
13) TSRデータベースには「創業年月」以外に「設立年月」という項目があり，「設立」という条件でも抽出可能である。ただし，「設立」は登記を基準としているため，実質

的にはそれ以前に事業を開始している場合がある。一方,「創業」は実際に事業を開始した場合をさすが,その定義があいまいなために回答者の解釈による違いが発生する可能性はある。

14)『平成11年 事業所・企業統計調査報告』(総務庁統計局)によれば,1999年現在,製造業が32万245社(26%),運輸・通信業が5万6347社(5%),卸売業が20万9680社(17%),小売業が30万6966社(25%),飲食店が8万3297社(7%),サービス業が26万8031社(22%)となっている(括弧内は上記業種の合計に対する比率を表す)。

〔本庄 裕司〕

第5章

取引関係とパフォーマンス*

1．はじめに

　企業は資本，労働力，技術などさまざまな有形・無形の経営資源の集合体であり，利用可能な経営資源の量と質が，企業の能力と発展性を規定する。既存の成熟した大企業が，質量ともに豊富な経営資源を蓄積しているのに対して，多くの中小企業は経営資源の不足に直面している。この問題は，特に開業したばかりの企業にあてはまる。そのために，新規開業には多くの困難が伴い，生存・発展できる企業は少ない。

　広義の経営資源には，市場情報，経営ノウハウ，信用などさまざまなものが含まれる。中小企業，特に新規開業企業は，不足する経営資源を外部の人や組織とのネットワークを通じて調達し，補完することができる。したがって，ネットワークに参加し，活用できる企業ほど，存続と発展の可能性が高いと考えられる。そのようなネットワークには，知人・友人関係のような個人的な繋がり，業界団体，商工会等を含む地域の団体，異業種交流会，開業支援組織や税理士・中小企業診断士等の専門家との関わりなど，さまざまなものがあるが，取引先もそれに含めることができる。取引先との繋がりは，それ自体が重要な経営資源であると同時に，情報やノウハウ等の経営資源の入手先としても重要である。

　新規開業にはさまざまな困難が伴うが，中小企業庁の調査（中小企業庁編

[1999], p.284) によれば，資金調達に次いで大きな困難は取引先の開拓である。回答した開業者の過半数（52％）が，取引先の開拓を開業時の障害として挙げているのである[1]。また，同じ調査で，ベンチャー・キャピタル等のベンチャー企業を支援する機関は，成功企業の第1の特徴として，取引先の開拓・確保を挙げている（同上，p.296）。このように，開業時とその後の取引先の確保と開拓は，新規開業企業の死命を制する要因である。

しかし，それにもかかわらず，開業後の取引関係の構築については，これまでほとんど調査や研究が行われていない。開業時の課題に関する調査・研究は，資金調達の問題に集中している。開業後の経営成果に関する分析は多いが[2]，そこでも取引関係はあまり注目されていない。開業者や企業のネットワークの役割に関する従来の研究は，弁護士・会計士・開業支援機関等の「公式の」ネットワーク，および家族や友人，同業者等，開業者の人的繋がりに基づく「非公式の」ネットワークに注目している。後者には取引先が含まれることもあるが，取引関係の属性は十分に考察されておらず，また分析の中で，取引先との関係がその他の人的繋がりからあまり明確に区別されていない。

開業後の経営成果，特に成長率に関する計量分析は，欧米諸国では既に数多く行われているが，日本では最近始まったばかりである。開業後の取引関係の内容が経営成果にどのように影響するかということも，明らかにされていない。そもそも，開業者が最初の販売先をどのように確保し，その後新たな販売先をどのように開拓していったかという点について，十分な情報がない[3]。したがって，本章の課題は，1）新規開業企業が開業時に販売先をどのように確保し，その後新たな販売先をどのように確保したか，また取引関係にはどのような特徴が見られるかを明らかにし，さらに，2）販売先の開拓の方法および取引関係の内容が企業成長に与える影響を，大規模なデータを用いて計量的に検証することである。この分析を通じて，新規開業企業が順調に成長するためにはどのような条件が必要か，また何をすべきかを，考えたい。

以下，第2節では，販売先の確保・開拓方法，および取引関係の内容に関する調査結果を報告する。第3節では，計量分析によって，開業後の取引関

係の構築が企業成長に与える影響を検証する。ここで，開業時の主要販売先からの支援がその後の企業成長に大きく影響することが明らかになるが，第4節では，主要販売先からの支援を促す要因について考察する。最後に主な分析結果を整理し，今後の課題を提示して，本章を締めくくる。

2．開業後の取引関係

ここでは，「新規開業研究会」のアンケート調査の内容に従って，1）開業時の販売先確保の方法，2）その後の新規販売先開拓の方法，3）開業時と現在の販売先数・取引集中度，4）取引関係の継続性，5）最大販売先からの支援，6）最大販売先の属性について述べる。なお，以下本章で「最大販売先」という場合は，開業企業の売上高で最大のシェアを占める事業所を示す。対象企業は，回答企業1147社から1993年以前と2000年以降の開業企業を除いた1067社であるが，3）～6）は主として事業所（各種団体・官公庁を含む）と取引している企業に限定されるため，対象企業は759社になる。

2.1．開業時の販売先の確保（図5-1）

図5-1によれば，開業時の販売先を確保するための主要な方法は，第1に「以前の勤務先からの紹介」（56％）であり，「その他の企業や知人等からの紹介」（44％），「個別訪問」（飛び込み営業）（41％），「以前の勤務先を販売先として確保」（33％）がそれに続く（複数回答）。さまざまな広告宣伝活動も行われているが，元の勤務先等の企業や知人からの紹介が主なルートになっていることがわかる。なお，「その他」の中で比較的多いのは，「以前の勤務先における顧客を販売先として確保」したというものである。いずれにせよ，以前の勤務先における経験が重要な役割を果たしている。回答企業は平均で2.3種類の方法（最大は8種類）で販売先を確保している。

このようにさまざまな方法のうち，販売先を確保するために最も有効だったと考えられているのは「以前の勤務先からの紹介」（34％），次いで「個別訪問」（17％），「以前の勤務先を販売先として確保」（15％），「その他の企業や知人等からの紹介」（14％）である（択一回答）。順位は入れ替わっている

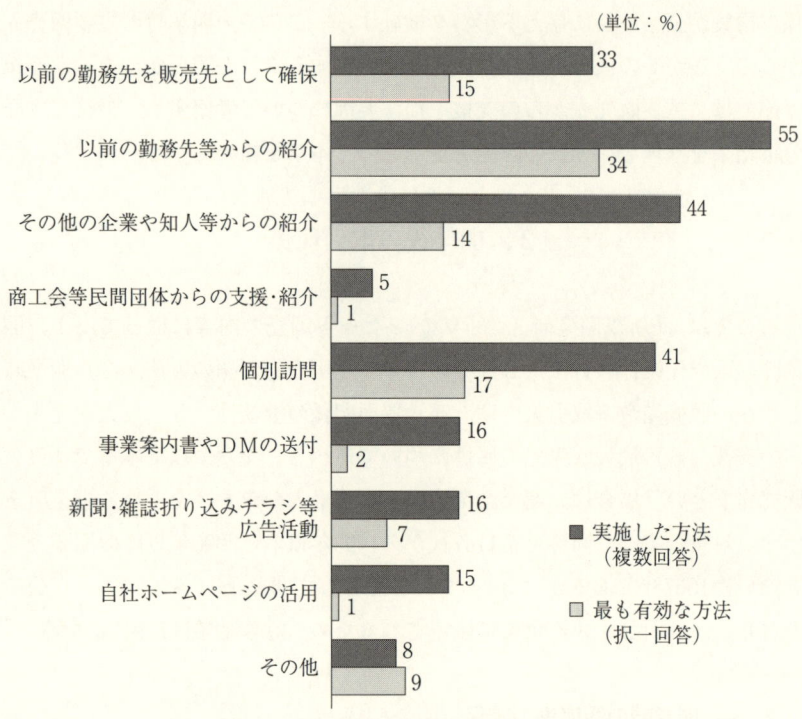

図5-1 開業時に販売先を確保した方法

方法	実施した方法（複数回答）	最も有効な方法（択一回答）
以前の勤務先を販売先として確保	33	15
以前の勤務先等からの紹介	55	34
その他の企業や知人等からの紹介	44	14
商工会等民間団体からの支援・紹介	5	1
個別訪問	41	17
事業案内書やDMの送付	16	2
新聞・雑誌折り込みチラシ等広告活動	16	7
自社ホームページの活用	15	1
その他	8	9

（単位：％）

が，基本的な方向は最初の問いの結果と変わらない。

事業所を主たる取引先とする企業に限って見ても，以上の結果にほとんど変化は見られない。

2．2．新規の販売先の開拓（図5-2）

次に，開業後から現在に至るまでの新規販売先の開拓手段について見ると，最も回答の多いのは「既存の販売先・顧客からの紹介」（68％）であり，「個別訪問」（48％），「同業者からの紹介」（33％），「自社ホームページの活用」（22％）がそれに続く。顧客や同業者とのネットワークが，取引先の新規開拓において重要な意味を持つ。回答企業の97％が新規販売先の開拓のために何からの手段を用いており，「特に何もしていない」というのはごく少数である。回答企業は平均で2.6種類，最大10種類の手段を用いている。これら

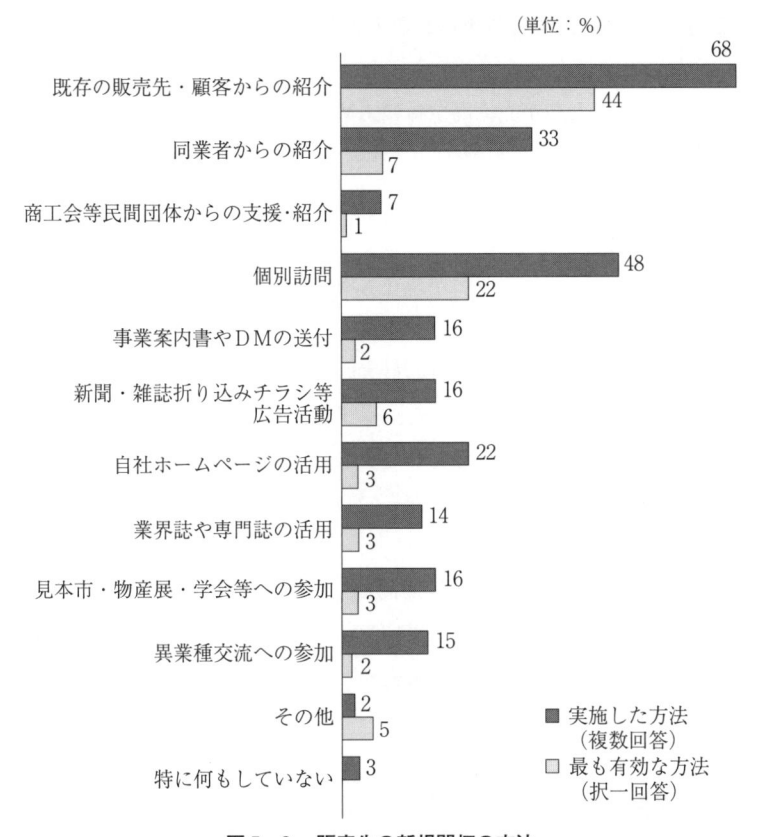

図5-2 販売先の新規開拓の方法

(単位：%)

- 既存の販売先・顧客からの紹介: 実施した方法 68, 最も有効な方法 44
- 同業者からの紹介: 33, 7
- 商工会等民間団体からの支援・紹介: 7, 1
- 個別訪問: 48, 22
- 事業案内書やDMの送付: 16, 2
- 新聞・雑誌折り込みチラシ等広告活動: 16, 6
- 自社ホームページの活用: 22, 3
- 業界誌や専門誌の活用: 14, 3
- 見本市・物産展・学会等への参加: 16, 3
- 異業種交流への参加: 15, 2
- その他: 2, 5
- 特に何もしていない: 3

■ 実施した方法（複数回答）
□ 最も有効な方法（択一回答）

の開拓手段のうち最も有効だったと考えられているのは，「既存の販売先・顧客からの紹介」（44％），次いで「個別訪問」（22％）である（択一回答）。個別訪問に比べて，広告宣伝活動の有効性は全体的に低い。なお，このような傾向は，主として事業所と取引する企業についても同様に見られる。

2.3. 販売先の数と取引集中度の変化

続いて，開業時から現在までの販売先の数の変化を見てみよう。なお，これ以降の記述は，主として事業所向けに販売している企業（全体の71％）を対象にする。開業時から販売先が10社以上あったという回答が最も多い（42％）が，それが現在では，業種を問わず，10社以上と取引を持つ企業が

大半を占め（75％），4社以下の顧客しか持たない企業は1割程度にすぎない[4]。販売先の増加から予想されるとおり，サンプル平均の取引集中度（最大の販売先への売上高が売上高全体に占める割合）は開業時の49％から37％へと低下している[5]。

2.4. 取引関係の継続性

開業時の最大販売先との取引が現在も継続しているのは，全体の84％であり，開業後8年以内の若い企業を対象にしているとはいえ，取引関係の継続性が注目される。ただし，開業時の最大販売先が現在でも最大販売先であるという企業の割合は46％であるから，過半数の企業では現在までに取引関係が変化し，最大販売先が交替している。これは，上記のように開業後現在までに新たな販売先が開拓され，販売先の数が拡がったことによるものであろう。

現在の最大販売先との取引継続期間は，平均で4年と2カ月である[6]。開業から調査時点までの経過期間が平均5年と4カ月であることを勘案すると，取引先が拡大する中でも，初期の販売先との取引関係は比較的安定していると見ることができよう。

2.5. 最大販売先からの支援（図5-3）

回答企業の約4分の3（76％）は，開業時の最大販売先から何らかの支援を受けている。回答企業は平均1.6種類の支援（最大は8種類すべて）を販売先から受けているが，その内容は多様である。主なものは，「発注量の安定」（44％），「支払い条件に関する柔軟な対応」（30％），「技術・品質に関する助言や指導」（22％），「有益な市場情報の提供」（19％）である（複数回答）。特に発注量の安定については，卸売業の回答企業の過半数（52％）が指摘している。また，「技術・品質に関する助言や指導」は，特に製造業において顕著である（30％）。このように，販売先企業はさまざまな形で新規開業企業を支援し，その存続と発展に貢献しているのである。

(単位：％)

- 条件の良い仕入先の紹介　11
- 有益な市場情報の提供　19
- 発注量の安定　44
- 納期に関する柔軟な対応　12
- 支払い条件に関する柔軟な対応　30
- 技術・品質に関する助言や指導　22
- 経営面での助言や支援　12
- 資金調達面での助言や支援　11
- 特になし　24

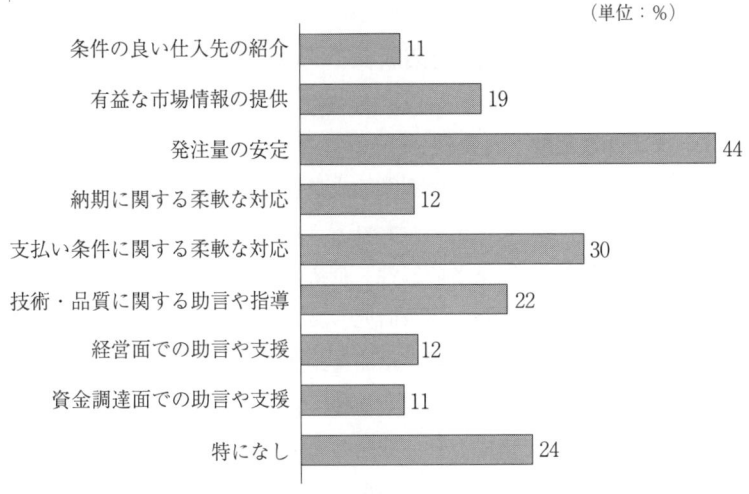

図5-3　開業時の最大販売先からの支援（複数回答）

2.6. 現在の最大販売先の属性

　最後に，現在の最大販売先の属性として，従業者規模と株式上場の状況について尋ねた。最大販売先は，従業者数で見ると100人未満の比較的小規模の企業（34％）と1000人以上の企業（33％）に二極化している。最大取引先が東京証券取引所の一部市場に上場しているのは，回答企業のうち29％である。

　開業後数年で3割の企業が東京証券取引所一部上場の大企業を最大販売先として確保できるのは，一般の予想を超えることであるかもしれない。これには，開業者が以前に東証一部上場企業に勤務しており，元の勤務先やその取引先を初期の顧客として確保するといったケースが少なからず含まれていると考えられる。

　このように，調査対象企業の多くは（開業後まだ数年にすぎないとしても）販売先の企業と比較的安定的な取引関係を持ちつつ，積極的に販路を拡大している。また，多くの企業が，開業初期に主要な販売先から何らかの支援を受けていることがわかった。次に，このような開業時の取引関係がその後の成長率にどのように影響するのかを，調査データを用いて計量的に検証しよう。

3. 企業成長への影響

3.1. モデルと変数 (表5-1)

　最初に述べたように，新規開業企業の成長要因に関する計量的な研究は，これまで欧米諸国を中心に活発に行われてきた。Storey (1994) は，開業後の成長率の決定要因を，開業者の属性・企業の属性・戦略の属性の3つに大別し，英米を中心とする多数の実証研究の結果を展望して，それらの属性の影響を整理している。開業者の属性は開業動機，年齢，性別，学歴，職歴，経営経験等を含み，企業の属性は開業規模，企業年齢，法的形態，所有構造，産業分野，立地によって構成され，戦略の属性は資金調達，新製品導入，市場戦略，労働力の訓練，政策支援の活用，顧客への依存，外部の専門家からの情報と助言等，多岐にわたる。重点や構成の違いはあれ，近年にドイツや北欧，日本で行われた研究の多くも同様の枠組みに依拠している[7]。これらの要因の中で取引関係に直接関連するのは戦略属性に含まれる顧客への依存のみであるが，これについての本格的な研究は乏しい (Storey [1994]，第5章)。

　そこで本節では，「新規開業研究会」のアンケート調査データを用いて，開業後の取引関係が企業成長に及ぼす影響を計量分析によって検証する。分析の対象になるのは，調査回答企業のうち主に事業所と取引を行う759社であるが，欠損値が多いため，実際の分析対象は660社程度になる。その多くは製造業・卸売業・サービス業である。

　企業成長の指標として，ここでは開業時点から調査時点までの従業者数 (従業員数と会社役員数の合計値) の年平均増減率 (成長率) を用いる[8]。計算にあたっては，開業から調査時点までの月単位の経過期間を年単位に調整する。例えば，1999年1月に開業した企業は調査時点 (2002年10月) には3年と9カ月間存続していることになるが，これを3.75年ないし3 3/4年として1年当たりの増減率を計算するのである。

　従業者数の年平均成長率の平均値は13.5%であり，これは従業者数が6年間で当初の2倍を超えるペースである (表5-1参照)。ただし，既に述べた

表5-1 基本統計量（変数の平均値と分布）

サンプル企業 759社（事業所を主な販売先とするもの）

区　分	変　数	平均値	標準偏差	最小値	最大値
被説明変数	従業者数年平均成長率	0.135	0.193	−0.263	0.914
企業属性	開業時の企業規模（従業者数の自然対数）	1.616	0.922	0	6.547
	企業年齢（年）	5.0	1.5	3	8
	開業時の組織形態＝株式会社	0.525	0.500	0	1
	開業の経緯＝分社化	0.157	0.364	0	1
	開業時の資金調達額（自然対数）	7.114	1.198	3.912	12.578
開業者属性	開業時の年齢（歳）	46.7	9.2	23	75
	学歴（大学卒業以上）	0.574	0.495	0	1
	関連業種の経験年数（年）	14.8	11.7	0	54
	事業経営の経験あり	0.319	0.466	0	1
	株式公開意欲あり	0.153	0.360	0	1
戦略属性	研究開発活動あり	0.303	0.460	0	1
地域属性	東京都区内に立地	0.254	0.436	0	1
産業属性	製造業	0.250	0.433	0	1
	運輸業	0.024	0.154	0	1
	通信業	0.012	0.110	0	1
	卸売業	0.323	0.468	0	1
	小売業	0.083	0.276	0	1
	サービス業	0.323	0.468	0	1
取引関係の属性					
（顧客開拓）	新規顧客積極開拓	0.698	0.459	0	1
（開業時の販売先数）	販売先数1社のみ	0.115	0.319	0	1
	販売先数2〜4社	0.298	0.458	0	1
	販売先数5〜9社	0.167	0.374	0	1
	販売先数10社以上	0.420	0.494	0	1
（取引の継続）	開業時最大販売先との取引継続	0.843	0.364	0	1
（最大販売先からの支援）	最大販売先からの支援あり	0.756	0.430	0	1
	最大販売先からの支援の多様性	1.6	1.4	0	8
	支援類型1	0.643	0.479	0	1
	支援類型2	0.423	0.494	0	1
	「発言」型取引	0.100	0.300	0	1
	「退出」型取引	0.142	0.349	0	1
（最大販売先の属性）	最大販売先規模100人未満	0.342	0.475	0	1
	最大販売先規模100−300人未満	0.172	0.378	0	1
	最大販売先規模300−1000人未満	0.160	0.367	0	1
	最大販売先規模　1000人以上	0.325	0.469	0	1
	最大販売先が東証一部上場	0.288	0.453	0	1

（注）
　分社化　　　　　　既存企業の関連会社として開業
　新規顧客積極開拓　個別訪問，案内書・DM送付，広告活動，ホームページ，業界誌・専門誌，展示会・学会参加，異業種交流会のいずれかを行ったもの
　支援類型1　　　　条件の良い仕入先の紹介，発注量の安定，納期・支払条件に関する柔軟な対応
　支援類型2　　　　市場情報の提供，技術・経営・資金調達面での助言や支援
（以上2つの支援類型は，何の支援も受けなかったものを基準とする。）
　「発言」型取引　　「開業時の販売先1社のみ」かつ「開業時の最大販売先との取引が現在まで継続」
　「退出」型取引　　「開業時の販売先1社のみ」と「開業時の最大販売先との取引が現在まで継続」をともに満たさない。
（以上2つの取引類型は，それ以外のタイプを基準とする。）

ように,調査時点までに廃業・倒産した企業がサンプルに含まれないため,サンプルには上方バイアスが掛かっており,従業者数の増加は過大評価されていると言える。また,成長率の標準偏差が0.193,最小値が−0.263,最大値が0.914であることから,企業間のばらつきが大きく,やや上方に偏っていることがわかる[9]。

分析方法として,通常の最小二乗法(OLS)を用いる。前述のStorey(1994)に依拠して,次のような分析モデルを考える。

成長率= f (企業属性,開業者属性,戦略属性,地域・産業属性,取引関係属性)

つまり,従業者数の成長率は,さまざまな企業属性,開業者属性,戦略属性,地域・産業属性,そして取引関係によって決定されると考える。産業と地域の変数はStorey(1994)の分類では企業属性に含まれるが,ここでは外部環境に関するコントロール変数として,企業の属性とは別にする(Barkham $et\ al.$ [1996])。また,Storey(1994)によれば,戦略属性には新製品導入や市場戦略をはじめ,開業後の意思決定の対象が多数含まれるが,本章では研究開発活動のみを入れる。本章の分析は特に取引関係に注目する。誰とどのように取引するかは企業戦略の問題でもあるが,開業時の取引関係は企業や開業者の持つ制約条件や相手企業の戦略にも左右される。そのため,本章は取引関係を企業属性にも戦略属性にも含めず,独自の要因グループとして扱う。ただし筆者は,変数の区分がモデルの設定上本質的な意味を持つとは考えない。

本章の分析で用いる取引関係の変数は,①販売先の開拓方法(図5−2の個別訪問以下の積極的な方法を1つ以上採用した場合に1,それ以外は0をとるダミー変数)[10],②開業時の販売先数(4区分のダミー変数),③取引の継続性(開業時の最大販売先との取引が現在まで継続している場合に1,それ以外は0をとるダミー変数),④開業時の最大販売先からの支援(何らかの支援があった場合に1,それ以外は0をとるダミー変数),⑤その支援の種類の多さ,⑥支援内容の区分(詳細は後述),⑦取引関係の基本類型(詳細は後述),⑧最大販売先の企業規模(4区分のダミー変数),⑨最大販

売先のステータス(東京証券取引所一部上場企業である場合に1，それ以外は0をとるダミー変数)である。なお，ダミー変数とは，1か0の値をとる非連続な変数のことである。

コントロール変数として用いる企業属性は，①開業時の企業規模(従業者数の自然対数)，②企業年齢(開業から調査時点までの経過年数)，③開業時の組織形態(株式会社であった場合に1，それ以外は0をとるダミー変数)，④開業の経緯(既存企業の分社として開業した場合に1，それ以外は0をとるダミー変数)，⑤開業時の資金調達額(自然対数)である。開業者の属性は，①開業時の年齢，②学歴(大卒以上である場合に1，それ以外は0をとるダミー変数)，③関連業種の経験年数，④事業経営の経験(経験がある場合に1，ない場合に0をとるダミー変数)，⑤開業者の株式公開意欲(将来，株式の公開を予定している場合に1，それ以外は0をとるダミー変数)[11]，である。これらの開業者属性は，株式公開意欲を除いて，開業以前の経営資源(開業者の人的資本)の蓄積状況を示す。さらに，戦略変数として研究開発活動(開業から現在まで研究開発を継続的に行った場合に1，それ以外は0をとるダミー変数)を加える。地域の属性は，東京都23区内立地のダミー変数に代表させる[12]。産業の属性は，製造業，通信業，卸売業，小売業，サービス業のダミー変数で代理する[13]。

以上の各変数の基本統計量(平均値，標準偏差，最小値，最大値)を表5-1にまとめる。それぞれの企業属性・開業者属性の詳細については，本書第1章および第4章を参照されたい。なお，基本統計量は事業所を主な販売先とする759社について計算されているため，企業や開業者の属性に関する変数の平均値と分布は，有効回答企業1067社を対象とする前節の数字と若干異なるが，大きな違いは見られない。

3.2. 仮説

取引関係の成長率への影響について，いくつかの仮説を立てる。これらの仮説の背後にあるのは，幅広く多様なネットワークを持ち，そこから多くの支援を受けることのできる企業家は成功する確率が高いという考え方(Ostgaard and Birley [1996], Brüderl and Preisendörfer [1998])である。

これらの先行研究で対象になったのは友人等の社会的ネットワークと経営支援の専門家のネットワークであるが，本章ではこの考え方を顧客企業との取引関係に応用する。

企業にとって，また特に新規開業企業にとっては，販路そのものが重要な資源である。すなわち，優良な販売先を多く確保し，安定的な取引関係を結ぶことは，企業の成長に直結する。このような考え方によれば，開業時の販売先が多く，開業後も積極的に販路を開拓し，取引関係が継続的であるほど，成長率が高い。さらに，多くの販売先と取引すると，開発と生産における通常の範囲の経済性を通じて効率性が高まるだけでなく，学習機会も多くなって業績が向上する（「顧客範囲の経済」，延岡［1998］）。また，一流の大企業との取引は，新規開業企業に対して質量ともに高い取引機会だけでなく，信用をも与える。

以上の議論から，次の仮説が導かれる。仮説の下のかっこ書きは，その仮説と直接に関連する変数と，回帰係数の符号に関する予想である。

仮説1：販売先を積極的に開拓した企業は成長率が高い。
（「新規顧客積極開拓」＋）
仮説2：開業時の販売先の数が多いほど成長率が高い。
（「販売先数1社のみ」を基準にすると，販売先数がそれ以上であるグループはすべて＋）
仮説3：主たる販売先と安定した取引関係のある企業は成長率が高い。
（「最大販売先との取引継続」＋）
仮説4a：規模の大きな企業を主たる販売先にしている企業は成長率が高い。
（「最大販売先規模100人未満」を基準にすると，それ以上の規模のグループはすべて＋）
仮説4b：ステータスの高い企業を主たる販売先にしている企業は成長率が高い。
（「最大販売先が東証一部上場」＋）

仮説1はかなり自明のことかもしれないが，きちんとした検証が必要である[14]。また，仮説2については逆の可能性もありうる。つまり，販売先が

分散しているよりも集中しているほうが，販売先からの支援や助言を受けやすい可能性がある。販売先からの支援に関する以下の議論は，この点に注目する。

　販売先は，経営資源の獲得ルートとしても重要である。すなわち，図5-3にあるように，新規開業企業は販売先から貴重な市場情報や技術情報を獲得し，時には資金面の支援を受けている。この視点から，販売先からさまざまな支援を受けるほど，新規開業企業の経営成果は向上すると考えられる。ただし，成果への影響は，販売先からの支援の内容によっても異なるであろう。新規開業企業の経営成果は，取引先から有利な，あるいは柔軟な取引条件を提示されることによって短期的には向上するであろうが，経営成果を持続的に高めるためには，専門的な助言や情報提供のほうが有効であると思われる。これを検証するために，調査項目に挙げられた8種類の支援内容を，「支援類型1」（条件の良い仕入先の紹介，発注量の安定，納期に関する柔軟な対応，支払条件に関する柔軟な対応）と「支援類型2」（有益な市場情報の提供，技術・品質に関する助言や指導，経営面での助言や支援，資金調達面での助言や支援）に区分し，その効果を比較する。

　取引関係を通じた学習，あるいは経営資源の獲得は，取引関係の基本パターンが「退出」(*Exit*)であるよりも「発言」(*Voice*)であるほうが行われやすい（Hirschman [1970]）。取引関係ないし取引相手に不満があるとき，何も言わずに取引を止めてしまう，あるいは取引相手を変更するのが「退出」であり，相手に対して具体的に不満を表明し，改善を求めるのが「発言」である。「発言」は「退出」より面倒ではあるが，問題点が具体的に指摘され，改善提案がされる分，「退出」よりも取引の成果が高くなりやすい。取引の代替性が高く，取引相手を代えるコストが少ない場合には，「退出」が基本的な行動パターンになるが，取引が複雑あるいは専門的になるほど「発言」の有効性が高くなる。他方，「発言」の効果は自分以外の取引先に容易に「ただ乗り」されるので，相手が自分以外の取引先を多く持っているほど，「発言」は割に合わなくなり，行われにくくなる。また，「退出」が基本的な行動パターンである場合，取引は短期的・流動的になるが，「発言」行動は長期安定的な取引関係に結び付く。

取引の基本パターンを区分するのは容易ではないが，以上の議論から，取引の集中と関係の継続という条件がともに満たされる場合には「発言」型の関係が予想され，取引が分散し取引関係が継続していないという状況では「退出」型の関係が予想される。したがって，「販売先が1社に集中しているかどうか」と「開業時の最大販売先との取引関係は現在まで続いているかどうか」という2つの要素の組み合わせを作り，「取引集中」かつ「取引継続」という条件を満たすグループを「発言」型取引関係とし，逆に両方をともに満たさないグループを「退出」型取引関係と見なすことにする。実際にこの2つの軸に関してグループ分けをすると（表5-2），「取引分散」かつ「取引継続」という組み合わせが最も多く（74%），その反対の「取引集中」かつ「取引断絶」というパターンはほとんどない（1.5%）。これは，初期の唯一の販売先との取引関係を失った企業のほとんどが生き残れなかったためであろう。「発言」型は10%，「退出」型は14%あるが，他の2つのパターン（実質的には「ポートフォリオ」型）を基準として，この両者の効果を比較する。

表5-2 取引パターンの分類：「発言」型と「退出」型

		最大販売先との取引の継続性	
		現在まで継続	継続しない
開業時の販売先集中度	集中	「発言」10.0%	転換 1.5%
	分散	ポートフォリオ 74.3%	「退出」14.2%

　以上の議論を整理して，以下の仮説を追加する。仮説の下のかっこ書きは，その仮説と直接に関連する変数と，回帰係数の符号（変数の効果が正か負か）に関する予想である。かっこ書きにおける不等号は，変数の効果の大小関係を示す。なお，仮説5dは，関連する変数の定義により，仮説2と逆の効果を示唆しているので，両者が同時に支持されることは期待できない。

仮説5a：開業時に販売先から支援を受けた企業は成長率が高い。

(「最大販売先からの支援あり」＋)
仮説5 b：販売先からの支援が多方面にわたるほど成長率が高い。
(「最大販売先からの支援の多様性」＋)
仮説5 c：販売先からの支援の内容によって，成長率への影響は異なる。有利・柔軟な取引条件よりも，助言や情報提供のほうが，持続的な成長に結び付きやすい。
(「支援類型1」＜「支援類型2」)
仮説5 d：「発言」型取引は「退出」型取引よりも成長に対して良い影響を与える。
(「『発言』型取引」＞「『退出』型取引」)

3.3．分析の結果と考察（表5-3）

　従業者数の成長率に関する分析結果を，表5-3に示す。取引関係に関する変数の組み合わせを変えて，6つのモデルを推定した。最初のモデル（推定式1）は，取引関係の変数を含まない基本モデルである。いずれも自由度調整済み決定係数が0.3前後と十分に高く（これらのモデルは従業者数増加率のばらつきの約30％を説明している），F値も十分に高いので，推定結果は良好であると言える。取引関係の変数を含む推定式2～6の決定係数が，推定式1の決定係数より4％前後高いことは，取引関係の変数を入れることによってモデルの説明力がそれだけ高まったことを示唆している。

　各推定式の数値はそれぞれの説明変数の回帰係数であり，それが正であれば成長率に対して正の効果，負であれば負の効果を持つことを示している。回帰係数に付いている＊印は，推定された係数値が統計的に有意であること，すなわち十分に高い信頼度で0とは異なることを表す。＊印の数が多いほど有意水準が高く，係数値の信頼性が高い。例えば推定式1の「企業年齢」の係数が−0.0202（1％水準で有意）であることは，この推定式に含まれる変数の影響をすべてコントロールした後で，開業年が1年古くなるごとに，平均成長率がかなり高い信頼度で2.02％低くなることを示す。同様に，推定式1の「開業時の組織形態＝株式会社」というダミー変数の係数値が0.0461（1％水準で有意）であるので，株式会社として開業した企業は，有限会社として開業した場合と比べて，他の変数の影響を考慮した後で，4.61％高い

表 5-3 成長率に関する分析結果

最小二乗法；被説明変数＝従業者数成長率

説明変数	推定式1	推定式2	推定式3	推定式4	推定式5	推定式6
定数項	0.418***	0.430***	0.350***	0.362***	0.367***	0.360***
開業時の企業規模	－0.0718***	－0.0730***	－0.0780***	－0.0795***	－0.0783***	－0.0739***
企業年齢	－0.0202***	－0.0230***	－0.0219***	－0.0222***	－0.0221***	－0.0225***
開業時の組織形態＝株式会社	0.0461***	0.0355**	0.0386**	0.0401***	0.0379**	0.0356**
開業の経緯＝分社化	0.00542	0.00859	0.00322	0.00125	－0.00186	－0.00617
開業時の資金調達額	0.0178***	0.0165**	0.0183***	0.0188***	0.0181**	0.0171**
開業時の年齢	－0.00428***	－0.00387**	－0.00400***	－0.00404***	－0.00410***	－0.00389***
学歴（大学卒業以上）	－0.000690	－0.0102	－0.0129	－0.0119	－0.0117	－0.0127
関連業種の経験年数	－0.000617	－0.000399	－0.000577	－0.000626	－0.000608	－0.000312
事業経営の経験あり	－0.0107	－0.00652	－0.0119	－0.0135	－0.0143	－0.00686
株式公開意欲あり	0.110***	0.0979***	0.0934***	0.0919***	0.0914***	0.0977***
研究開発活動あり	－0.00916	－0.0197	－0.0177	－0.0180	－0.0176	－0.0195
東京都区内立地	0.0315*	0.0211	0.0248*	0.0231	0.0227	0.0200
製造業	0.00543	0.00867	0.00633	0.00158	0.00413	0.0113
通信業	0.0932	0.0932	0.0887	0.0875	0.0801	0.0880
卸売業	－0.0828**	－0.0835**	－0.0827**	－0.0883**	－0.0813**	－0.0777**
小売業	－0.0899**	－0.0850**	－0.0856**	－0.0914**	－0.0884**	－0.0805**
サービス業	0.0258	0.0128	0.0217	0.0172	0.0213	0.0174
新規顧客積極開拓		0.0455***	0.0436***	0.0425***	0.0404***	0.0468***
販売先数2～4社		－0.0886**				
販売先数5～9社		－0.0493*				
販売先数10社以上		－0.0728**				
取引継続			0.0141			
支援あり			0.0244			
支援の多様性			0.00967**			
支援類型1				－0.000810		
支援類型2				0.0356**		
「発言」型取引					0.0736***	
「退出」型取引					－0.0150	
最大販売先100-300人未満		0.0164	0.021	0.0194	0.0209	0.0180
最大販売先300-1000人未満		0.0593***	0.0715***	0.0708***	0.0721***	0.0639***
最大販売先　1000人以上		0.0639***	0.0742***	0.0750***	0.0747***	0.0653***
自由度調整済み決定係数	0.265	0.306	0.299	0.301	0.303	0.302
F 値	15.1***	12.6***	13.9***	14.0***	13.5***	13.3***
観測数	667	652	664	664	664	652

（注）
　　有意水準：＊＊＊　1％；＊＊　5％；＊　10％（分散不均一性を考慮した標準誤差に基づく）

ということになる。

　そこで改めて推定結果を見ると，新規開業企業の従業者数の年平均成長率は，開業企業が積極的な方法で新規顧客の開拓を行った場合に有意に高い（仮説1）[15]。積極的な方法を用いた企業の成長率は，他の条件を一定として，その他の企業の成長率を4％以上上回っている。また，最大販売先の規模が大きいほうが，開業企業の成長率は有意に高い（仮説4a）。最大販売

先が従業者数300人以上の大企業である場合には，100人未満である場合と比べて，開業企業の成長率は6％以上高い。最大販売先が東京証券取引所の一部上場企業である場合には，そうでない場合と比べて成長率が約4％高い（仮説4b）が，この結果は紙幅の都合で表5-3には示されていない。

販売先からの支援について見ると，「何らかの支援を受けたかどうか」は成長率に有意に影響しないので，仮説5aは支持されない。しかし，成長率は販売先からの支援が多様であるほど高く，支援の種類が1つ増えるごとに約1％高くなる（仮説5b）。また，支援の内容が問題である。取引条件に関する柔軟な対応が成長率に全く影響しない（推定結果はむしろマイナスである）のに対して，さまざまな助言が行われた場合には，その後の成長率は3～4％ほど高くなる（仮説5c）。表には示していないが，各種の支援の効果を個別に見ると，特に成長率に影響するのは，技術・品質に関する助言，経営面での助言，そして資金調達面での助言である。さらに，「退出」型取引が成長率に有意に影響しない（符号はむしろマイナス）のに対して，「発言」型取引は成長率を7％以上高める効果を持つ（仮説5d）。

このように，仮説1，仮説4，仮説5はおおむね支持されたが，仮説2については予想と逆の結果が現れた。つまり，企業規模をコントロールした後でも，開業時の顧客が少ないほうが，成長率は有意に高い。しかも，重要なのは開業時の取引が販売先1社に集中していることであり，販売先が少数（2—4社）か多数（10社以上）かによる違いはほとんどない。この結果は，企業家のネットワークの範囲が広いほど成長率が高いという，欧米での先行研究の結果とは一致しないが，仮説5d（「退出」と「発言」）に関する結果とは正に整合的である。成長に結び付く知識やノウハウは，開業当初はむしろ特定の顧客に密着することによって，より効果的に得られるのかもしれない。ただし，特定の顧客への強い依存は，その顧客との取引を失った場合の損害が大きく，退出のリスクを高めることになる（Storey［1994］）。しかし，今回の調査は倒産・廃業企業を含まないので，生存企業のバイアスを除去した分析は不可能である。

また，開業時の販売先との取引関係の継続性には成長率に対する有意な効果は見られず，仮説3も支持されなかった[16]。取引関係が継続している企

業は全体の84%にのぼるので、この変数はサンプル企業のばらつきを十分に反映していないのかもしれない。この結果と仮説5d（「退出」と「発言」）に関する結果を照合すると、成長率に対する「発言」型取引の強い正の効果は主に販売先の集中によるものであり、取引関係の継続性によるものではないということが推測できる。

　以上のように、すべての仮説について予想どおりの結果が得られたわけではないが、全体として、開業時・開業後の取引関係が、いくつかの企業属性や開業者属性と並んで、企業の成長率に影響するという基本的な考え方は支持されたと言える。

　ただし、仮説4に関する結果は、むしろ逆の因果関係を示している可能性がある。実は、アンケート調査の質問票では、開業時ではなく現在の最大販売先の属性を尋ねている。したがって、開業時から大企業・有力企業を主要取引先にしていた企業がより大きく成長したのではなく、企業が成長した結果、大企業・有力企業を主要な取引先として確保できたのかもしれない。この問題に対処するために、「開業時の最大販売先が現在も最大販売先である」企業344社のみを対象にして、同じ分析を行った。この場合には、現在までに販売先の属性に大きな変化がない限り、現在の最大販売先の属性を開業時の最大販売先の属性と同一視することが可能である。このように分析をやり直しても同様の結果が得られたことから、開業時の最大販売先の属性が企業成長率に影響するということが改めて確認できる。

　また、仮説5c、5dに関する結果についても、販売先企業による有望企業の選別という、別の解釈が可能である。すなわち、販売先が潜在的に成長力の高い企業を選んで助言型支援や「発言」型取引を行ったという可能性も否定できない。開業企業の潜在能力の違いは、開業時の企業属性と開業者属性を考慮することによってある程度コントロールされていると考えられるが、この点は今後より厳密に検証する必要があろう。

　取引関係以外の要因については、いくつかの開業者属性、企業属性と産業属性が成長率に有意に影響することが確認された。すなわち、年平均成長率は、他の条件を一定とすると、若い企業ほど、開業時の規模が小さいほど、開業資金が多いほど、開業者が若いほど高い。また、開業時に株式会社であ

る場合や，開業者が株式公開を意図している場合には，そうでない場合より成長率が有意に高い[17]。さらに，成長率は卸売業・小売業で相対的に低い。これらの結果は，おおむね先行研究の結果と一致する。なお，地域属性（東京都23区内の立地）は，取引関係の変数を除くと成長率に有意な正の効果を持つが，取引関係の変数を加えるとほとんど影響を与えなくなる。

　開業後の成果は，開業当時の景気動向など時期的な要因にも左右されると考えられる。その点を考慮して，企業年齢に代えて開業年ごとのダミー変数（1995年の開業であれば 1 ，それ以外の場合は 0 をとる1995年ダミーなど）を入れても，上記の結果に変わりはない（詳細な分析結果の記述は省略する）。なお，開業年が新しいほど回帰係数値が高い傾向が見られるので，この点からも若い企業ほど成長率が高いことが示される。

　一方，開業者の学歴，関連業種の経験と事業経営経験，開業の経緯（分社化），研究開発活動については，有意な結果は得られなかった。この結果は，学歴と職業経験については安田（2004）と一致している。学歴や職業・経営経験が有意な効果を持たないことは，近年の経営環境の急激な変化の下で，これまでの知識や経験が成長に結び付きにくくなっており，むしろ成長を妨げかねないことを示唆している。研究開発活動が成長率に有意な効果を持たない理由は不明だが，工程革新の結果として労働力が節約され，雇用が増加しにくくなっているのかもしれない。以上の点については今後一層の検討が必要であろう。

4．販売先からの支援の要因（表 5 - 4 ）

　以上の分析では，開業時の主要販売先との関係は，他の開業者属性や企業属性から独立して，外生的に与えられるものとして扱われている。しかし実際には，開業時の取引関係は，企業や開業者の性質や開業の経緯などに影響されると考えられる。前節で，開業時の主要販売先からの支援，特にさまざまな助言や情報提供が，その後の成長率に影響することが明らかにされたが，本節ではそのような支援を促す要因について考察する。

　分析のサンプルは前節と同じく，回答企業のうち事業所を主な販売先とす

表 5-4 販売先からの助言・支援の決定要因

プロビット分析；被説明変数=支援類型2

説明変数	推定式1	推定式2	推定式3	推定式4
定数項	-0.915***	-0.929***	-0.885***	-1.10***
開業時の企業規模	0.111*	0.131**	0.182***	0.213***
開業時の組織形態=株式会社	0.110	0.0247	0.167	0.0926
開業の経緯=分社化	0.556***	0.527***		
関連業種の経験年数	0.00542	0.00964**		
事業経営の経験あり	0.127	0.250**		
製造業	0.317	0.399	0.251	0.301
通信業	1.18**	1.52**	1.04*	1.31*
卸売業	0.0307	0.0721	-0.0513	-0.0332
小売業	0.222	0.328	0.151	0.247
サービス業	-0.0625	-0.0292	-0.160	-0.145
販売先数2~4社	0.141		-0.0725	
販売先数5~9社	0.259		0.117	
販売先数10社以上	0.178		0.0595	
取引集中度		0.0495		0.144
販路確保手段1			0.0187	0.0112
販路確保手段2			0.170	0.351***
販路確保手段3			0.306***	0.320***
擬似決定係数	0.076	0.087	0.067	0.085
対数尤度	-452	-381	-460	-387
正しい予測の割合	0.658	0.654	0.627	0.647
観測数	704	599	711	607

(注)
有意水準：*** 1％；** 5％；* 10％

変数に関する注：取引集中度　　　開業時の最大販売先への売上集中度
　　　　　　　　販路確保手段1　以前の勤務先を販売先として確保
　　　　　　　　販路確保手段2　以前の勤務先やその顧客からの紹介
　　　　　　　　販路確保手段3　その他の企業や知人・親戚等からの紹介

(以上の3つは，残りのすべての販路確保手段を基準とする。)

る企業である。被説明変数は前節の分析における支援類型2，すなわち開業時の最大販売先から技術・経営・資金面での助言や支援あるいは市場情報の提供を受けたかどうかである。被説明変数がこのように1か0のいずれかの値をとる変数（ダミー変数）であるので，推定は最小二乗法によらず，プロビットとよばれる方法によって行う。

　主要な販売先からの支援を促す要因として，まず考えられるのは，その販売先との関係の強さである。第2節で示したように，開業時の販売先の中に

は、開業者の元の勤務先企業のように開業者と緊密な繋がりを持つものもあれば、飛び込み営業によって獲得された、開業者と元々何の繋がりもない企業もある。開業者との繋がりが強い販売先のほうが、そうでない販売先よりも開業者に対して助言や情報提供を行う可能性は高いであろう。アンケート調査の結果によれば、開業時の販売先を確保する手段として多く用いられたのは、「以前の勤務先を販売先として確保した」「以前の勤務先やその顧客からの紹介」「その他の企業や知人・親戚等からの紹介」および「個別訪問」（飛び込み営業）であった。これらのうち、はじめの3つの手段は、個別訪問やダイレクトメール、広告等による販路拡大とは異なって、販売先と開業者の間に直接的・間接的な繋がりがあり、新規開業企業と販売先の間の情報の非対称性が比較的少ない。そこで、それぞれを販路確保手段1～3として、その他の手段との違いを検証する。これらの変数の効果は、すべてプラスであると予想される。

2番目の要因は、新規開業企業から見た販売先の集中度である。開業時の販売先の数が少ないほど、主要な販売先からの助言は受け入れられやすく、また他の販売先が助言や支援に「ただ乗り」する可能性が小さいため、販売先が助言や支援を行うインセンティブが高いだろう。したがって、販売先が1社しかない場合と比べて、販売先の数が多いことの効果はマイナスであると考えられる。反対に、開業当初の最大販売先への売上集中度（取引集中度）の効果はプラスであると予想される。

3番目の要因は、開業者の開業前の経験である。関連業種の経験が長いほど、また事業経営の経験があるほうが、開業時の潜在的な顧客との関わりが強くなり、助言や支援を受ける可能性が高い。したがって、斯業経験年数と事業経営経験の効果はともにプラスであると予想される。

4番目の要因は、企業の属性である。ここでは、開業時の従業者数と法律形態、開業の経緯に注目する。従業者数で見た規模が大きいほうが、また株式会社組織であるほうが、仕入先として信用があり、販売先としてはより長期的な視点から取引ができ、それに伴って助言や支援が行われやすいと考えられる。また、既存企業とは無関係に開業した企業よりも既存企業から分社化した企業のほうが、既存企業ないしその顧客企業から支援が得られやすい

と考えられる。したがって，開業時の従業者数（自然対数化），株式会社形態，分社化による開業の効果はすべてプラスであると予想される。

最後に，取引先から支援を受ける可能性は，業種によって異なるかもしれない。そこで，前節と同様に，業種別ダミー変数を入れて，業種の違いをコントロールする。なお，最初に挙げた販売先の獲得方法と，開業者の開業前の経験および開業の経緯の間には，少なくとも理論的には相互の関連性が認められる。したがって，推定においてはこれらの変数を代替的に用いることにする[18]。

推定の結果を，表5-4に示す。企業属性と開業者属性については，開業時の組織形態（株式会社ダミー）を除くすべての変数が，販売先からの助言や情報提供等の支援に対して有意なプラスの効果を持つ。他の多くの要因を考慮しても，開業時の従業者数が多いほど販売先からの助言や支援を受ける確率が高く，既存企業の関連会社として開業した企業は独立開業よりも助言や支援を受ける確率が高い。それに対して，開業時の取引先の数や取引集中度は，全く有意な効果を持たない。さらに，開業時の主要販売先を，以前の勤務先やその顧客，知人・親戚等からの紹介によって確保した場合には，最大販売先から助言や支援を受ける確率が有意に高い。したがって，開業時の販売先の数や集中度を除いて，販売先からの助言や支援の要因に関する仮説はほぼ支持された。ただし，擬似決定係数の低さに見られるように，推定モデルの説明力はかなり弱い。つまり，販売先から助言や支援を受ける可能性は，ここに示されていない要因に大きく左右されるのである。

5．おわりに

さまざまな経営資源の制約に直面する新規開業企業にとって，顧客企業は不足する経営資源を獲得・補完するルートとして極めて重要な意味を持つと考えられるが，開業初期の取引関係に関する調査と分析はこれまでほとんど行われていない。本章の課題は，アンケート調査の結果に基づいて，開業後の取引関係の内容を明らかにし，また取引関係の構築が企業の成長にどのように影響したかを計量的に検証することであった。本節では，主な調査・分

析結果を整理してその含意に言及し、残された研究課題に触れる。

　開業後の取引関係については、開業時の販売先が主に元の勤務先など開業者の人的ネットワークに基づいて確保され、またそのようなネットワークが取引先の新規開拓にも活用されていること、開業者の多くが開業時の主要な販売先からさまざまな支援を受け、その販売先との取引を長く続けていることが、明らかにされた。また、開業後の取引関係が、さまざまな開業者属性・企業属性と並んで開業後の成長率（従業者数増加率）に有意に影響することが検証された。すなわち、成長率は、企業が新規顧客の開拓に積極的であり、開業時に少数の大規模・有力な販売先に取引を集中し、開業初期に販売先から多くの支援を得られるほど高い。特に有効なのは、技術・品質、経営全般、資金調達等に関する助言と支援、すなわち経営資源を補完するタイプの支援であった。つまり、開業時にどのような取引先をメインとして、その取引先といかに密接な関係を結び、経営資源を確保できるかが、重要なポイントである。開業以前の取引ネットワーク作りが、新規顧客の開拓努力と並んで、開業の成功と雇用の拡大を左右するのである。

　さらに、開業時の主要販売先からの助言型支援を促す要因について分析を行ったところ、特に開業時の規模と開業経緯（分社化）、販売先確保の手段（知人・親戚等からの紹介）が有意な影響を持つことが明らかにされた。この結果も、開業者のネットワーク作りが重要であるという含意を補強するものである。

　はじめに述べたように、販売先の確保と開拓は、資金と人材の調達と並んで、新規開業企業にとって重要な問題である。本章の分析結果は、単に販売先を確保・開拓することだけでなく、初期の主要な販売先と密接かつ安定的な関係を結ぶことが、成功のための重要な条件であることを示す。開業時の主要な販売先からさまざまな支援や助言を受けた開業者は多いが、このような支援の効果を実証的に検証したことは、本章の重要な貢献である。

　本章の分析は、開業後の企業成長のあらゆる決定要因を含むものではない。例えば、開業時の資金調達方法や銀行との関係、政府・自治体等による開業支援策も重要な影響要因であるが、それらを含めた分析が今後の課題の１つである[19]。また、本章は取引関係以外のネットワーク（同業者との関係、

地域のネットワーク等)には触れていないが,開業者のさまざまな人的ネットワークが開業後の企業成長に影響することが先行研究で明らかにされており,これらのネットワークを分析に取り入れることが必要であろう[20]。

【注】
＊本章は,拙稿「新規開業企業の取引関係と成長率」,国民生活金融公庫総合研究所『調査季報』第69号(2004年5月),pp.1-18,に加筆・修正を行ったものである。
1)中小企業庁の別の調査によれば(中小企業庁編[2002],p.53),仕入先よりも販売先の開拓が重要な課題となっている。
2)Birley (1985), Ostgaard and Birley (1996), Brüderl and Preisendörfer (1998), Chell and Baines (2000), Robson and Bennett (2000), Littunen and Tohmo (2003) を参照されたい。
3)国民金融公庫総合研究所編(1999)が新規開業企業の広告宣伝活動に関する調査結果を掲載しているのが,この点に関する希少な情報の1つである。また,国民生活金融公庫総合研究所編(2002)は,顧客開拓を重要な開業ノウハウの1つとして捉え,開業者がそれをどこでどのように身に付けたか,またどの程度不足を感じているかを調査している。
4)開業時ないし現在の販売先数について回答した企業はそれぞれ741社と721社であり,観測数の違いから厳密な比較はできないが,大体の傾向は把握できる。
5)これらの質問項目については無回答の他に不適切な回答が多く,開業時と現在の取引集中度はそれぞれ631社と726社の平均値である。観測数が異なるので厳密な比較はできないが,大体の傾向は把握できる。
6)回答の中には,取引年数が開業以後の経過年数より長い,つまり開業以前から取引関係が続いているとするものが少なからず見られた。販売先を以前の勤務先の関係で確保した企業が多いことから,そのような回答は元の勤務先における顧客との取引期間を含むものと理解できるが,ここでは開業以後の期間を上限として調整を行った。
7)Brüderl et al. (1996), Almus and Nerlinger (1999), Brixy and Kohaut (1999), Davidsson et al. (2002), Littunen and Tohmo (2003), 松繁(2002), Harada (2003), 安田(2004), 本庄(2004), Honjo (2004) 等。開業後の経営成果の決定要因に関する先行研究については,本書第4章第2節を参照されたい。
8)調査では会社役員数と従業員数を区別して質問しているが,役員のみで従業員のいない企業(株式会社),また反対に役員のいない企業(個人企業)もあることから,両者の合計値を用いた。開業後の経営成果の指標としては,売上高の成長率がしばしば用いられるが,開業直後は売上がない企業も多く,また決算期が企業ごとに異なり,決算期が変更された場合に調整が必要であることを考慮すれば,従業者数の成長率のほうがより使いやすいデータであると言える。また,開業の雇用への貢献を見るという意味でも,従業者数の成長率の決定要因を分析することは重要である。なお,今回のアンケート調査では,上記の理由から開業以降の売上高の推移は質問項目に含まれていない。

9) サンプルには従業者数成長率が平均値＋標準偏差の3倍を上回る企業が若干含まれるが，以下の分析ではそれらを異常値として除去していない。それらを除去しても，分析結果に特に大きな変化はなく，むしろ最大取引先からの支援の効果が一層高くなる。
10) ここでは第三者からの紹介を消極的方法，個別訪問や広告・展示会参加などを積極的方法とする。第三者からの紹介であっても，その陰では活発な営業活動が行われた可能性があるが，ここではそのように区分した。
11) 将来，株式を公開する予定のある企業は全体の15％である。既に株式を公開していた1社をサンプルから除外した。なお，調査票では開業時ではなく，現在（調査時点）における将来の株式公開予定を尋ねている点に留意されたい。
12) 東京都23区内に立地する企業は全体の25％であるが，調査票で質問したのは現在の所在地であって，開業時の所在地ではないことに注意を要する。
13) これらの業種別ダミー変数は，運輸業を基準にしている。なお，この分析は事業所向けに営業している企業を対象とするので，主に個人向けに営業している飲食店はサンプルに含まれていない。
14) Barkham et al. (1996) は，顧客を積極的に開拓したことの効果を検証したが，有意な結果は得られなかった。ただし，積極的手段の中に代理店やビジネス・コンタクトの利用が含まれている点が，本章で用いる変数と異なる。
15) 仮説1については，新規顧客の積極的開拓手段の採用の有無（ダミー変数）に代えて，積極的な手段をいくつ実施したか（実数）という変数を用いて分析をしても，同様の有意な結果が得られた。また，積極的手段のそれぞれについて分析を行ったところ，特に効果の強いのは個別訪問であった。
16) 仮説3については，「開業時の最大販売先との取引関係が現在も継続」という変数に代えて，「開業時の最大販売先が現在も最大販売先」という変数を使って分析したが，結果に大きな変化はなかった。
17) ただし，調査では現時点における株式公開予定を尋ねており，開業時点の公開意欲ではない。したがって，開業時には公開予定はなかったが，これまでの成長の結果，株式公開を視野に含めるようになったケース（逆の因果関係）を除外できない。
18) これらの変数間の相関関係は実際にはあまり高くはなく，同時に推定しても，結果に大きな違いはない。
19) 今回のアンケート調査では，銀行との関係や政策支援の認識・利用状況も質問項目に含まれている。本書第4章の分析は，この調査データを用いて，最近2年間の売上高成長率に対する中小企業・ベンチャー向けの金融支援措置の効果がプラスではあるが有意でないという結果を得ている。
20) 「新規開業研究会」のアンケート調査では，社内・社外の経営パートナーの有無と属性・役割について尋ねており（本書第2章），これらの要因を含めた分析が可能である。

〔岡室　博之〕

第6章

新規開業時の資金調達

1．はじめに

　国民生活金融公庫総合研究所『2002年版新規開業白書』によれば，わが国の新規開業率は急速に低下し1996-99年では廃業率の5.6％に対してわずか3.5％にすぎない。1980年代後半から企業数が純減する状態が続いている。こうした状況下，新規開業の制約要因についてはさまざまなものが指摘されているが，資金調達問題はその中でもかなり重要な位置を占めている。例えば，上記の『2002年版新規開業白書』における「開業にあたって最も苦労したことは何か」という質問に対する回答も，金融機関からの借入31.2％，自己資金の準備28.1％，販売先，受注先の確保10.1％，工場，店舗，事務所の確保9.3％，従業員の確保7.3％，営業許可，補助金申請など行政上の手続き4.9％，仕入先，外注先の確保3.6％，経営上のパートナーの確保2.7％，出資者の確保0.8％，その他1.8％となっており，資金調達問題が極めて重要な位置を占めていることを確認することができる。とりわけ開業者は，自己資金をいかに蓄えるかという問題とともに，金融機関からの融資の利用において多くの困難に直面していることを想像することができる。

　しかし，金融機関側からすれば新規開業企業の事業の将来性は極めて不確実性が高く，開業者個人に対する情報も開業時においては金融機関に蓄積されているわけではない。金融機関と中小企業間の良好なリレーションシップ

が長期にわたって形成されることによって，融資の利用可能性や融資条件（金利や担保要求など）に改善が見られることが多くの先行研究によって明らかにされているが，新規開業時においては，当然のことながら金融機関と中小企業間のリレーションシップが形成されていない。新規開業時においては企業の事業活動実績（トラック・レコード）は存在せず，金融機関は融資認可および融資条件の決定において，トラック・レコード以外の情報に依存しなければならない。金融機関と中小企業間のリレーションシップが形成される前段階である新規開業時において，融資の認可が何に基づいて決定されているのかを分析することは，実践的，政策的インプリケーションのみならず，学術的にも情報の経済学の視点から興味深い論点を提示することが可能である。また，わが国においては新規開業時の資金調達を支援する目的で政府系金融機関（国民生活金融公庫）が重要な役割を果たしている。ただ，政府系金融機関をめぐっては近年，民業圧迫との批判からその果たすべき機能についての議論が活発に行われている。民間金融機関と政府系金融機関の融資認可および融資条件の決定に違いが見られるのかどうかの分析は，政府系金融機関のあり方について議論を行ううえでも興味深い示唆を提供することが可能である。また，こうした融資認可および融資条件の決定に関する分析は，どのような特徴を持った開業者および企業がそもそも民間金融機関および政府系金融機関に融資を求めているのかというテーマと合わせて分析することで，両機関の役割について多様な視点からの議論を可能にすると言えよう。

　第2節では，新規開業時の資金調達に関するアンケートの集計結果を紹介する。第3節では，中小企業の銀行融資の利用可能性および融資条件に関する先行研究を紹介する。第4節では，1994年から99年までの6年間に開業した企業1067社のデータを用いて，以下の3点に関する実証分析を行う（開業年の内訳は，1994年が25社，1995年が203社，1996年が188社，1997年が205社，1998年が213社，1999年が233社となっている）。第1に，どのような企業（開業者）が融資を申請しているのかに関して，民間金融機関への申請と政府系金融機関への申請の両者について分析する。第2に，融資を申請した企業（開業者）を対象に，どのような企業（開業者）が融資を認可されてい

るのかについて，民間金融機関に申請された融資と政府系金融機関に申請された融資の両者について分析する。第3に，融資条件に関して，融資が認可された企業を対象に，民間金融機関と政府系金融機関の両者について担保要求の決定要因を分析する。融資条件に関するもう1つの重要なテーマとしては金利の決定要因分析があるが，後述するように融資を認可された企業間で大きな違いはなく，かつ3％弱の極めて低い水準で融資が実施されているため本章では分析を行わない。第5節は，本章の分析結果を総括する。

2．新規開業時の資金調達の概要

2.1．新規開業時の資金調達と資本構成

　開業時の資金調達総額の平均値（有効回答企業数1034社）は4061万円であった。ただ，10億円以上の企業が7社含まれており，中央値では1000万円となっている。

　開業時の資金調達総額のうち，開業者の自己資金の占める比率の平均値（有効回答企業数1021社）は56.7％であった（ただし，100％超の数値を記入していた14企業は無効回答として除く）。中央値は50％であり，開業時の資金調達の半分程度を開業者自らの自己資金に依存しているのが一般的なようである。すべての資金を開業者の自己資金に依存している企業が329社（32.2％）ある一方で，自己資金を全く提供していない企業も99社（9.7％）ある。

　開業時の資金調達総額のうち，負債による調達の占める比率の平均値（有効回答企業数968社）は27.5％であった（ただし，100％超の数値を記入していた2社については分析に含めていない）。中央値は0％であり，負債による調達の占める比率が0％であると回答した企業が519社（53.6％）もいる。開業時の資金調達において外部負債を利用するというのは，大半の新規開業企業にとってあまり一般的ではないようである。

2.2．新規開業時における民間金融機関からの借入

　開業時の資金調達における民間金融機関への融資の申請状況を見ると，図

6-1に示すように332社(31.8%)が申請しているが,711社(68.2%)は申請していない。申請しても却下されるから申請していないのかどうか(Discouraged borrowerであるかどうか)はここからは判断できないが,全体の3割程度の企業が融資を申請しているにすぎない(cf. Storey [1999])。申請した企業に対して,申請した金融機関数を尋ねたところ,1行にのみ申請した企業が223社(70.8%),2行に申請した企業が58社(18.4%),3行に申請した企業が23社(7.3%)となっている(ただし,金融機関数を0と記入していた企業が1社あり)。4行以上に申請した企業も若干はいるが,10社と極めて少数である。

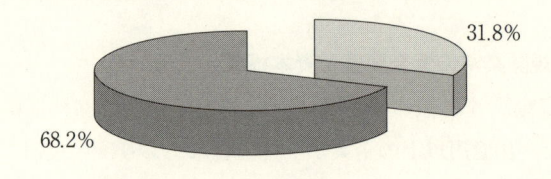

図6-1 民間金融機関への融資の申請(有効回答企業数1043社)

融資を申請した332社に融資が認められたかどうかを尋ねたところ,261社(79.6%)が認められ,67社(20.4%)が却下されたと回答している(図6-2)。融資が認められた企業には,申請した融資のうち何行から認可されたかを質問しているが,1行から認可された企業が214社(87.0%),2行から認可された企業が28社(11.4%)となっている。3行以上から認可された企業も若干はいるが,4社と極めて少数である(有効回答企業数246社)。

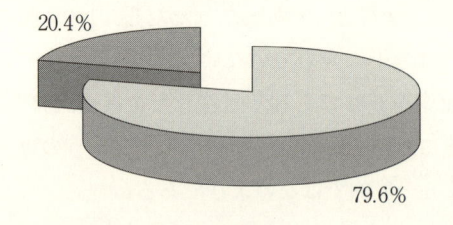

図6-2 民間金融機関に申請した融資の認可(有効回答企業数328社)

第 6 章　新規開業時の資金調達　131

　融資を認可された企業に対して融資申請先の金融機関の業態を尋ねた。複数の金融機関から融資を認可された企業には，最も金額の大きな融資について回答するように求めている。申請先金融機関は，地方銀行95社（39.1％），信用金庫63社（25.9％），都市銀行46社（18.9％），第２地方銀行（旧相互銀行）11社（4.5％），信用組合８社（3.3％），信託・（旧）長期信用銀行２社（0.8％），その他18社（7.4％）となっている（有効回答企業数243社）。地方銀行，信用金庫，都市銀行の３業態で84.0％を占める。

　融資が認可された261社のうち，申請金額と認可金額ともに回答があった企業254社について見ると，申請金額の平均値は5607万円であった。ただ，100万円の申請から37億5000万円の申請まで申請金額は多様であり，中央値では1000万円であった。認可金額の平均値は5357万円，中央値では1000万円であった。認可金額を申請金額で除した比率を計算すれば，平均値では申請金額の92.7％の金額が認可されており，申請金額全額が認可されたと回答した企業が254社のうち208社（81.9％）を占めている。

　また，融資が認可された261社のうち，借入金利の回答があった企業217社について見ると，借入金利の平均値は2.69％，中央値は2.60％であった。標準偏差も1.14％と小さく，新規開業時の民間金融機関からの借入における金利は極めて低い水準にあるうえに，企業間でほとんど違いがないことがわかる。返済期間の平均値は6.1年，中央値は5.0年であった（有効回答企業数227社）。

　融資にあたってどのような担保を要求されたかを質問したところ，要求されなかった企業が102社（41.3％），事業担保を要求された企業が18社

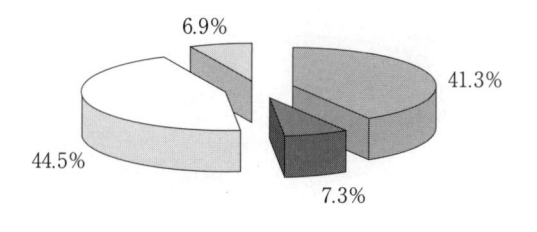

6.9％
41.3％
7.3％
44.5％

■要求されなかった　　　　■事業担保を要求された
□個人資産の担保を要求された　■両方要求された

図6-3　民間金融機関融資における担保要求（有効回答企業数247社）

(7.3％)，個人資産の担保を要求された企業が110社（44.5％），両方要求された企業が17社（6.9％）であった（図6-3）。

開業者個人以外の保証人の要求については，要求されたと回答した企業が182社（71.4％），要求されなかったと回答した企業が73社（28.6％）となっている（有効回答企業数255社）。

2.3. 新規開業時における政府系金融機関からの借入

開業時に国民生活金融公庫に融資を申請したのかどうかについては，図6-4に示されるように，239社（26.2％）が申請した，672社（73.8％）が申請しなかったと回答している（有効回答企業数911社）。政府系金融機関への融資申請については，民間金融機関よりも高い比率の企業が申請を行っていることを予想していたが，結果はむしろより低い申請比率であった。融資を申請した企業239社について融資の認可状況を質問したところ，融資が認められた企業は186社（77.8％），却下された企業が53社（22.2％）となってお

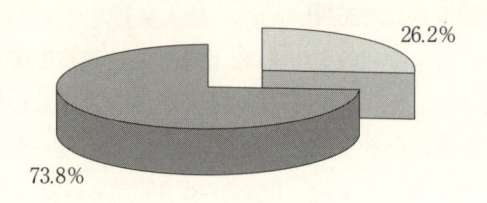

図6-4　国民生活金融公庫への融資の申請（有効回答企業数911社）

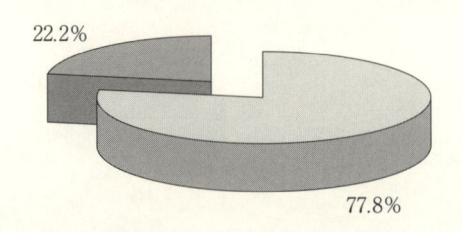

図6-5　国民生活金融公庫に申請した融資の認可（有効回答企業数239社）

り（図6-5）。融資の却下率も民間金融機関との間に大きな違いは見られない。

　融資が認可された企業239社のうち，認可金額と申請金額の両者について記入のあった177社について見ると，申請金額は100万円から1億円まで幅があるが，平均値で980万円，中央値で600万円となっている。認可金額については，100万円から6500万円まで幅があるが，平均値で816万円，中央値で550万円となっている。民間金融機関からの融資と比較して，かなり小ロットの融資となっている。認可金額と申請金額の両者について記入のあった177社について認可金額を申請金額で除した比率を計算すれば，申請金額全額が認可されたと回答した企業が177社のうち126社（71.2％）を占めている。平均値で見れば申請金額の89.3％の金額が認可されている。

　また，融資が認可された186社のうち借入金利の回答があった企業151社について見ると，借入金利の平均値は2.48％，中央値は2.3％であった。返済期間の平均値は5.9年，中央値は5.0年であった（有効回答企業数166社）。

　融資にあたってどのような担保を要求されたのかを質問したところ，図6-6に示すように，要求されなかった企業が104社（59.1％），事業担保を要求された企業が2社（1.1％），個人資産の担保を要求された企業が69社（39.2％），両方要求された企業が1社（0.6％）であった（有効回答企業数176社）。無担保での融資の構成比が民間金融機関融資に比べて高くなっていることが特徴として指摘できる。

　開業者個人以外の保証人の要求については，要求されたと回答した企業が

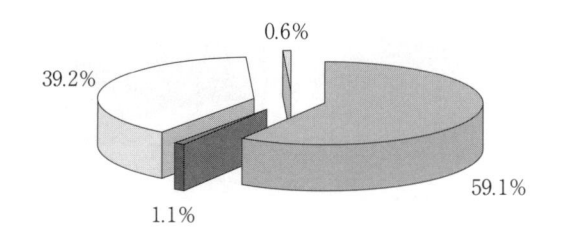

図6-6　国民生活金融公庫の融資における担保要求（有効回答企業数176社）

138社 (77.1%), 要求されなかったと回答した企業が41社 (22.9%) となっている (有効回答企業数179社)。

2.4. 民間金融機関融資と政府系金融機関融資の申請および認可

図6-7と図6-8は、民間金融機関融資と政府系金融機関融資の申請および認可状況についてクロス集計の結果を示している。融資申請の内訳を見れば (有効回答企業数904社), 民間金融機関にも政府系金融機関にも申請しなかった企業が474社あり, 全体の52.4%を占める。民間金融機関には申請したが政府系金融機関には申請しなかった企業が196社 (21.7%), 民間金融機関には申請しなかったが政府系金融機関には申請した企業が110社 (12.2%), 民間金融機関にも政府系金融機関にも申請した企業が124社 (13.7%) となっている。新規開業企業の約半分は民間金融機関にも政府系金融機関にも

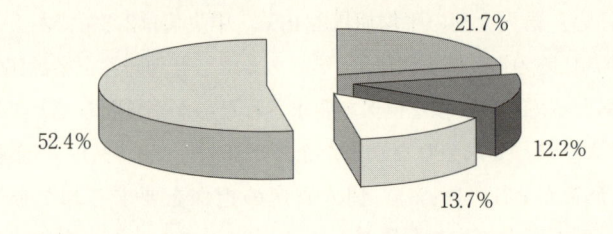

図6-7　民間金融機関と政府系金融機関への融資申請の内訳 (有効回答企業数904社)

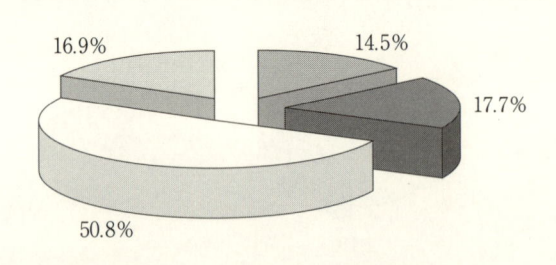

図6-8　民間金融機関と政府系金融機関の融資認可の内訳 (有効回答企業数124社)

融資を申請することなく開業していることがわかる。

　融資認可の内訳は，民間金融機関からも政府系金融機関からも認可された企業が63社あり，全体の50.8％を占める。民間金融機関には却下されたが政府系金融機関には認可された企業が22社（17.7％），民間金融機関からは認可されたが政府系金融機関には却下された企業が18社（14.5％），民間金融機関にも政府系金融機関にも却下された企業が21社（16.9％）となっている。

3．先行研究

　本章の第4節では，融資申請，融資認可，担保徴収の決定要因について分析を行うが，まずは中小企業を対象とした先行研究についてレビューを行う。ただ，中小企業の資金調達における金融機関の役割を分析した研究は多数あるが，大半は既存の中小企業を対象としたものであり，新規開業企業を対象とした分析は極めて少ないのが現状である。既存中小企業を対象とした先行研究によれば，担保の徴収がハイリスクの借り手と密接に関連していること，中小企業と金融機関の長期的関係の構築は両者の間の情報の非対称性の低減をもたらし，融資の利用可能性や融資条件（担保要求や金利など）の改善をもたらすことが多くの研究によって実証的に明らかにされている。

　こうしたテーマに関する実証研究としては，アメリカを対象としたBerger and Udell（1990），Petersen and Rajan（1994），Berger and Udell（1995）などの研究がある。Berger and Udell（1990）は，担保の徴収と企業および融資のリスクとの関係について分析し，リスクの高い借り手およびリスクの高い融資と担保徴収が密接に関連していることを実証的に明らかにした。Petersen and Rajan（1994）は，アメリカ中小企業庁が実施した調査データを用いて，融資の利用可能性と金利の決定要因を分析している。ただ，この研究では銀行融資の利用可能性を直接的に分析するのではなく，企業間信用の利用（最もコストの高い調達方法なので融資利用の制約の代理変数と見なせるとしている）を代理変数として分析を行っている。分析によれば，企業間信用の利用と企業年齢および融資関係の形成期間との間に負の関係があることを明らかにしている。Berger and Udell（1995）は，Petersen and

Rajan（1994）と同じデータを用いて担保要求と金利の決定要因を分析している。ただし，Petersen and Rajan（1994）が多様なタイプの融資がすべて含まれたデータを用いて分析を行っているが，Berger and Udell（1995）では1つのタイプの融資（Line of Credit）にサンプルを限定して分析を行っている。そして，長期の融資関係の構築によって，中小企業は無担保での融資や低金利での融資につながっていることを明らかにしている。

こうしたテーマについて Harhoff and Körting（1998）は，ドイツの中小企業を対象に実施した調査データを使用して，中小企業と金融機関の長期的関係の構築が借入コスト（金利）と担保要求にどのような影響を与えているかについて分析を行った。担保，保証人，融資額，金利などの融資条件は借り手と金融機関の間の複雑な交渉過程を経て同時決定されるものと思われるが，こうした過程を判断するデータがないことから，分析を単純化するために，彼らは担保と金利の同時決定ではなく，担保要求に関する決定がなされた後に金利が決定されると想定して分析を行っている。まず，担保要求に関する分析では，開業者属性，企業属性，融資関係に関する変数とともに，Petersen and Rajan（1994）や Berger and Udell（1995）と同様，融資に関する属性として融資額を説明変数に加えている。中小企業と金融機関の間の融資関係の期間が長くなると担保要求は弱くなり，企業が借り入れを受けている金融機関の数が多くなると担保要求が強くなっていることを明らかにしている。彼らの分析によれば，長期的な融資関係の形成と1機関への借入の集中が，融資の利用可能性の向上と好ましい融資条件（とりわけ担保要求の有無）につながっている。また，質の良い企業は，少ない金融機関との間に長期的な関係を構築しており，1つの金融機関から十分な融資が受けることができなかったために複数の金融機関から融資を受けているとすれば，質の悪い企業であることを示しているかもしれないと総括している。

融資条件に関する研究は，上で紹介した研究以外にも金利の決定要因や担保徴収の決定要因などに関して理論と実証の両面から豊富な研究の蓄積があると言える。しかし，その一方で中小企業に対する融資認可（融資の利用可能性）に関する研究は極めて少ないのが現状である。しかし，とりわけ新規開業時においては，融資条件よりも融資の利用可能性そのものが極めて重要

な関心事である。まずは,既存中小企業を対象とした研究を見ることにしよう。

アメリカに関する先駆的研究は Buck et al.（1991）であるが,ここでは,1980年,82年,84年に実施した3回の調査データをもとに融資認可の決定要因について分析を行っている。3回の調査によれば,却下率は6％から22％の間にあるが,企業の事業活動年数,成長率,調査時期によって差が見られる。融資認可の決定要因分析では,企業年齢が高くなると融資が認可される傾向にあることや,大手銀行に申請した融資が却下される傾向にあること,負債／自己資本の比率が65％を超える企業においては融資を却下される傾向にあることなど興味深い結果を提示している。アメリカを対象とした最近の分析としては Cavalluzzo et al.（2002）が5000社近い大規模なデータを利用して,どのような企業が融資を申請したか,どのような企業が融資を申請したが却下されたか,申請しても却下されると思って申請をしなかった企業はどのような企業なのかなど,極めて興味深い分析を行っている。また,彼らは融資条件についても金利の決定要因について分析を行っている。分析を試みたこうしたテーマについては大変興味深いが,アメリカの中小企業が抱える問題を反映して,中小企業経営者の人種と性別との関連性に重点を置いた分析になっている。

イギリスに関しては,既存中小企業を対象とした1991年の調査データをもとに融資認可の決定要因を分析した Cowling（1997）において,12.8％という融資却下率が明らかにされている。融資認可の決定要因分析では,借入資金を固定資本投資に充当する場合に融資認可率にプラスの有意な影響を与えていることが示されている。この結果に対しては,長期固定資本投資への充当が,当該産業および市場への中小企業経営者の長期的なコミットメントとしてのシグナルとして金融機関に受けとめられているかもしれないとの解釈を与えている。また,10万ポンドを超えるような相対的に大規模な融資が認可される傾向にあることを指摘している。このほか,融資の決定が地元の支店レベルで実施された場合に却下される傾向にあることや,景気後退期に入る1991年に申請した融資おいて融資が却下される傾向にあることも指摘している。

日本に関しては，Kutsuna and Cowling（2003）が，大阪府八尾市に所在する中小製造業を対象として1998年に実施したアンケート調査のデータをもとに既存中小企業の融資申請における決定要因の分析を行っている。八尾市調査における中小企業の融資却下率11.7％という数字は，米英における先行研究ともかなり類似したものである。この分析では，融資認可が申請企業の規模とプラス，申請先が政府系金融機関であることとプラス，長期資金の申請とプラス，1998年の申請とマイナス，中小企業と銀行間の関係が悪い状況にある企業とマイナスの関係にあることなどを明らかにしている。

　このように，既存中小企業の融資資金の利用可能性を取り扱った分析は若干ながらも見られるが，新規開業時の融資の利用可能性の分析を行ったものは極めて限られている。イギリスのクリーブランド地方のデータを用いたStorey（1994）は数少ない研究の1つと言える。新規開業時における銀行融資の利用について，開業者属性，企業属性，利用した資金調達手段に関する変数を用いて，新規開業時における融資利用の決定要因分析を行っている。被説明変数は，開業時の資金調達方法に関する回答をもとに，銀行融資を利用していれば1，利用していなければ0とするダミー変数である。したがって，回答企業が融資を申請したかどうかを知ることはできない。開業時に銀行融資を利用しなかったとしても，融資を申請したが却下された結果として利用しなかったのか，そもそも申請しなかった結果なのかを判断することはできない。同論文の分析によれば，開業者の属性に関する変数は全く影響を与えておらず，新規開業企業が有限責任制である株式会社であるのかどうか（個人企業もしくはパートナーシップであれば0）と，開業資金として開業者の自己資金を用いたのかどうかという2つのダミー変数が有意となっている。事業組織形態が株式会社であるということが，銀行融資の利用に対してプラスの影響を持っていた。また，開業者の自己資金の利用はマイナスの効果を持っており，銀行融資の利用と開業者の自己資金の利用との間には代替効果があることを指摘している。

4．実証分析

4.1．データと変数

　本節では，1994年から99年までの6年間に開業した企業1067社のデータを用いて実証分析を行う。前述の先行研究の分析結果を受け，本節の分析でも新規開業企業の融資認可は，開業者属性，企業属性，地域・産業属性，マクロ経済環境属性という大きく4つの属性によって決定されると考えることができよう。また，融資条件（担保要求）については，これらの4つの属性に融資属性を加えた5つの属性によって決定されると考えることができる。以下の分析で用いる変数は表6-1に示すとおりである（各変数の記述統計量については本章末の表を参照）。ただ，各変数が融資認可や担保徴収に対して与える影響に関しては先行研究の蓄積から予測される符号についてのある程度一致した見方が提示できるが，融資申請に対する影響については多くの変数に関して先験的に符号を予測することはできない。ここでは仮説検証というよりはむしろ，仮説発見的な分析のための予備的分析とならざるをえないであろう。同様に，政府系金融機関に関する分析に関しても，多くの変数に関して先験的に符号を予測することは困難と言えよう。

　まず，本節で実施する3つの分析の被説明変数については以下のとおりである。第1の融資申請の決定要因分析については，被説明変数である民間金融機関への融資申請は，民間金融機関に融資を申請した＝1，申請しなかった＝0とするダミー変数である。政府系金融機関への融資申請は，政府系金融機関（国民生活金融公庫）に融資を申請した＝1，申請しなかった＝0とするダミー変数である。第2の融資認可の決定要因分析においては，被説明変数である民間金融機関融資の認可は，民間金融機関に申請した融資が認可された＝1，却下された＝0とするダミー変数である。政府系金融機関の融資認可は，国民生活金融公庫に申請した融資が認可された＝1，却下された＝0とするダミー変数である。第3の担保要求の決定要因分析については，被説明変数である民間金融機関融資の担保要求は，民間金融機関から認可された融資において担保が要求された＝1，要求されなかった＝0とするダ

表6-1　分析で使用する変数の定義

変数	定義
被説明変数	
民間金融機関への融資申請	民間金融機関に融資を申請した＝1，申請しなかった＝0
政府系金融機関への融資申請	政府系金融機関（国民生活金融公庫）に融資を申請した＝1，申請しなかった＝0
民間金融機関融資の認可	民間金融機関に申請した融資が認可された＝1，却下された＝0
政府系金融機関融資の認可	政府系金融機関（国民生活金融公庫）に申請した融資が認可された＝1，却下された＝0
民間金融機関融資の担保要求	民間金融機関に認可された融資が有担保融資＝1，無担保融資＝0
政府系金融機関融資の担保要求	政府系金融機関（国民生活金融公庫）に認可された融資が有担保融資＝1，無担保融資＝0
説明変数	
開業者の属性に関する変数	
性別	男性＝1，女性＝0とするダミー変数
年齢	開業者の開業時の年齢の対数値
最終学歴	大学卒・大学院卒＝1，その他＝0とするダミー変数
役員・管理職経験	開業前に役員（常勤）・管理職として勤務していた＝1，その他＝0とするダミー変数
関連業種の経験	現在の事業を始める前に現在の事業に関連した仕事の経験がある＝1，ない＝0とするダミー変数
事業経営の経験	現在の事業を始める前に事業経営の経験がある＝1，ない＝0とするダミー変数
開業前の所得	開業前の年収が1000万円以上＝1，1000万円未満＝0とするダミー変数
企業の属性に関する変数	
事業組織形態	開業時の事業組織形態が有限会社・株式会社＝1，その他＝0とするダミー変数
独立系企業	独立系企業＝1，その他＝0とするダミー変数
開業時の経営メンバー	開業時における役員数
開業者の自己資金の拠出	開業時の資金調達総額のうち開業者の自己資金の占める比率
融資内容に関する変数	
民間金融機関からの融資額	民間金融機関からの融資における認可額（万円）の対数値
政府系金融機関からの融資額	国民生活金融公庫からの融資における認可額（万円）の対数値
民間金融機関融資の借入期間	民間金融機関融資の借入期間（年）の対数値
政府系金融機関融資の借入期間	政府系金融機関融資の借入期間（年）の対数値
民間金融機関融資における保証人の要求	開業者個人以外に保証人を要求された＝1，されなかった＝0とするダミー変数
政府系金融機関融資における保証人の要求	開業者個人以外に保証人を要求された＝1，されなかった＝0とするダミー変数
地域・産業属性に関する変数	
東京所在企業	開業場所が東京都＝1，その他＝0とするダミー変数
製造業	製造業＝1，その他＝0とするダミー変数
通信業	通信業＝1，その他＝0とするダミー変数
卸売業	卸売業＝1，その他＝0とするダミー変数
小売業	小売業＝1，その他＝0とするダミー変数
飲食店	飲食店＝1，その他＝0とするダミー変数
サービス業	サービス業＝1，その他＝0とするダミー変数
マクロ経済環境属性に関する変数	
1994年の開業	開業年が1994年＝1，その他＝0とするダミー変数
1995年の開業	開業年が1995年＝1，その他＝0とするダミー変数
1996年の開業	開業年が1996年＝1，その他＝0とするダミー変数
1997年の開業	開業年が1997年＝1，その他＝0とするダミー変数
1998年の開業	開業年が1998年＝1，その他＝0とするダミー変数

ミー変数である。政府系金融機関の担保要求は，国民生活金融公庫から認可された融資において担保が要求された＝1，要求されなかった＝0とするダミー変数である。

　説明変数については，まず開業者属性に関するものとして7つの変数を用いる。性別は男性＝1，女性＝0とするダミー変数である。Storey (1994) など多くの研究では性別の影響は表れていないが，Cavalluzzo et al. (2002) では女性の融資却下率が高いとの結果が示されている。年齢は開業者の開業時年齢の対数値である。融資申請企業側における人的資本の位置付けからすれば，年齢とともにビジネスに関する知識や経験の蓄積が高まり，その結果，高い融資認可，低い担保要求につながることが予想される。最終学歴は大学卒・大学院卒＝1，その他＝0とするダミー変数である。大学卒・大学院卒といった高い学歴も，上記の年齢と同様，高い融資認可，低い担保要求につながることが予想される。役員・管理職経験は開業前に役員（常勤）・管理職として勤務していた＝1，その他＝0とするダミー変数である。関連業種の経験は，現在の事業を始める前に現在の事業に関連した仕事の経験がある＝1，ない＝0とするダミー変数である。また，事業経営の経験は，現在の事業を始める前に事業経営の経験がある＝1，ない＝0とするダミー変数である。過去の仕事および事業における経験に関するこれら3つの変数も，高い融資認可，低い担保要求につながることが予想される。開業前の所得は，開業前の年収が1000万円以上＝1，1000万円未満＝0とするダミー変数である。高い収入を捨てての開業は，開業者の事業に対するコミットメントのシグナルと考えることができるかもしれない。そのようなシグナルとして解釈すれば，高い融資認可，低い担保要求につながることが予想される。

　つづいて，企業属性に関する変数としては4つの変数を用いる。事業組織形態は開業時の事業組織形態が有限会社・株式会社＝1，その他＝0とするダミー変数である。Storey (1994) の分析結果に従うならば，融資認可に対してプラス，担保要求に対してマイナスの効果を予測することができる。独立系企業は，設立形態が独立系企業＝1，その他＝0とするダミー変数である。特定企業の指揮系統化には入らず，特定企業とは強い資本関係等を持たずに開業した独立系企業と，分社型，フランチャイズ型，家業発展型など

「非独立系企業」の違いを考慮する必要がある。独立系企業においてはより不確実性が高く，リスクが大きいと考えることができ，低い融資認可，高い担保要求が予想される。開業時の経営メンバーは開業時の役員数である。本分析においても，Harhoff and Körting (1998) 同様，経営チームの規模の指標として開業時の役員数を分析に加える。複数名の経営チームから構成される企業は1個人への意志決定の集中を緩和し，融資認可や融資条件に対してプラスの効果を持つものと予想される。ただ，Harhoff and Körting (1998) の分析結果においては，有意な影響を与えていないようである。開業者の自己資金の拠出は，開業時の資金調達総額のうち開業者の自己資金の占める比率である。Storey (1994) の分析結果に従うならば，高い自己資金比率は銀行融資の低い利用に影響することが予想される。しかし，前述したように，Storey (1994) においては銀行融資を利用しなかったとしても融資を申請したが却下された結果として利用しなかったのか，そもそも申請しなかった結果なのかを判断することができないために，この先行研究の分析結果からマイナスの符号を予測することが適切であるのかどうかの判断は難しい。高い自己資金比率を開業者の事業に対するコミットメントのシグナルと考えれば融資認可に対してプラスの効果を持つと考えることもできるし，自己資金でまかなえる程度のビジネスを行う非成長志向の開業者であるとすればマイナスの効果を持つとも考えることができる。

　この他，地域属性や産業属性をコントロールするために，地域属性に関する変数として，開業地域が東京＝1，その他＝0とするダミー変数である東京所在企業を用いる。産業属性については，製造業，通信業，卸売業，小売業，飲食業，サービス業の6業種についてのダミー変数を用いる（レファレンスは運輸業）。

　また，Buck et al. (1991)，Cowling (1997)，Kutsuna and Cowling (2003) などが示唆するようにマクロ経済的要因について考慮する必要性から，開業年のダミー変数を用いる（レファレンスは1999年）。実際，日本銀行の短観における「金融機関の貸出態度DI」の数値（中小企業・全国・全産業ベース）は，図6-9に示すように1997年までのプラスの数値から1998年の第1四半期にマイナスに急速に落ち込み，1999年になって改善傾向を示すという

特徴が見られる。1997年末の金融危機が，1998年には中小企業の資金調達に多大な影響を与えた可能性がある。

── ◆── 金融機関の貸出態度（緩い−厳しい）

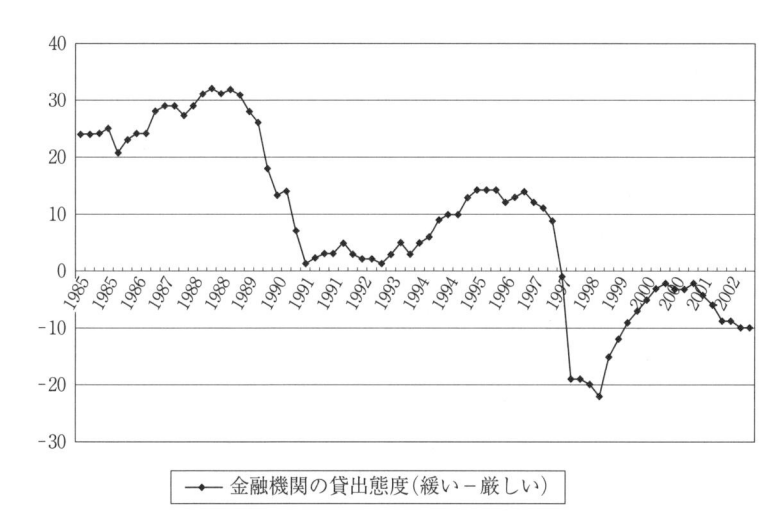

図6-9　金融機関貸出態度 D. I. の推移（中小企業・全国・全産業ベース）

融資条件（担保要求）に関する分析では，上記の変数に加えて融資内容に関する説明変数を用いる。民間金融機関（政府系金融機関）からの融資額は，民間金融機関（政府系金融機関）からの融資における認可額の対数値である。金融機関は，融資額が大きくなれば担保を要求する傾向が強まることが予想される。事実，Harhoff and Körting（1998）の先行研究においてもそうした傾向は明確に現れている。民間金融機関融資（政府系金融機関融資）の借入期間は，民間金融機関（政府系金融機関）からの融資における返済期間の対数値である。長期の融資においては，より高い担保要求となっていることが予想される。民間金融機関融資（政府系金融機関融資）における保証人の要求は，民間金融機関（政府系金融機関）からの融資において開業者以外の保証人あり＝1，保証人なし＝0とするダミー変数である。

4.2．推定結果
4.2.1．融資申請の決定要因
民間金融機関および政府系金融機関への融資申請の決定要因について，融

資を申請した＝1，申請しなかった＝0という質的変数を被説明変数として，以下のロジットモデルの推定を行う。

民間金融機関（政府系金融機関）への融資申請＝β_0＋β_1開業者属性＋β_2企業属性＋β_3地域・産業ダミー＋β_4開業年ダミー＋ε

表6-2の左側半分は，民間金融機関への融資申請の有無を被説明変数としたロジット分析の推定結果を示している。同分析によれば，1％の有意水準で事業経営の経験と開業者の自己資金の拠出，5％の有意水準で事業組織

表6-2 民間金融機関と政府系金融機関への融資申請の有無

被説明変数	民間金融機関への融資申請			政府系金融機関への融資申請		
	係数	標準誤差	有意確率	係数	標準誤差	有意確率
性別	0.372	0.500	0.457	－0.158	0.547	0.772
年齢	－0.610	0.400	0.127	－0.773	0.440	0.079*
最終学歴	－0.210	0.159	0.187	－0.193	0.175	0.271
役員・管理職経験	0.003	0.202	0.989	0.058	0.219	0.789
関連業種の経験	－0.182	0.194	0.347	0.236	0.228	0.301
事業経営の経験	0.465	0.171	0.007***	0.391	0.194	0.043**
開業前の所得	0.016	0.184	0.931	－0.603	0.217	0.005***
事業組織形態	－0.450	0.225	0.046**	－0.188	0.247	0.446
独立系企業	0.265	0.177	0.135	0.560	0.208	0.007***
開業時の経営メンバー	0.023	0.051	0.648	－0.087	0.065	0.176
開業者の自己資金の拠出	－0.013	0.002	0.000***	－0.004	0.002	0.098*
東京所在企業	－0.369	0.187	0.048**	0.117	0.202	0.562
製造業	0.252	0.518	0.626	0.550	0.690	0.425
通信業	－1.612	0.922	0.080*	0.024	0.947	0.979
卸売業	－0.153	0.515	0.766	0.379	0.684	0.579
小売業	－0.195	0.532	0.714	0.764	0.695	0.271
飲食店	1.196	0.818	0.143	0.063	1.065	0.953
サービス業	－0.373	0.513	0.468	0.536	0.680	0.430
1994年の開業	0.086	0.521	0.869	0.252	0.582	0.665
1995年の開業	0.272	0.242	0.260	0.006	0.274	0.983
1996年の開業	－0.025	0.254	0.923	0.075	0.281	0.790
1997年の開業	0.436	0.235	0.064*	0.239	0.268	0.371
1998年の開業	－0.055	0.241	0.820	0.478	0.257	0.063*
定数項	2.185	1.627	0.179	1.454	1.807	0.421
観測数	895			793		
	カイ2乗	自由度	有意確率	カイ2乗	自由度	有意確率
	76.167	23	0.000***	46.836	23	0.002***

（注）有意水準：＊＊＊1％，＊＊5％，＊10％

形態と東京所在企業，10％の有意水準で通信業と1997年の開業が有意に影響していることがわかる。事業経営の経験について係数はプラスであり，過去に事業を行った経験のある開業者はより民間金融機関に融資を申請する傾向にあるようである。開業者の自己資金の比率について係数はマイナスであり，自己資金によって開業資金の高い部分をまかなった開業者は融資を申請していないようである。Storey（1994）の分析結果と同様，自己資金の利用と銀行融資は代替関係にあることを示唆している。事業組織形態についての有限責任（有限会社・株式会社）ダミーはマイナスとなっており，Storey（1994）の分析とは逆の結果と言える。東京所在企業ダミーの係数はマイナスであり，融資申請をあまり行わない傾向が見られる。

　表6-2の右側半分は，政府系金融機関への融資申請の有無を被説明変数としたロジット分析の推定結果を示している。同分析によれば，1％の有意水準で開業前の所得と独立系企業，5％の有意水準で事業経営の経験，10％の有意水準で年齢，開業者の自己資金の拠出，1998年の開業が有意に影響していることがわかる。上記の民間金融機関への融資申請とはかなり異なる特徴が見られる。開業前の所得については1000万円ダミーがマイナスで有意になっており，低所得の開業者が融資を申請する傾向にある。独立系企業ダミーも係数はプラスであり，特定企業の指揮系統化には入らず，特定企業とは強い資本関係等を持たずに開業した企業は政府系金融機関に融資を申請する傾向にある。開業者の年齢について係数はマイナスとなっており，相対的に若い開業者が融資を申請する傾向にあることがわかる。低所得の開業者，若い開業者，独立系企業といった金融機関から融資を受けるに当たっては不利な状況にあると思われる開業者（企業）が政府系金融機関に融資を申請しているという分析結果は，政府系金融機関の果たすべき役割を考えるうえでも興味深い。事業経験については，民間金融機関の場合と同様に係数はプラスである。開業者の自己資金の比率についても，民間金融機関の場合と同様に係数はマイナスである。開業年ダミーは1998年ダミーのみがプラスで有意になっている。1997年末の金融危機によって1998年の金融環境は大幅に悪化しており，政府系金融機関に融資を求める傾向が強まったことを反映しているかもしれない。

4.2.2. 融資認可の決定要因

次に，民間金融機関および政府系金融機関に申請した融資の認可がどういった要因と関連しているのかについて分析することにしよう。民間金融機関融資および政府系金融機関融資の認可の決定要因について，申請した融資が認可された＝1，却下された＝0とするダミー変数を被説明変数として以下のロジットモデルの推定を行う。

民間金融機関融資（政府系金融機関融資）の認可 ＝ β_0 ＋ β_1 開業者属性 ＋ β_2 企業属性 ＋ β_3 地域・産業ダミー ＋ β_4 開業年ダミー ＋ ε

表6-3の左側半分は，民間金融機関の融資認可の有無を被説明変数としたロジット分析の推定結果を示している。同分析によれば，1％の有意水準で開業者の自己資金の拠出，10％の有意水準で開業前の所得と独立系企業が有意に影響していることがわかる。自己資金の比率について係数はマイナスである。開業前の所得については1000万円ダミーがプラスで有意になっている。高い所得を捨てての開業が，事業に対するコミットメントのシグナルとして金融機関に受け取られていることを示唆しているのかもしれない。独立系企業ダミーの係数はマイナスであり，特定企業の指揮系統化には入らず，特定企業とは強い資本関係等を持たずに開業した企業は融資を却下される傾向にある。

表6-3の右側半分は，政府系金融機関の融資認可の有無を被説明変数としたロジット分析の推定結果を示している。同分析によれば，1％の有意水準で開業時の経営メンバーと東京所在企業，10％の有意水準で最終学歴が有意に影響していることがわかる。開業時の役員数は係数がマイナスで有意となっている。少人数の経営メンバーで開業した企業に対する認可率が高いという結果は，小規模零細企業の支援という国民生活金融公庫の政策的役割を反映した結果と解釈できよう。東京所在企業ダミーの係数はプラスであり，地方企業の融資申請が却下される傾向にあるようである。大学・大学院卒ダミーはプラスで有意となっており，相対的に高い学歴を持つ開業者の認可率が高い傾向が見られる。

表6-3 民間金融機関と政府系金融機関への融資申請の認可

被説明変数	民間金融機関融資の認可			政府系金融機関融資の認可		
	係数	標準誤差	有意確率	係数	標準誤差	有意確率
性別	−5.258	14.450	0.716	0.313	1.030	0.761
年齢	0.490	0.905	0.588	1.053	0.998	0.291
最終学歴	0.261	0.336	0.437	0.772	0.403	0.055*
役員・管理職経験	0.151	0.437	0.729	0.362	0.474	0.445
関連業種の経験	−0.159	0.450	0.724	0.099	0.558	0.859
事業経営の経験	0.289	0.401	0.471	0.563	0.480	0.241
開業前の所得	0.796	0.432	0.066*	−0.675	0.533	0.205
事業組織形態	0.282	0.457	0.537	0.372	0.512	0.468
独立系企業	−0.777	0.425	0.068*	−0.297	0.470	0.528
開業時の経営メンバー	−0.160	0.102	0.118	−0.402	0.141	0.004***
開業者の自己資金の拠出	−0.014	0.005	0.005***	−0.002	0.006	0.729
東京所在企業	0.329	0.435	0.448	1.412	0.542	0.009***
製造業	0.408	0.958	0.670	−0.050	1.542	0.974
通信業	5.710	24.680	0.817	−1.535	2.022	0.448
卸売業	0.198	0.949	0.835	0.120	1.538	0.938
小売業	1.281	1.052	0.223	0.575	1.554	0.711
飲食店	0.465	1.414	0.742	−7.629	15.596	0.625
サービス業	0.049	0.951	0.959	0.467	1.517	0.758
1994年の開業	−0.357	1.041	0.731	1.423	1.315	0.279
1995年の開業	−0.696	0.518	0.179	−0.526	0.605	0.385
1996年の開業	0.059	0.625	0.925	0.563	0.678	0.406
1997年の開業	−0.505	0.519	0.331	0.221	0.593	0.709
1998年の開業	−0.205	0.577	0.722	1.028	0.626	0.101
定数項	5.708	14.891	0.701	−3.452	3.927	0.379
観測数	278			206		
	カイ2乗	自由度	有意確率	カイ2乗	自由度	有意確率
	39.362	23	0.018**	33.685	23	0.070*

(注) 有意水準: ***1%, **5%, *10%

4.2.3. 担保要求の決定要因

最後に,民間金融機関および政府系金融機関に認可された融資において,担保徴収の有無がどういった要因と関連しているのかについて分析することにしよう。民間金融機関融資および政府系金融機関融資の担保徴収について,認可された融資が有担保=1,無担保=0とするダミー変数を被説明変数として以下のロジットモデルの推定を行う。融資属性の変数に関しては,担保,保証人,融資額,融資期間などの融資条件は借り手と金融機関の間の複雑な交渉過程を経て同時決定されるものと思われるが,わが国においては基本的

に保証人の要求は前提とされていることなどから，分析を単純化するために，担保と他の融資条件との同時決定ではなく，他の融資条件の決定がなされた後に担保要求の有無が決定されると想定して分析を行うことにする。

民間金融機関融資（政府系金融機関融資）の担保徴収 $= \beta_0 + \beta_1$ 開業者属性 $+ \beta_2$ 企業属性 $+ \beta_3$ 融資属性 $+ \beta_4$ 地域・産業ダミー $+ \beta_5$ 開業年ダミー $+ \varepsilon$

表6-4 民間金融機関と政府系金融機関融資における担保要求

被説明変数	民間金融機関融資の担保要求			政府系金融機関融資の担保要求		
	係数	標準誤差	有意確率	係数	標準誤差	有意確率
性別	-0.772	0.975	0.428	-4.484	1.777	0.012**
年齢	0.553	0.924	0.549	1.790	1.242	0.150
最終学歴	0.064	0.352	0.855	-0.450	0.480	0.349
役員・管理職経験	0.450	0.486	0.354	-0.513	0.554	0.354
関連業種の経験	-0.139	0.469	0.768	-0.951	0.645	0.140
事業経営の経験	-0.194	0.395	0.623	-0.722	0.574	0.208
開業前の所得	-0.306	0.434	0.481	0.472	0.634	0.457
事業組織形態	0.104	0.545	0.849	0.469	0.614	0.445
独立系企業	-0.134	0.419	0.749	0.645	0.580	0.267
開業時の経営メンバー	0.176	0.129	0.172	0.373	0.203	0.066*
開業者の自己資金の拠出	0.005	0.006	0.397	0.005	0.008	0.513
民間(政府系)金融機関からの融資額	0.375	0.175	0.032**	0.402	0.301	0.181
民間(政府系)金融機関融資の借入期間	0.613	0.241	0.011**	2.119	0.698	0.002***
民間(政府系)金融機関融資における保証人の要求	0.763	0.393	0.052*	-0.553	0.570	0.332
東京所在企業	-0.217	0.468	0.644	-1.577	0.614	0.010**
製造業	0.404	1.113	0.716	5.250	24.493	0.830
通信業	6.841	14.221	0.630	1.838	44.130	0.967
卸売業	-0.743	1.096	0.498	4.530	24.488	0.853
小売業	0.045	1.116	0.968	4.567	24.485	0.852
飲食店	1.246	1.635	0.446	—	—	—
サービス業	-0.389	1.085	0.720	4.776	24.483	0.845
1994年の開業	-1.351	1.279	0.291	-0.971	1.815	0.592
1995年の開業	0.141	0.557	0.800	-0.300	0.757	0.692
1996年の開業	-0.045	0.556	0.935	-0.968	0.844	0.251
1997年の開業	-0.231	0.506	0.648	0.108	0.685	0.874
1998年の開業	-0.189	0.519	0.715	-1.222	0.706	0.083*
定数項	-5.721	3.966	0.149	-12.748	25.023	0.610
観測数	190			133		
	カイ2乗	自由度	有意確率	カイ2乗	自由度	有意確率
	40.843	26	0.032**	48.154	25	0.004***

（注）有意水準：＊＊＊1％，＊＊5％，＊10％

表6-4の左側半分は，民間金融機関の融資における担保徴収の有無を被説明変数としたロジット分析の推定結果を示している。同分析によれば，5％の有意水準で民間金融機関からの融資額，民間金融機関融資の借入期間，10％の有意水準で民間金融機関融資における保証人の要求が有意に影響していることがわかる。融資額の係数はプラスであり，融資額が大きい場合には担保が徴収される傾向にあることがわかる。融資期間の係数もプラスであり，融資期間が長い場合には担保が徴収される傾向にある。また，保証人について係数はプラスであり，開業者以外の保証人が要求されている企業で担保徴収が要求される傾向にある。

表6-4の右側半分は，政府系金融機関の融資における担保徴収の有無を被説明変数としたロジット分析の推定結果を示している。同分析によれば，1％の有意水準で政府系金融機関融資の借入期間，5％の有意水準で性別と東京所在企業，10％の有意水準で開業時の経営メンバーと1998年の開業が担保要求に影響していることがわかる。融資期間の係数はプラスであり，融資期間が長い場合には担保が徴収される傾向にある。性別について係数はマイナスであり，女性の場合に担保要求される傾向が強いようである。東京所在企業ダミーの係数はマイナスであり，担保を要求されない傾向にあるようである。開業時の役員数について係数はプラスであり，経営チームの規模が小さい企業において担保が要求されていないようであるが，これについても政策的役割からの対応と考えられる。1998年ダミーの係数はマイナスで有意となっている。これについても1997年末の金融危機によってクレジットクランチの問題が指摘される中で，政府系金融機関の新規開業向け融資への対応になんらかの変化があったことを示唆しているのかもしれない。

5．おわりに

新規開業時の資金調達における民間金融機関および政府系金融機関への融資の申請状況を見ると，それぞれサンプル企業全体の31.8％，26.2％であった。政府系金融機関への融資申請企業のほうが少ないとの結果は少し意外な印象を受けたが，こうした状況がどういった要因からもたらされているのか

についての分析が今後必要と言えよう。国民生活金融公庫の存在が新規開業を行うものにとってそれほど身近な存在ではないのか，調達できる金額が小規模であるため民間金融機関からの融資を優先しているのかなどさまざまな要因が考えられよう。申請した融資の認可状況については，民間金融機関に申請した融資については却下率20.4％，国民生活金融公庫に申請した融資については却下率22.2％であった。融資の却下率において，民間金融機関と政府系金融機関の間にほとんど違いは見られない。ただ，既存中小企業の融資申請に関する先行研究と比較すると，やはり新規開業時の融資における却下率はかなり高い水準にあると言える。認可された融資の条件面については，民間金融機関融資における借入金利は3％弱であり，標準偏差も極めて小さい。開業時の融資においては，民間金融機関が融資先のリスクに応じた金利設定を行っているとは言えないようである。一方，担保に関しては，民間金融機関融資の場合では要求されなかった企業が41.3％，国民生活金融公庫融資の場合は59.1％となっている。やはり，民間金融機関融資における担保要求は厳しい状況にあることがうかがえる。

　このような状況をふまえて，融資申請，融資認可，担保要求の決定要因について，民間金融機関と政府系金融機関の融資それぞれについて分析を行った。まず，融資申請については，民間金融機関，政府系金融機関の融資ともに，過去に事業を行った経験のある開業者はより融資を申請する傾向にあるようである。また，自己資金によって開業資金の高い部分をまかなった企業は融資を申請していない点も共通して見られる特徴のようである。しかし，政府系金融機関への融資申請には民間金融機関への融資申請とはかなり異なる特徴が見られる。まず，低所得の開業者が融資を申請する傾向にある。特定企業の指揮系統下には入らず，特定企業とは強い資本関係等を持たずに開業した独立系企業も政府系金融機関に融資を申請する傾向にある。開業者の年齢についても，若い開業者が融資を申請する傾向にある。また，1998年ダミーのみがプラスで有意になっており，1997年末の金融危機によって1998年の金融環境は大幅に悪化しており，政府系金融機関に融資を求める傾向が強まったことを反映しているかもしれない。

　次に行った融資認可の決定要因分析では，民間金融機関融資に関しては，

記述統計量

	度数	最小値	最大値	平均値	標準偏差
民間金融機関への融資申請	1043	0	1	0.318	0.466
政府系金融機関への融資申請	911	0	1	0.262	0.440
民間金融機関融資の認可	328	0	1	0.796	0.404
政府系金融機関融資の認可	239	0	1	0.778	0.416
民間金融機関融資の担保要求	247	0	1	0.587	0.493
政府系金融機関融資の担保要求	176	0	1	0.409	0.493
性別	1058	0	1	0.970	0.171
年齢	1058	3.091	4.317	3.811	0.219
最終学歴	1052	0	1	0.555	0.497
役員・管理職経験	1050	0	1	0.761	0.427
関連業種の経験	1055	0	1	0.790	0.408
事業経営の経験	1055	0	1	0.328	0.470
開業前の所得	1043	0	1	0.319	0.466
事業組織形態	1063	0	1	0.814	0.390
独立系企業	1055	0	1	0.668	0.471
開業時の経営メンバー	1023	0	13	2.920	1.767
開業者の自己資金の拠出	1021	0	100	56.670	36.623
民間金融機関からの融資額	254	4.605	12.835	7.260	1.302
政府系金融機関からの融資額	180	4.605	8.780	6.436	0.695
民間金融機関融資の借入期間	227	-2.303	3.401	1.562	0.840
政府系金融機関融資の借入期間	166	-0.693	3.219	1.655	0.511
民間金融機関融資における保証人の要求	255	0	1	0.714	0.453
政府系金融機関融資における保証人の要求	179	0	1	0.771	0.421
東京所在企業	1051	0	1	0.249	0.433
製造業	1021	0	1	0.199	0.399
通信業	1021	0	1	0.015	0.120
卸売業	1021	0	1	0.268	0.443
小売業	1021	0	1	0.156	0.363
飲食店	1021	0	1	0.014	0.116
サービス業	1021	0	1	0.326	0.469
1994年の開業	1067	0	1	0.023	0.151
1995年の開業	1067	0	1	0.190	0.393
1996年の開業	1067	0	1	0.176	0.381
1997年の開業	1067	0	1	0.192	0.394
1998年の開業	1067	0	1	0.200	0.400

開業前の所得水準が高い開業者の申請が認可される傾向にあり，高い所得を捨てての開業が事業に対するコミットメントのシグナルとして金融機関に受け取られていることを示唆しているのかもしれない。この他，独立系企業は融資を却下される傾向にあることなどが明らかになった。一方，政府系金融機関の融資認可については，民間金融機関とはかなり異なる特徴を示している。少人数の経営メンバーで開業した企業に対する認可率が高いという結果がでているが，これは国民生活金融公庫の政策的役割を反映した結果と解釈できよう。大学・大学院卒ダミーはプラスで有意となっており，相対的に高い学歴を持つ開業者の認可率が高い傾向が見られる。東京所在企業の認可率が高いという傾向も見られる。

　最後に，融資における担保徴収の決定要因を分析したが，民間金融機関の融資においては融資額が大きく融資期間の長い場合に担保が徴収される傾向にあることが示された。また，保証人についても係数はプラスで有意となっており，保証人が要求されている企業では担保も徴収される傾向にあることがわかる。開業者属性や企業属性は影響を与えておらず，融資属性のみによって担保徴収の有無が決定されているようである。一方，政府系金融機関の融資における担保徴収の分析によれば，女性の場合担保要求される傾向があること，経営チームの規模が小さい企業や東京所在企業において担保要求がなされていないなど，開業者属性や企業属性の影響が多く見られる。

〔忽那　憲治〕

第7章

メインバンクの形成

1．はじめに

わが国では，大企業が特定銀行（メインバンク）に取引を集中するとともに株式を持ち合うことで，メインバンクがガバナンス機能を果たす一方で，安定的な資金供給を暗黙的に保証したというのはよく知られている。メインバンク関係が企業経営のパフォーマンスに貢献したか否かは必ずしも明らかではない[1]。しかし，借り手と貸し手の関係の深さが情報の透明度を高めることに寄与できれば，それは取引関係を円滑にするための重要な源泉となるであろう。実際に，資金余剰下にあっても貸し手が意図的に貸し出しを制約する要因の１つが借り手との間に生じる情報問題であることは多くの理論的な研究によって示されている[2]。しかも，そうした関係は担保力の弱い中小企業ほど意味を持つ。したがって，情報問題の縮減という視点を踏まえればメインバンク関係から生じるメリットは中小企業ほど大きくなることが期待されるのである。ただし，中小企業のケースでは株式持合いやコーポレート・ガバナンスまでを含めたメインバンク関係が定型化されることはないから，中小企業と貸し手の関係の深さを大企業で言われているメインバンク関係とは区別しなければならない。

欧米では中小企業に対するリレーションシップ・レンディングの有効性という視点から多数の実証研究が公表されており，取引年数の長さや取引範囲

の広さあるいは渉外担当者との関係の深さが調達条件の改善をもたらす可能性を示唆している。

　本章では，開業後の企業と金融機関の取引関係に関するアンケート結果を踏まえて，メインバンクの形成時期とその取引状況を概観する。とりわけ，欧米の既存研究を踏まえたうえでメインバンク関係（リレーションシップ）の調達条件に与える影響を定量的に評価する。分析は直感的に理解できるようにアンケートの単純集計ないしクロス集計を基本とするが，補完的な検証を目的として回帰分析による推定も行っている。

2．リレーションシップ・レンディングの重要性

2.1．長期的取引関係

　リレーションシップ・レンディングの経済的意義については既に膨大な研究成果が公表されている[3]。それらの結論は必ずしも一意的ではなく，リレーションシップ・レンディングのコスト・ベネフィットという視点からさまざまな論点が提示されている。ここでは分析に入る前に，主要な先行研究をサーベイすることで，それらの論点を整理しておくことにしよう。

　リレーションシップ・レンディングの分析を行ううえで基本となるのが，その定義である。そもそもリレーションシップとは何か。最も単純かつ重要な指標は取引期間（the duration of a Relationship）であろう。長い時間をかけることでお互いを知ることがリレーションシップの基礎となる。お互いの理解を深めるにはどの程度の時間が必要であろうか。これは観測対象の問題であることから特定できないが，Ongena and Smith（2000a）によると欧米の主要な論文の分析対象の平均取引年数は12年であり，リレーションシップ・レンディングの有効性が確認されている最も短いものはCole（1998）の7.03年である。

　それではこれらの指標とリレーションシップ・レンディングの有効性についてどのような関係が見られるのであろうか。

　リレーションシップ・レンディングの潜在的なベネフィットとしてBoot（2000）は以下の点を指摘している。

① 貸し手による情報生産ないしモニタリング活動に有用な情報の蓄積と再利用が可能になる。相対取引であることで情報のフリーライド問題は回避されるから，情報蓄積に比例して平均的な情報生産コストが逓減することが期待される。
② 暗黙の長期的な契約とともに事後的な再交渉可能性（covenants）を容易にする。これは企業にとって一種の保険機能の役割を果たす。
③ 異時点・複数商品間での取引条件の平滑化（intertemporal smoothing of contract terms）を可能にする。

　もう少し簡単に言えば，リレーションシップの形成によって融資における契約条件が改善（金利の軽減，担保・個人保証条件の緩和，融資額の拡大など）するとともに，金融収縮や経営悪化に直面した場合にも安定的な資金供給を受けられる可能性があるということになる。前述したように実証結果は多様であるものの，平均的に見れば取引期間は金利軽減ではなく，融資額の拡大に寄与する可能性が示唆されているように思われる。

　例えば，Petersen and Rajan（1994）はアメリカの中小企業を対象としたアンケート（1987 NSSBF）に基づく分析によって，全ての融資形態を含めた場合，取引期間は金利の軽減には無効であるが，融資額の拡大には有意であるとし，Cole（1998）も 1993 NSSBF に基づく分析で同様の結論を推定している。アメリカの個別銀行のクレジットデータを用いた Blackwell and Winter（1997）の分析でも取引期間と金利軽減に有意な関係は見られない。

　Elsas and Krahnen（1998）はドイツの5大銀行のクレジットデータに基づく実証研究によって，Harhoff and Körting（1998）は NSSBF に相当するドイツ中小企業向けアンケート結果に基づいて取引期間の有効性を分析しているが，ここでも金利軽減との関係は明確ではなく，融資額の拡大，資金供給の安定（格付け低下後の取引関係の継続）と正の関係があることを実証している。

　取引期間の金利軽減に対する寄与が確認されている研究としては，Berger and Udell（1995），Bodenhorn（2003）がある。Berger and Udell（1995）は 1987 NSSBF のなかで分析対象をクレジットラインに限定した結果，取引期間と金利軽減，担保条件の緩和に有意な関係があることを確認し，

Bodenhorn (2003) は19世紀半ばにおけるアメリカの銀行のクレジットデータを用いて同様の結果を得ている。

2.2. 取引関係の厚みと渉外活動

取引期間が長いからといって理解が深まるという保証はない。したがって，金融取引という視点から密接な取引関係を示す指標を補完的にセットしなければならないであろう。具体的には，取引範囲 (Scope of the Relationship) や信頼度を示す指標である。預金残高，従業員の給与振込み口座指定の有無，経営者自身の資産管理など金融機関の企業に対するコミットメントが強いほど付加価値がもたらされる可能性は高くなる。

例えば，Berlin and Mester (1998) によるアメリカの実証研究は，預金残高（コア預金のシェア）を取引範囲の代理変数として，ベルギーのクレジットデータによる Degryse and Van Cayseele (2000) は，2つ以上のサービスを受けている企業に関するダミー変数を用いて，金利軽減と有意な関係にあるのは取引期間ではなく取引範囲であると結論している。

また，貸し手と借り手の間に形成される信頼関係の厚みは，渉外担当者と経営者の属人的な側面が強いことから，長期的な関係のなかでどれだけ相互にとって有益な情報の交換ないし共有ができるかに依存している。渉外担当者にとっては，経営者に信頼してもらうために有益なアドバイスやサービスを提供し，繰り返し訪問することで自分の人柄を知ってもらう努力が不可欠であり，一方，経営者には貸し手に対して自分の経営姿勢や情報開示を積極的に行うことが求められる。

この点に関して，Scott (2000) は，リレーションシップの形成によって獲得できる情報を institutional memory と agent memory に分類し，それらが中小企業金融に与える影響をアメリカの中小企業団体である 1995 NFIB (National Federation of Independent Business) のデータをもとにロジット回帰によって分析している。institutional memory はコード化できる情報であり，具体的には①length（メインバンクとの取引期間），②personal banking（給与振込先など個人や職員にとっての取引先か否か），③total banks（金融サービスを受けるために取引している金融機関数）を代理変数

としている。一方, agent memory はより属人的な情報であり, 具体的には① turnover（3年以内に交代した担当責任者の数）, ② social rating（担当者と経営者の接触密度）を代理変数としている。

その結果, 中小企業金融の改善（資金調達のアベイラビリティ, 貸出金利・担保要請の軽減）に対して agent memory は institutional memory とは独立の効果を有していることが実証されている。

Lehmann and Neuberger (2000) は social rating（trust と reciprocity）の重要性を強調するために, その代理指標をさらに詳細に区分している。具体的には, ① Experience（過去にプラスの経験を有しているか否か）, ② Obligation（顧客への満足度）, ③ Information（借り手は自社に経営上の問題が発生したときに情報を提供してくれるか否か）, ④ Stability（自行のリレーションシップは不安定時にも安定しているか否か）という4つの指標に置き換えることでドイツの主要銀行のデータをもとに同様の分析を行っている。その結果でもコード化できない情報の蓄積は中小企業金融の改善に有意であることが追認されている。

2.3. 1行取引対複数取引

これまでの説明からリレーションシップ・レンディングのベネフィットがどのような経路で発揮されるか特定できないとしても, その役割の重要性は明らかであろう。しかし, 一方でリレーションシップがコストに転嫁される可能性も無視できない。

情報生産コストの低減による貸し手のレントが企業に還元されずに独占されてしまうと, 交渉力が弱い企業の場合には不当な契約条件を提示されるかもしれない（hold-up problem）。また, 取引金融機関を1行に集中したケースでは新たに取引先を変更する場合のコストが高くつく可能性（lock-in problem）は否めないであろう。貸し手にとっても事後的な再交渉可能性の余地を残すと企業のモラルハザードを誘引することになるかもしれない。こうした問題はリレーションシップ・レンディングの有効性とは別に1行取引対複数取引（Single versus Multiple bank relationships）という視点から検証されることになる[4]。

企業規模が大きくなるほど複数取引へとシフトするというのは共通した傾向であるが，中小企業については，Ongena and Smith（2000b）が指摘するようにアメリカやイギリス，ノルウェー，スウェーデンのような金融・資本市場（あるいは関連法制の整備）の発達した国ほど1行取引の比率が高くなっている。

それではどちらの取引形態の方が企業にとって高い取引パフォーマンスを提供してくれるであろうか。この点に関して必ずしもコンセンサスが存在するわけではないが，前述した Petersen and Rajan（1994）の実証研究に代表されるように，アメリカでは1行取引を選択した企業の方が複数取引を選択した企業よりも金利が低く，融資が受けられ易いという可能性が示唆されている。他方，複数取引が重視されるイタリアを対象にした Detragiache et al.（2000）の実証研究は，金融機関の経営状態が脆弱な場合やデフォルト時の債権者保護が不十分な状況下では，将来において取引先を変更しようとしても新たな借入先によって逆選択される可能性が高いことから，借り手は複数取引を選択した方が望ましいとしている。

これらの点はさらに市場特性（特定銀行のシェアが高い寡占的市場か競争的市場か）や企業特定（企業格付け，資金ニーズ，融資額，融資期間）に区分したうえでの詳細な実証研究が必要である。しかし，直感的にはアメリカのような競争的市場ではメインバンクの位置付けとして取引シェアが重視されることから，貸し手からすれば優良先の囲い込み（1行取引化）を通じて顧客への付加価値の提供が可能になるものと思われる。

2.4. 新規開業企業におけるリレーションシップ・レンディングの重要性

リレーションシップが取引期間と無関係でないとすると開業企業にとっては意味のない概念となってしまう。しかし，開業からどの時点で取引金融機関をメインバンクと位置付けられるようになるのか，また，早期にメインバンクと言える取引金融機関を持つ企業とそうでない企業では資金調達状況や企業パフォーマンスに違いがあるのか，など新規開業企業の資金調達を考えるうえでは無視できない問題であろう。

新規開業企業とリレーションシップ・レンディングの関係に焦点を当てた

研究として，James and Wier（1990）に代表されるようにリレーションシップ・レンディングのIPOへの影響というようなアナウンスメント効果に着目した成果は散見されるものの，より広範な視点からの実証研究は今後の課題である。

3．民間金融機関との取引状況

3．1．企業特性別に見たメインバンク

現状において民間金融機関と取引のある企業のほとんどが当該機関を最も重要な借入先（メインバンク）と位置付けている。業態別（n＝847）では地方銀行（272），都市銀行（208），信用金庫（192）の比率が高く，資本金ベースで見た企業規模の小さい企業ほど地方銀行，信用金庫などの地域金融機関への依存率が高くなる傾向にある。また，サンプルが少ないことから確定的なことは言えないが，資本金1000万円未満では政府系金融機関をメインバンクと位置付けている比率が高い点には留意が必要であろう。

開業年数の若い企業ほど地域金融機関への依存度が高いものと思われたが，開業年数とメインバンクの業態には明確な関係は見られない。

また，経営者自身が創業から最初の取引金融機関をメインバンクと位置付けた年数は86.5％が3年未満（平均2年）である。これは経営者の判断であ

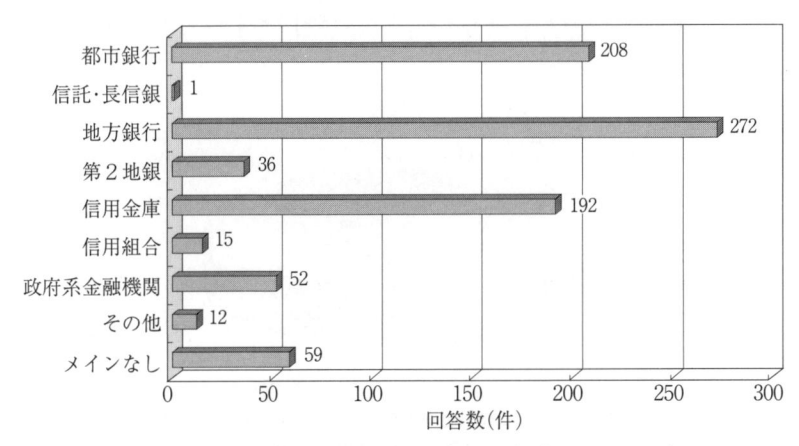

図7-1　最も重要な貸し手（メインバンク）（問53，n＝847）

表7-1 資本金規模別に見たメインバンク (問4×問53)

			メイン業態								合計
			都市銀行	信託・長信銀	地方銀行	第2地銀	信用金庫	信用組合	政府系金融機関	その他	メイン無し	
資本金区分	資本金1000万未満	度数	27		103	14	73	6	26	4	21	274
		資本区分の%	9.9%		37.6%	5.1%	26.6%	2.2%	9.5%	1.5%	7.7%	100.0%
	1000万以上3000万未満	度数	103		123	13	94	4	15	3	19	374
		資本区分の%	27.5%		32.9%	3.5%	25.1%	1.1%	4.0%	.8%	5.1%	100.0%
	3000万以上	度数	71	1	33	5	15	3	8	5	13	154
		資本区分の%	46.1%	.6%	21.4%	3.2%	9.7%	1.9%	5.2%	3.2%	8.4%	100.0%
合計		度数	201	1	259	32	182	13	49	12	53	802
		資本区分の%	25.1%	.1%	32.3%	4.0%	22.7%	1.6%	6.1%	1.5%	6.6%	100.0%

表7-2 開業年数別に見たメインバンク (問2×問53)

			メイン業態								合計
			都市銀行	信託・長信銀	地方銀行	第2地銀	信用金庫	信用組合	政府系金融機関	その他	メイン無し	
開業区分	開業3年未満	度数	41		59	8	39	2	8	3	13	173
		開業区分の%	23.7%		34.1%	4.6%	22.5%	1.2%	4.6%	1.7%	7.5%	100.0%
	開業3年以上6年未満	度数	105	1	145	15	112	9	26	8	31	452
		開業区分の%	23.2%	.2%	32.1%	3.3%	24.8%	2.0%	5.8%	1.8%	6.9%	100.0%
	開業6年以上	度数	61		64	10	37	4	18	1	15	210
		開業区分の%	29.0%		30.5%	4.8%	17.6%	1.9%	8.6%	.5%	7.1%	100.0%
合計		度数	207	1	268	33	188	15	52	12	59	835
		開業区分の%	24.8%	.1%	32.1%	4.0%	22.5%	1.8%	6.2%	1.4%	7.1%	100.0%

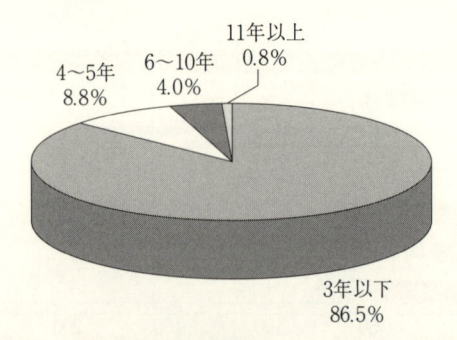

図7-2 開業から最初に取引金融機関をメインバンクと位置付けた年数 (問56, n=799)

- 3年以下 86.5%
- 4~5年 8.8%
- 6~10年 4.0%
- 11年以上 0.8%

るから貸し手にとって重要先と位置付けられているかどうかは不明であるものの，開業初期では金融機関が重要な役割を果たしていることを示唆するとともに，早期にメインバンクを形成したいという経営者の意向を示していると言えるかもしれない。

　この年数と開業時の自己資金規模に明確な関係は見られないが，わずかながらに規模が大きいほど年数が短期化するという傾向を確認できる。自己資金規模をリスク指標と位置付ければ金融機関とのリレーションシップの形成は自己資金の大きさと無関係ではないのである。

表7-3　開業時の自己資金規模とメインバンクの形成時期の関係（問43×問56）

			開業メイン			合計
			2年未満	2年以上 3年未満	3年以上	
開業資金	500万未満	度数 開業資金の%	73 50.3%	20 13.8%	52 35.9%	145 100.0%
	500万以上1000万未満	度数 開業資金の%	59 51.3%	30 26.1%	26 22.6%	115 100.0%
	1000万以上3000万未満	度数 開業資金の%	194 57.6%	47 13.9%	96 28.5%	337 100.0%
	3000万以上5000万未満	度数 開業資金の%	41 59.4%	9 13.0%	19 27.5%	69 100.0%
	5000万以上	度数 開業資金の%	70 61.9%	17 15.0%	26 23.0%	113 100.0%
合計		度数 開業資金の%	437 56.1%	123 15.8%	219 28.1%	779 100.0%

3.2．メインバンクの変更状況

　メインバンクを変更したとする企業はわずかに19.7%であり，変更した場合でも回数の平均は1.2回と特定の金融機関との取引関係を重視する傾向がわかる。変更した企業の変更前のメインバンクと変更後のメインバンクの業態変化を見ると，同業態への変更比率が高いものの，異業態のケースでは都市銀行から地方銀行や信用金庫への転換が多くなっている。

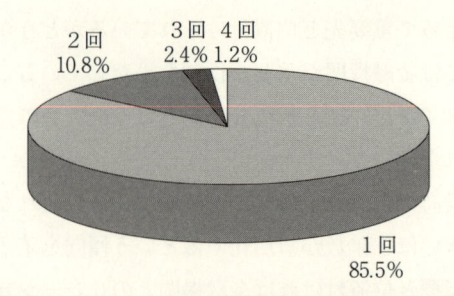

図7-3　メインバンクの変更回数（問54, n=166）

表7-4　変更前のメインバンク（縦）／現在のメインバンク（横）（問55×問53）

			メイン業態							合計
			都市銀行	信託・長信銀	地方銀行	第2地銀	信用金庫	信用組合	政府系金融機関	メインなし	
変更メイン	都市銀行	度数 変更メインの%	33 51.6%	1 1.6%	11 17.2%	2 3.1%	13 20.3%		2 3.1%	2 3.1%	64 100.0%
	信託・長信銀	度数 変更メインの%	1 50.0%						1 50.0%		2 100.0%
	地方銀行	度数 変更メインの%	8 18.2%		17 38.6%	3 6.8%	13 29.5%	1 2.3%	2 4.5%		44 100.0%
	第2地銀	度数 変更メインの%	2 14.3%		9 64.3%	1 7.1%	1 7.1%		1 7.1%		14 100.0%
	信用金庫	度数 変更メインの%	11 25.6%		14 32.6%		11 25.6%	2 4.7%	5 11.6%		43 100.0%
	信用組合	度数 変更メインの%			3 75.0%		1 25.0%				4 100.0%
	政府系金融機関	度数 変更メインの%							3 100.0%		3 100.0%
	その他	度数 変更メインの%	1 25.0%		2 50.0%					1 25.0%	4 100.0%
合計		度数 変更メインの%	56 31.5%	1 .6%	56 31.5%	6 3.4%	39 21.9%	3 1.7%	14 7.9%	3 1.7%	178 100.0%

4. リレーションシップ・レンディングに関する分析結果

4.1. 分析モデルと変数の選択

　ここでの回帰分析の目的はリレーションシップの金融取引に与える影響を分析することであり，先行研究で説明したように基本的な仮説は①取引年数が長い，②接触頻度が多い，③1行取引という要件を満たすほど金融取引のパフォーマンスは改善するという点にある。具体的には，金利軽減，担保率の緩和，借入額の拡大，当座貸越枠の拡大がもたらされることが期待される。

　分析の枠組みは Lehman and Neuberger（2000）に準拠するものの，アンケートの特性に対応して修正が加えられている。

　　金融取引パフォーマンス＝ f（企業特性，金融取引状況，リレーションシップ）

　分析のために用いた変数は表7-5に示したとおりであるが，被説明変数として，金利水準，担保率（カバー率），借入額，当座貸越枠を，説明変数として①企業特性，②金融取引状況，③リレーションシップの3グループを用いている。これ以外に，メインバンクの業態ダミー，メインバンクの合併有無ダミー，政府系金融機関からの借入の有無ダミー，業種ダミーをコントロール変数として追加してある。各変数に期待される効果については各項で説明している。

　使用した手法は金利決定要因分析では OLS（最小二乗法），担保決定要因分析では TOBIT（担保有無ダミーを被説明変数として PROBIT による追加分析も行っている），クレジットライン決定要因分析では PROBIT をそれぞれ用いている。いずれの分析結果も説明力が弱く，検定の結果，分散不均一が発生している可能性があるために頑健な推定法を使用している。

　分析データについては，他章では開業年度94～99年の企業を対象にしているが，本章では金融機関との取引年数が分析の主軸となるので利用可能なサンプルをすべて入れてある。

表7-5 回帰分析に使用した変数

項目		変数	内容
企業特性	企業規模	小規模ダミー	従業員20人未満かつ資本金5000万円未満
	開業年数	幼年企業ダミー	開業3年未満=1，その他=0
		青年企業ダミー	創業3年以上6年未満=1，その他=0
	収支状況	経営良好ダミー	良い+とても良いダミー=1，その他=0
		経営悪化ダミー	悪い+とても悪いダミー=1，その他=0
	売上高	売上高伸び率	前年度～前々年度の伸び率
金融取引状況借入額	借入額	借入額	総資産に占める借入額の比率（対数）
	借入期間	借入期間	直近借入の借入期間（対数）
	借入金利	金利水準	直近借入の金利（年率）（対数）
	担保率	カバー率	総借入額に対する担保のカバー率
		担保ダミー	COLLAT>0=1，その他=0
	預金比率	預金比率	借入総額に対する預金総額の比率（対数）
	当座貸越	当座貸越ダミー	当座貸越枠ありダミー=1，その他=0
リレーションシップ	取引年数	取引期間ダミー（2年未満）	メインバンクとの取引年数2年未満=1，その他=0
		取引期間ダミー（6年以上）	メインバンクとの取引年数6年以上ダミー=1，その他=0
	接触回数	渉外ダミー	メインバンクの渉外の月当たり訪問回数0=1，その他=0
	取引行数	1行取引ダミー	メインバンクとの取引のみ（1行取引）=1，その他=0
コントロール変数	メインバンクの業態	地域金融機関ダミー	地域金融機関（地銀，第2地銀，信金，信組）=1，その他=0
	合併の有無	合併ダミー	メインバンクの合併あり=1，その他=0
	公的借入	公的金融ダミー	政府系金融機関の借入あり=1，その他=0
	業種	………	業種ダミー（製造業，運輸・通信業，卸売業，小売業，食料・飲食店，サービス業）

(注) (1) 企業規模の区分はサンプルバランス，説明力の改善を重視しているために，経営ないし経済的な明確な基準があるわけではない。したがって，中小企業の定義区分に従った分析も行ったが説明力の低下がもたらされてしまった。
(2) 売上高については，3期伸び率，値近伸び率も分析対象としたが前年伸び率が最も説明力が高かった。
(3) 借入金利については借入年数に対応した国債金利とのスプレッドを採用するのが一般的であるが，金利差が1％未満のために原データのまま分析している。
(4) 業種ダミーは，アンケートの業種カテゴリーに従っている。

4.2. 取引年数で見たリレーションシップ・レンディングの有効性

　貸し手は企業（経営者）との付き合いが長いほど審査に必要な情報を豊富に蓄積できるから，取引ごとに費やさなければならないコストは取引年数に対応して軽減されるであろう。それが内部化されずに企業に対する付加価値として還元されるならば，取引年数が長いほど金利や担保率の低下あるいは資金調達のアベイラビリティの改善（例えば，クレジットラインの拡大）がもたらされるものと思われる。

　しかし，付属資料に示した回帰分析の結果（分析結果1～4）を見ると，取引年数は，いずれの被説明変数に対しても説明力が低いうえに符合はむしろ逆の結果を示している。期待された結果が検出されなかった要因は必ずしも明らかではないが，サンプルバイアスが影響している可能性は否めない。実際に，当アンケートのサンプルにおける開業年数の平均が6年，開業からメインバンクと位置付けた年数の平均が2年であるために，業態や企業規模を問わずメインバンクとの取引年数の平均が2年以上6年未満のレンジに集中しているのである[5]。また，メインバンクの業態あるいは企業規模（資本金ベース）別に取引年数を比較しても顕著な違いは見られない。

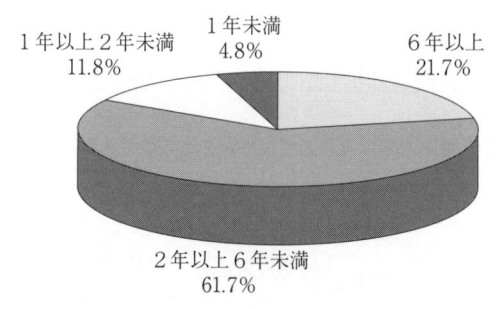

図7-4 メインバンクとの取引年数（問57，n=785）

- 1年未満　4.8%
- 1年以上2年未満　11.8%
- 2年以上6年未満　61.7%
- 6年以上　21.7%

　ただし，この結果は実態調査などで多くの金融機関が取引年数を金利等の決定において重視しないとしている点とは整合的である。（金利についてはサンプルの金利差が期間を問わず2％程度しかない点も有意でない要因の1つである。これは低金利という経済要因のみならず日本の金融機関がリスクに対応した金利設定を行っていないことを反映している）。

表7-6 業態別にみた取引年数（問52×問57）

			Q57 メインバンクとの取引年数				合計
			1年未満	1年以上 2年未満	2年以上 6年未満	6年以上	
メイン業態	都市銀行	度数	9	29	109	44	191
		メイン業態の%	4.7%	15.2%	57.1%	23.0%	100.0%
	信託・長信銀	度数			1		1
		メイン業態の%			100.0%		100.0%
	地方銀行	度数	16	29	156	57	258
		メイン業態の%	6.2%	11.2%	60.5%	22.1%	100.0%
	第2地銀	度数		4	24	5	33
		メイン業態の%		12.1%	72.7%	15.2%	100.0%
	信用金庫	度数	8	19	118	37	182
		メイン業態の%	4.4%	10.4%	64.8%	20.3%	100.0%
	信用組合	度数		3	8	4	15
		メイン業態の%		20.0%	53.3%	26.7%	100.0%
	政府系金融機関	度数		6	32	5	43
		メイン業態の%		14.0%	74.4%	11.6%	100.0%
	その他	度数			6	2	8
		メイン業態の%			75.0%	25.0%	100.0%
	メインなし	度数			3	3	6
		メイン業態の%			50.0%	50.0%	100.0%
合計		度数	33	90	457	157	737
		メイン業態の%	4.5%	12.2%	62.0%	21.3%	100.0%

表7-7 資本金別にみたメインバンクとの取引年数（問4×問57）

			Q57 メインバンクとの取引年数				合計
			1年未満	1年以上 2年未満	2年以上 6年未満	6年以上	
資本区分	資本金 1000万未満	度数	12	29	163	49	253
		資本区分の%	4.7%	11.5%	64.4%	19.4%	100.0%
	1000万以上 3000万未満	度数	17	36	221	81	355
		資本区分の%	4.8%	10.1%	62.3%	22.8%	100.0%
	3000万以上	度数	7	26	79	31	143
		資本区分の%	4.9%	18.2%	55.2%	21.7%	100.0%
合計		度数	36	91	463	161	751
		資本区分の%	4.8%	12.1%	61.7%	21.4%	100.0%

4.3. 渉外員との接触頻度の経済的意義

　企業（経営者）に関する定性的な情報生産は担当渉外員との関係で蓄積されるものである。したがって，取引年数が契約内容に対して有意でないとしても，渉外員との積極的な情報交換が契約内容のパフォーマンスを改善する可能性はある。それは実際には渉外員の能力や金融機関の融資方針に依存する属人的要素が強いことから情報交換の密度に関する代理変数は厳密に定義する必要がある。しかし，無作為アンケートの限界を考慮してここではあくまでも渉外員の月当たりの訪問回数をその代理変数としている。

　シンプルデータによって訪問回数の状況を把握して見ると，1～4回に半数以上が集中していることから，0回と1回以上は必ず訪問するケースとが分析上の比較の対象となる。

　業態別の比較では都市銀行ほど0回の比率が高く，地域密着型の金融機関ほど訪問回数は増える傾向にある。ただし，信用金庫などの協同組合組織はもともと定期積金を軸とした集金活動が中心業務として位置付けられていることを踏まえると，月当たりの訪問回数0回の比率が3割を超える点は留意しなければならないであろう。

　また，サンプル数が少ないために確定的なことは言えないが，メインなしとしている企業について9割以上が訪問回数0回というのは興味深い。当アンケートは企業向けであるために企業がメインバンクとして位置付けていたとしても，金融機関もメイン先として位置付けているという保証は何もないのである。そうだとすると，この結果は「訪問回数0回＝企業と金融機関の意識の乖離度」という関係を示唆するものかもしれない。

　資本金ベースで見た企業規模別の比較では規模が大きくなるほど，直近の

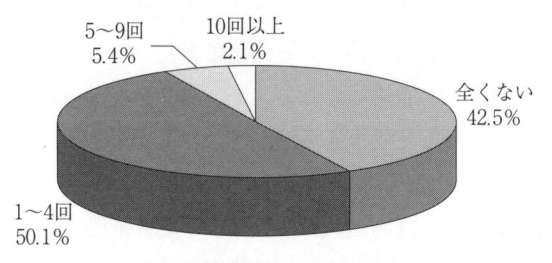

図7-5　メインバンクの渉外担当者の月当たり訪問回数（問62，n＝829）

表7-8 業態別に見た渉外員の訪問回数

			Q63 外担当者の月当たり訪問回数				合計
			0	1～4	5～9	10以上	
メイン業態	都市銀行	度数 メイン業態の%	95 47.5%	96 48.0%	8 4.0%	1 .5%	200 100.0%
	信託・長信銀	度数 メイン業態の%		1 100.0%			1 100.0%
	地方銀行	度数 メイン業態の%	98 37.8%	142 54.8%	12 4.6%	7 2.7%	259 100.0%
	第2地銀	度数 メイン業態の%	7 19.4%	26 72.2%	2 5.6%	1 2.8%	36 100.0%
	信用金庫	度数 メイン業態の%	62 33.7%	102 55.4%	15 8.2%	5 2.7%	184 100.0%
	信用組合	度数 メイン業態の%	4 26.7%	9 60.0%	2 13.3%		15 100.0%
	政府系金融機関	度数 メイン業態の%	35 72.9%	12 25.0%		1 2.1%	48 100.0%
	その他	度数 メイン業態の%	8 72.7%		1 9.1%	2 18.2%	11 100.0%
	メインなし	度数 メイン業態の%	10 90.9%	1 9.1%			11 100.0%
合計		度数 メイン業態の%	319 41.7%	389 50.8%	40 5.2%	17 2.2%	765 100.0%

収支状況と訪問回数の関係では収支の良い企業ほどそれぞれ訪問回数が増える傾向にある。規模の大きい企業ほど収支状況が良いという点を踏まえると，金融機関にとってメイン先と位置付けるポイントは収支の良し悪しであり，渉外員の訪問が企業の囲い込みの手段として利用されている可能性を示している。つまり，収支の悪化している企業に対するリスク管理手段（情報生産手段）として渉外活動が活用され，その結果として取引関係が維持されるという関係は見られない。企業にとってメインバンクとの強固な取引関係が経営の不安定期におけるセイフティネットとして機能するということは期待できないのである。

このことは取引年数と訪問回数の関係によっても確認できる。取引年数と回数には有意な関係はなく，企業の経営状況に対応して金融機関の人的コス

表7-9　資本金別に見た渉外員の訪問回数（問53×問63）

資本区分			Q63　渉外担当者の月当たり訪問回数				合計
			0	1～4	5～9	10以上	
資本区分	資本金1000万未満	度数 資本区分の%	128 47.9%	122 45.7%	14 5.2%	3 1.1%	267 100.0%
	1000万以上 3000万未満	度数 資本区分の%	158 41.7%	191 50.4%	22 5.8%	8 2.1%	379 100.0%
	3000万以上	度数 資本区分の%	44 29.9%	89 60.5%	8 5.4%	6 4.1%	147 100.0%
合計		度数 資本区分の%	330 41.6%	402 50.7%	44 5.5%	17 2.1%	793 100.0%

表7-10　企業の直近収支状況別に見た渉外員の訪問回数（問7×問63）

			Q63　渉外担当者の月当たり訪問回数				合計
			0	1～4	5～9	10以上	
Q7 直近年度の収支状況	とても悪い	度数 Q7　直近年度の収支状況の%	72 58.1%	46 37.1%	4 3.2%	2 1.6%	124 100.0%
	悪い	度数 Q7　直近年度の収支状況の%	55 45.1%	58 47.5%	5 4.1%	4 3.3%	122 100.0%
	良い	度数 Q7　直近年度の収支状況の%	140 42.3%	170 51.4%	14 4.2%	7 2.1%	331 100.0%
	どちらとも言えない	度数 Q7　直近年度の収支状況の%	67 32.7%	116 56.6%	19 9.3%	3 1.5%	205 100.0%
	とても良い	度数 Q7　直近年度の収支状況の%	17 39.5%	22 51.2%	3 7.0%	1 2.3%	43 100.0%
合計		度数 Q7　直近年度の収支状況の%	351 42.5%	412 49.9%	45 5.5%	17 2.1%	825 100.0%

トの配分を調整している可能性を示唆している。

　それでは，訪問回数を代理変数とするヒューマンリレーションは金融取引の契約条件に対してどのような効果を有しているであろうか。

　付属資料の回帰分析の結果は，前述したシンプルデータの結果と整合する

表7-11 取引年数別に見た渉外員の訪問回数（問57×問63）

			Q63 渉外担当者の月当たり訪問回数				合計
			0	1～4	5～9	10以上	
Q57 メインバンクとの取引年数	1年未満	度数	12	20	5		37
		Q57 メインバンクとの取引年数の%	32.4%	54.1%	13.5%		100.0%
	1年以上2年未満	度数	33	54	5		92
		Q57 メインバンクとの取引年数の%	35.9%	58.7%	5.4%		100.0%
	2年以上6年未満	度数	201	244	19	10	474
		Q57 メインバンクとの取引年数の%	42.4%	51.5%	4.0%	2.1%	100.0%
	6年以上	度数	56	89	13	5	163
		Q57 メインバンクとの取引年数の%	34.4%	54.6%	8.0%	3.1%	100.0%
合計		度数	302	407	42	15	766
		Q57 メインバンクとの取引年数の%	39.4%	53.1%	5.5%	2.0%	100.0%

ように訪問回数0の企業ほど金利が高く（有意ではない），クレジットラインが設定されていない比率が高い。一方，借入額の拡大，担保率の緩和（有意）についてはプラスの符号を示している。これは訪問回数0の企業ほど規模が小さく，収支が悪化していることから担保不足に陥っているためであろう。つまり，収支が悪化し，担保力のない企業への関与を軽減するということであり，取引年数と同様にヒューマンリレーションが取引条件を改善させるという有意な関係は見出せない。

4.4. 1行取引の有効性

1行取引か複数行取引かは企業にとって判断の困難な選択である。1行に取引関係を集中させた方が金融機関の情報生産機能が生かされることで金融取引の内容が改善するであろうと期待できる一方で，経営不安定期におけるリスク分散として複数取引の意義も無視できないからである。収支状況の良い企業であれば競争効果を生かすことでメインバンクからより良い取引条件を引き出せるかもしれない。

はじめにシンプルデータによって1行取引と複数取引の選択状況を確認し

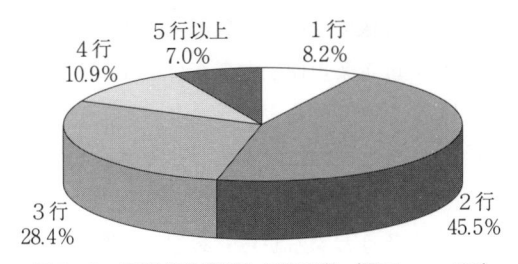

第7章 メインバンクの形成 171

図7-6 民間金融機関との取引数（問51, n=789）

- 1行 8.2%
- 2行 45.5%
- 3行 28.4%
- 4行 10.9%
- 5行以上 7.0%

表7-12 開業年数別に見た金融機関の取引行数（問2×問51）

			取引行数		合計
			1行取引	複数行取引	
開業区分	開業3年未満	度数	75	61	136
		開業区分の%	55.1%	44.9%	100.0%
	開業3年以上6年未満	度数	210	186	396
		開業区分の%	53.0%	47.0%	100.0%
	開業6年以上	度数	71	110	181
		開業区分の%	39.2%	60.8%	100.0%
合計		度数	356	357	713
		開業区分の%	49.9%	50.1%	100.0%

表7-13 資本金別に見た金融機関の取引行数（問4×問51）

			取引行数		合計
			1行取引	複数行取引	
資本区分	資本金1000万未満	度数	144	88	232
		資本区分の%	62.1%	37.9%	100.0%
	1000万以上3000万未満	度数	162	173	335
		資本区分の%	48.4%	51.6%	100.0%
	3000万以上	度数	40	90	130
		資本区分の%	30.8%	69.2%	100.0%
合計		度数	346	351	697
		資本区分の%	49.6%	50.4%	100.0%

ておくことにしよう。1行取引は8.2%のみで、9割以上が複数取引を選択している。ただし、複数取引の内訳は2〜3行が大部分であり多数分散型ではない。

開業年数別で見た取引行数では創業年数が多いほど，資本金ベースの企業規模別で見た取引行数では企業規模が大きくなるほどそれぞれ複数取引を選択する企業の比率が高くなっている。

これは訪問回数のケースと同様に収支状況と関連している可能性が高い。収支状況の良好な企業ほど金融機関への交渉力が増すために，複数取引によって競争効果を引き出そうとするからである。実際に，収支状況と取引行数の関係を見ると，収支状況が良くなるほど複数取引を選択する企業の比率が高くなっている。

表7-14 直近収支状況別に見た金融機関の取引行数（問7×問51）

				取引行数		合計
				1行取引	複数行取引	
Q7 直近年度の収支状況	とても悪い	度数		56	42	98
		Q7 直近年度の収支状況の%		57.1%	42.9%	100.0%
	悪い	度数		60	52	112
		Q7 直近年度の収支状況の%		53.6%	46.4%	100.0%
	どちらとも言えない	度数		136	156	292
		Q7 直近年度の収支状況の%		46.6%	53.4%	100.0%
	良い	度数		89	93	182
		Q7 直近年度の収支状況の%		48.9%	51.1%	100.0%
	とても良い	度数		16	20	36
		Q7 直近年度の収支状況の%		44.4%	55.6%	100.0%
合計		度数		357	363	720
		Q7 直近年度の収支状況の%		49.6%	50.4%	100.0%

こうした結果は，1行取引の効果分析によっても確認できる。付属資料で示した1行取引ダミーの金融取引パフォーマンスに対する有意な関係はいずれの分析においても見られない。符号の確認のみしておくと，金利マイナス，借入額マイナス，担保についてはTOBITではプラスであるものの，担保の有無を分析したPROBITではマイナス，当座貸越プラスの符合をそれぞれ示している。説明力はほとんどないのであくまでも仮説の域は超えないが，1行取引は金利軽減，当座貸越枠の拡大のみに寄与しているものと思われる。

5．メインバンクの合併効果

　メインバンクの合併は企業に深刻な影響を与えることが懸念されている。とりわけ地域密着型の金融機関の大型化はリレーションシップを希薄化させることで取引条件の悪化をもたらす可能性が指摘されている。合併・買収が中小企業金融に与える影響は合併なのか買収なのかで異なるだけではなく，金融機関の規模や市場特性あるいは他業態（ノンバンク）の参入状況などに依存して変化することから一意的な結論を出すことはできない[6]。

　しかし，リレーションシップ・レンディングの有効性が属人的な人間関係を通じたソフト情報に依存しているとするならば，Berger and Udell（2002）が指摘するように金融機関の大型化は意思決定の不効率を発生させることで負の効果（organizational diseconomies）をもたらすかもしれない。

　当アンケートにおいても28.1％（n＝284）の企業のメインバンクが取引期間中に合併を行っている。

　この仮説を検証するためには，業態，地域，企業特性などを詳細に区分しなければならないが，ここではサンプル不足のために参考指標として合併ダミーを入れた回帰分析のみを行っている。

　この結果，担保条件に対してのみ有意な効果を与えている。具体的には，メインバンクが合併した企業ほど担保比率が高くなるという関係を示している。しかし，担保比率の増大は必ずしも取引条件の悪化を意味しているわけではないので，収支状況の良好な企業が合併を契機として融資額を増額した結果として担保比率が増大している可能性を考慮しなければならないであろ

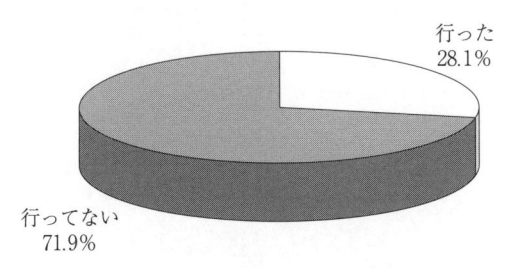

図7-7　メインバンクの合併の有無（問64, n＝834）

う。金利，クレジットラインではいずれも有意な結果は見出せないが，取引条件の改善を示す符号となっているのはその点と無関係ではないように思われる。

6．政府系金融機関との取引状況

当アンケート回答者の半数以上の企業が現時点において政府系金融機関と取引を行っている。政府系金融機関の役割を踏まえれば，その企業の属性は，若年企業，小規模，収支状況の良くない企業が中心であることが期待されるであろう。しかし，創業年数，企業規模別（資本金ベース），収支状況別で見た借入状況に顕著な特徴を見出すことはできない。

政府系金融機関との取引は民間金融機関にとってカウベル効果の役割を果たすことは多くの研究によって実証されている。近年，中小企業金融公庫や国民生活金融公庫の代理貸し比率は大きく低下しているものの，多くの民間金融機関は政府系金融機関との取引をリスク判断の重要な指標（リスク分散の手段）と位置付けている可能性がある。

この仮説が妥当するならば，政府系金融機関との取引関係は金利や担保に対して有意に負の係数を示すことが期待される。

回帰分析の結果，金利に対しては有意ではないが，担保に対しては有意に負の関係を示している。これは収支の良好な企業が政府系金融機関との取引を通じて担保が軽減されているというよりは，収支の悪い企業が政府系金融機関と補完的に取引することで担保力の弱さを補っているという側面が強いように思われる。

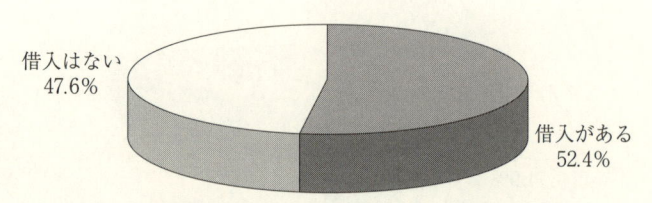

図7-8　政府系金融機関からの借入状況（問52，n=888）

第7章 メインバンクの形成

表7-15 開業年数別に見た政府系金融機関からの借入状況（問2×問52）

			公的借入		合計
			ある	ない	
開業区分	開業3年未満	度数	87	95	182
		開業区分の%	47.8%	52.2%	100.0%
	開業3年以上6年未満	度数	248	225	473
		開業区分の%	52.4%	47.6%	100.0%
	開業6年以上	度数	122	98	220
		開業区分の%	55.5%	44.5%	100.0%
合計		度数	457	418	875
		開業区分の%	52.2%	47.8%	100.0%

表7-16 資本金別に見た政府系金融機関からの借入状況（問4×問52）

			公的借入		合計
			ある	ない	
資本区分	資本金1000万未満	度数	161	125	286
		資本区分の%	56.3%	43.7%	100.0%
	1000万以上3000万未満	度数	212	187	399
		資本区分の%	53.1%	46.9%	100.0%
	3000万以上	度数	74	87	161
		資本区分の%	46.0%	54.0%	100.0%
合計		度数	447	399	846
		資本区分の%	52.8%	47.2%	100.0%

表7-17 企業の直近収支状況別に見た政府系金融機関からの借入状況（問7×問52）

			公的借入		合計
			ある	ない	
Q7 直近年度の収支状況	とても悪い	度数	63	72	135
		Q7 直近年度の収支状況の%	46.7%	53.3%	100.0%
	悪い	度数	70	61	131
		Q7 直近年度の収支状況の%	53.4%	46.6%	100.0%
	どちらとも言えない	度数	199	156	355
		Q7 直近年度の収支状況の%	56.1%	43.9%	100.0%
	良い	度数	115	101	216
		Q7 直近年度の収支状況の%	53.2%	46.8%	100.0%
	とても良い	度数	16	28	44
		Q7 直近年度の収支状況の%	36.4%	63.6%	100.0%
合計		度数	463	418	881
		Q7 直近年度の収支状況の%	52.6%	47.4%	100.0%

7. おわりに

　本章の分析から明らかなように開業間もない企業にとってもメインバンクという存在は無視できないものであり，特定の金融機関と長期的な関係を維持したいと考えている経営者は多い。また，規模の小さい企業ほど地方銀行や信用金庫に代表される地域金融機関を最も重要な借り手と位置付けている比率は高くなる傾向にある。それは開業初期の担保力の弱い中小零細企業にとって，定性情報を通じた成長性の評価が情報の非対称性を緩和するために不可欠であるという事実と無関係ではないであろう。このことは，リスクファイナンスに対する代替的な資金調達手段が不在だとすると，身近な金融機関との間に早期に信頼関係を築くことで付加価値を創出できなければステージアップが困難になる可能性を示唆している。

　実際に，欧米においても中小企業と金融機関とのリレーションシップの重要性について多くの研究によって指摘されている。具体的には，貸し手と借り手の関係において①取引年数が長い，②担当者と経営者の接触頻度が多い，③1行取引という用件を満たすほど金融取引のパフォーマンスは改善することが期待されるというものである。本章の分析のもう1つの目的がこうした関係の実証にある。とりわけ経営者がメインバンクと位置付けている金融機関との取引が2年以上6年未満というサンプルが中心なために，開業初期におけるリレーションシップ・レンディングの有効性に焦点が当てられている点に大きな特徴がある。

　しかし，担保率の緩和を除くと金利軽減，借入額の緩和，当座貸越枠の拡大という金融取引のパフォーマンス項目のいずれについても有意な結果は得られなかった。貸し手にとってのリスク指標は融資額・期間であり，リレーションシップを通じた定性的な評価が金融取引条件に影響を与える範囲は極めて限定的である。地方銀行や信用金庫のような地域金融機関は都市銀行に比較すればリレーションシップを重視しているものの，近年の厳しい経営環境のなかではそれは必ずしも取引条件の改善に反映されていない。この要因として景気悪化による需要の低迷とともに不良債権処理，検査マニュアルの

導入などの審査コストへの影響を別途検討しなければならない。その点を考慮したとしても，平均取引年数10年以上をサンプルとした『2002年版中小企業白書』ではリレーションシップ・レンディングの有効性が確認されていることを踏まえると，2年以上6年未満では貸し手がリレーションシップからレントを生み出すには短すぎると暫定的に結論付けても差し支えないように思われる。

仮にそうだとすると，開業初期の企業に対する資金調達コストの軽減措置の必要性を検討しなければならない。支援形態や支援額は他の資金調達手段の発達や金融イノベーションの進展に依存しているが，少なくともそれらの有効性が顕在化するまでは，公的金融の役割を無視することはできないであろう。ただし，アンケート結果を踏まえる限りは政府系金融機関の貸出行動が民間金融機関の補完機能を果たしているか否かは不明であり，現状維持が望ましいという結論が支持されるわけではない。

【注】
1) わが国におけるメインバンクの形成と意義については寺西（2003）を参照。
2) Stiglitz and Weiss (1981) を参照。
3) リレーションシップ・レンディングの包括的なレビューについては根本（2002）（2005），Ongena and Smith (2000a) を参照。
4) 複数取引の有効性に関する理論的研究については Von Thadden (1994) を参照。
5) 実際に，『2002年度版中小企業白書』において分析されているように，取引年数が金融取引のパフォーマンスに影響するのは10年以上である。
6) 合併・買収の中小企業金融に与える影響については，Keeton (1996), Peek and Rosengren (1998), Strahan and Weston (1998), Avery and Samolyk (2000) などを参照。

〔根本　忠宣〕

付属資料 I ：回帰分析の結果

＜分析結果 1：金利決定要因（OLS）＞

	被説明変数：金利水準					
分析手法：OLS（White Heteroskedasticity-Consistent Standard Errors & Covariance）						
説明変数	I N=386		II N=386		III N=382	
	係数	t値	係数	t値	係数	t値
定数項	0.71103	8.36830	0.65907	4.25811	0.68087	5.27268
小規模ダミー	0.01939	0.54273	0.01999	0.56460	0.01999	0.53211
若年企業ダミー	0.06251	1.18182	0.09394	1.64415	0.08028	1.40426
中年企業ダミー	0.00754	0.21552	0.03218	0.82933	0.02731	0.68159
経営良好ダミー	0.03014	0.88362	0.03017	0.87656	0.03981	1.13779
経営悪化ダミー	-0.02692	-0.61154	-0.02741	-0.61652	-0.02435	-0.54324
売上高伸び率	-0.00007	-0.27397	-0.00004	-0.14701	-0.00001	-0.02739
借入額	0.03722	2.09363**	0.03835	2.15954**	0.03645	2.00593**
借入期間	0.00184	1.03670	0.01690	0.93457	0.01589	0.86621
担保率	0.01178	0.35512	0.00875	0.26430	0.01447	0.41773
取引期間ダミー （2年未満）			0.02012	0.49895	0.02239	0.53826
取引期間ダミー （6年以上）			0.09000	1.63527	0.08929	1.61460
渉外ダミー （訪問なし）					0.04782	1.31173
1行取引ダミー					-0.01309	-0.37794
合併ダミー					-0.02869	-0.68539
公的金融ダミー					-0.00698	-0.21373
地域金融機関ダミー	0.12019	0.00014	0.00693	3.77759***	0.13748	3.60394***
製造業ダミー	-0.19281	0.00154	-0.19273	-3.19523***	-0.17173	-2.88980***
運輸・通信ダミー	-0.24194	0.00765	-0.23079	-2.54458**	-0.19927	-2.22680**
卸売ダミー	-0.12762	0.03299	-0.12466	-2.10511**	-0.10983	-1.88271*
小売ダミー	-0.10323	0.14378	-0.10179	-1.45159	-0.08978	-1.29754
食料品ダミー	-0.12420	0.27230	-0.11781	-0.96797	-0.10602	-0.87874
サービスダミー	-0.15132	0.00868	-0.14101	-2.46057**	-0.12987	-2.28141**
R-squared	0.7750		0.0849		0.0878	
Adjusted R-squared	0.0375		0.0400		0.0319	

（注）　*，**，***は，それぞれ10％，5％，1％水準において有意であることを示している。

第7章 メインバンクの形成

<分析結果2：担保決定要因>

	被説明変数：担保比率（カバー率）						担保ダミー	
	分析手法：Censored（0, ∞）Normal（TOBIT）（Quadratic hill climbing）						Binary Probit	
説明変数	I $N=350$		II $N=350$		III $N=345$		参考 $N=345$	
	係数	t値	係数	t値	係数	t値	係数	t値
定数項	−37.9938	−1.0541	−44.2221	−1.2199	−61.2393	−1.5261	−1.1664	−1.4876
小規模ダミー	−15.3628	−1.9563*	−15.1534	−1.9264*	−11.1726	−1.3997	−0.2147	−1.1670
幼年企業ダミー	0.2469	0.0217	3.1848	0.2635	3.9428	0.3218	−0.0891	−0.3620
青年企業ダミー	0.2451	0.0313	2.4312	0.2865	1.4980	0.1796	0.0156	0.0864
経営良好ダミー	1.1315	0.1359	1.3443	0.1609	0.3697	0.0445	−0.0226	−0.1263
経営悪化ダミー	3.9800	0.4814	4.2366	0.5055	3.2164	0.3790	0.0675	0.3650
売上高伸び率	−0.0458	−0.9257	−0.0443	−0.9027	−0.0473	−0.9798	−0.0007	−0.6531
借入額	8.6268	1.7648*	8.6653	1.7687*	10.5298	2.1344**	0.2073	1.9759**
借入期間	7.7711	1.8667*	7.5684	1.8257*	6.9044	1.6661*	0.1509	1.8209*
預金比率	0.5464	0.1698	0.4405	0.1362	0.4537	0.1368	−0.0187	−0.2782
取引期間ダミー（2年未満）			4.9400	0.5281	4.6260	0.4869	0.0763	0.3783
取引期間ダミー（6年以上）			9.9935	0.8412	9.4542	0.7842	0.2050	0.7914
渉外ダミー（訪問なし）					−18.3102	−2.3292**	−0.5021	−3.0718***
1行取引ダミー					0.9118	0.1163	−0.0418	−0.2592
合併ダミー					21.3099	2.3525**	0.4881	2.6481***
公的金融ダミー					−7.5797	−1.0440	−0.2961	−1.9548*
地域金融機関ダミー	−1.3398	−0.1702	−1.6900	−0.2140	−14.0644	−1.5931	−0.2158	−1.1452
製造業ダミー	53.3405	1.8379	52.8075	1.8342*	49.8342	1.7775*	1.0000	1.8597*
運輸・通信ダミー	12.2728	0.3211	13.5463	0.3615	9.6824	0.2559	0.5551	0.6639
卸売ダミー	38.6623	1.3207	38.3394	1.3228	36.3623	1.2921	0.7266	1.3839
小売ダミー	40.3331	1.3705	39.8555	1.3662	40.4524	1.4324	0.9598	1.7885*
食料品ダミー	62.3667	1.7227*	62.6674	1.7042*	62.4378	1.6781	0.8764	1.0441
サービスダミー	29.7963	1.0193	30.2781	1.0473	29.2677	1.0407	0.5245	1.0005
Adjusted R-squared	−1348.85		−1348.50		−1323.46		−200.87	
Log likelihood	0.0113		0.0057		0.0133		0.1038	

（注）*，**，***は、それぞれ10％，5％，1％水準において有意であることを示している。

<分析結果3：借入額決定要因>

説明変数	被説明変数：借入額					
	分析手法：OLS (White Heteroskedasticity-Consistent Standard Errors & Covariance)					
	I		II		III	
	N=396		N=396		N=391	
	係数	t値	係数	t値	係数	t値
定数項	3.2269	9.8931	3.1681	0.3393	3.5665	8.7616
小規模ダミー	0.5067	5.2425***	0.4912	0.0968	0.4930	4.8762***
若年企業ダミー	0.0258	0.1900	-0.0123	0.1445	-0.0082	-0.0553
中年企業ダミー	-0.0682	-0.6725	-0.1095	0.1089	-0.1018	-0.9222
経営良好ダミー	-0.2005	-1.9302*	-0.1921	0.1037	-0.1879	-1.7807
経営悪化ダミー	0.1379	1.2976	0.1582	0.1066	0.2022	1.8566
売上高伸び率	0.0004	0.6446	0.0003	0.0006	0.0004	0.6239
借入期間	0.1058	2.1712**	0.0982	0.0489	0.0975	1.9758**
担保ダミー	0.1494	1.6517*	0.1494	0.0904	0.1703	1.8248*
取引期間ダミー（2年未満）			0.1812	0.1149	0.1558	1.3275
取引期間ダミー（6年以上）			0.0104	0.1530	-0.0165	-0.1065
渉外ダミー（訪問なし）					0.0314	0.3185
1行取引ダミー					-0.0092	-0.0964
合併ダミー					-0.1768	-1.5795
公的金融ダミー					-0.1054	-1.1584
地域金融機関ダミー	0.0321	0.3433	0.0281	0.3004	0.0998	0.9104
製造業ダミー	-0.3992	-1.2642	-0.4039	-1.2820	-0.4123	-1.2924
運輸・通信ダミー	-0.2072	-0.4693	-0.1842	-0.4175	-0.1594	-0.3579
卸売ダミー	-0.5605	-1.7905*	-0.5783	-1.8506*	-0.5728	-1.8186*
小売ダミー	-0.4796	-1.4912	-0.4847	-1.5106	-0.5058	-1.5671
食料品ダミー	0.0668	0.1447	0.0488	0.1059	0.0550	0.1191
サービスダミー	-0.4438	-1.4243	-0.4607	-1.4805	-0.4681	-1.4955
R-squared	0.1353		0.1438		0.1558	
Adjusted R-squared	0.1012		0.1053		0.1077	

（注）＊，＊＊，＊＊＊は，それぞれ10％，5％，1％水準において有意であることを示している。

＜分析結果4：当座貸越枠決定要因＞

説明変数	被説明変数：当座貸越ダミー			
	分析手法：Binary Probit（Quadratic hill climbing）			
	Ⅰ N=414		Ⅱ N=410	
	係数	t値	係数	t値
定数項	1.4141	1.9988	1.1076	1.4071
小規模ダミー	0.2161	1.4536	0.2638	1.6891*
幼年企業ダミー	-0.1947	-0.8929	-0.2203	-0.9879
青年企業ダミー	-0.0639	-0.3886	-0.0474	-0.2856
経営良好ダミー	0.2092	1.3864	0.2043	1.3388
経営悪化ダミー	0.0476	0.2978	0.0731	0.4464
売上高伸び率	0.0007	0.7931	0.0008	0.8418
借入額	0.0000	-0.8902	-0.0514	-0.6291
預金比率	-0.0018	-0.0287	0.0037	0.0583
取引期間ダミー（2年未満）	-0.3910	-2.2600**	-0.3604	-2.0374**
取引期間ダミー（6年以上）	-0.0656	-0.2910	0.0038	0.0166
渉外ダミー（訪問なし）			-0.3364	-2.3197**
1行取引ダミー			0.0716	0.5112
合併ダミー			0.2018	1.2409
公的金融ダミー			0.0362	0.2727
地域金融機関ダミー	0.1695	1.2065	0.0299	0.1831
製造業ダミー	-1.1135	-1.9301*	-1.2661	-2.1327**
運輸・通信ダミー	-1.3052	-1.5956	-1.4214	-1.7299*
卸売ダミー	-1.2173	-2.1115**	-1.3147	-2.2277**
小売ダミー	-1.1669	-1.9849**	-1.2600	-2.0967**
食料品ダミー	-9.0270	-15.8684***	-9.0237	-14.5459***
サービスダミー	-1.2685	-2.1815**	-1.3517	-2.2743**
Mcfadden R-Squared	0.0511		0.0627	
Log likelihood	-274.86		-268.31	

（注）　*，**，***は，それぞれ10％，5％，1％水準において有意であることを示している。

付属資料Ⅱ：メインバンクに対する満足度

参考データとしてメインバンクに対する満足度という視点から，リレーションシップの重要性を評価して見ることにしよう。

シンプルデータの結果，「どちらとも言えない」が4割と半数近くを占めるものの，「満足」は「不満」を超える水準にある。現時点における金融情勢からすれば意外な結果のように思えるが，もともと経営状況の良い企業ほどアンケートの回答率が高いことを踏まえればプラス評価を拙速に下すことはできないであろう。これまでの結果は経営状況の良好なところには「より手厚く」，そうでないところには「ほどほど」ないし「厳しく」という傾向が強まる傾向にあることを示唆している。

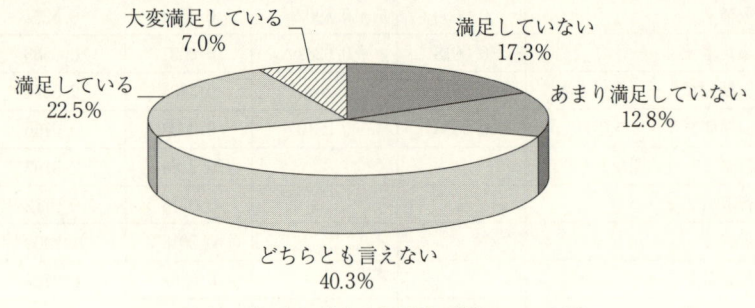

大変満足している 7.0%
満足していない 17.3%
満足している 22.5%
あまり満足していない 12.8%
どちらとも言えない 40.3%

メインバンクに対する満足度（問65, n＝843）

業態別では地域金融機関をメインバンクとする企業ほど，リレーションシップという点では渉外員の訪問回数の多い企業ほどそれぞれ満足度が高くなる傾向にある。取引年数の長期化が必ずしも取引条件を改善していないというこれまでの結果と整合するように，取引年数と満足度の間には特定の関係は見出せない。

業態別にみた取引状況に対する満足度（問53×問65）

			満足			合計
			不満	普通	満足	
メイン業態	都市銀行	度数	62	99	42	203
		メイン業態の%	30.5%	48.8%	20.7%	100.0%
	信託・長信銀	度数			1	1
		メイン業態の%			100.0%	100.0
	地方銀行	度数	77	95	94	266
		メイン業態の%	28.9%	35.7%	35.3%	100.0%
	第2地銀	度数	8	21	7	36
		メイン業態の%	22.2%	58.3%	19.4%	100.0%
	信用金庫	度数	55	68	65	188
		メイン業態の%	29.3%	36.2%	34.6%	100.0%
	信用組合	度数	4	5	5	14
		メイン業態の%	28.6%	35.7%	35.7%	100.0
	政府系金融機関	度数	14	18	17	49
		メイン業態の%	28.6%	36.7%	34.7%	100.0%
	その他	度数	1	5	5	11
		メイン業態の%	9.1%	45.5%	45.5%	100.0%
	メインなし	度数	7	4		11
		メイン業態の%	63.6%	36.4%		100.0%
合計		度数	228	315	236	779
		メイン業態の%	29.3%	40.4%	30.3%	100.0%

取引年数と取引状況に対する満足度（問57×問65）

			満足			合計
			不満	普通	満足	
Q57 メインバンクとの取引年数	1年未満	度数	8	17	13	38
		Q57 メインバンクとの取引年数の%	21.1%	44.7%	34.2%	100.0%
	1年以上2年未満	度数	20	38	35	93
		Q57 メインバンクとの取引年数の%	21.5%	40.9%	37.6%	100.0%
	2年以上6年未満	度数	143	193	143	479
		Q57 メインバンクとの取引年数の%	29.9%	40.3%	29.9%	100.0%
	6年以上	度数	54	60	51	165
		Q57 メインバンクとの取引年数の%	32.7%	36.4%	30.9%	100.0%
合計		度数	225	308	242	775
		Q57 メインバンクとの取引年数の%	29.0%	39.7%	31.2%	100.0%

渉外員の訪問回数と取引状況に対する満足度 (問57×問65)

			満足			合計
			不満	普通	満足	
Q63 渉外担当者の月当たり訪問回数	0	度数	145	140	62	347
		Q63 渉外担当者の月あたり訪問回数の%	41.8%	40.3%	17.9%	100.0%
	1〜4	度数	92	166	156	414
		Q63 渉外担当者の月あたり訪問回数の%	22.2%	40.1%	37.7%	100.0%
	5〜9	度数	9	17	19	45
		Q63 渉外担当者の月あたり訪問回数の%	20.0%	37.8%	42.2%	100.0%
	10以上	度数	4	5	8	17
		Q63 渉外担当者の月あたり訪問回数の%	23.5%	29.4%	47.1%	100.0%
合計		度数	250	328	245	823
		Q63 渉外担当者の月あたり訪問回数の%	30.4%	39.9%	29.8%	100.0%

第8章

研究開発—外部研究機関との連携と補助金の活用—*

1. はじめに

　新規開業企業が市場に参入した後に，生存し続け，更に成長するためには，他社に比して何らかの優位性を持つことが必要と考えられる。その優位性を導くものは，例えば，ビジネスチャンスの存在を敏感に感じ取りそれに機敏に働きかける能力であったり，あるビジネスの優位的特徴を他企業が模倣・追随するのに所定の時間と支出を要することであったり，あるいは必要な資金を必要なタイミングで調達できることであったりする。当然のことながら，製品・サービスに関わる技術的な優位性もまた重要な要素であり，技術的な優位性を得るためには，製品・サービスの提供に関わる知識・ノウハウの裏付けや研究・技術開発活動を行うことが不可欠である。しかし，研究開発を行うためにはコストがかかるし，それなりの人材も必要となる。特に資金制約が厳しい新規開業企業が，さまざまな面でコストがかかる研究開発活動を活発に行うには，克服すべき課題が多い。したがって，社会的に有用な研究成果の開発や実用化に取り組む新規開業企業の研究開発活動を促進するための資金面からの政策支援にも，合理的根拠が見出せる。研究開発活動を促進するための直接的な施策として，補助金・助成金の支出や税制上の優遇措置があげられる。また，新規開業企業が大学や国公立研究機関・試験研究場等からの技術指導や助言を受けることも有益であると考えられる。けれども，

大学や研究機関等の助言を受ける仕組みや手順等に関する十分な情報が得られないとか，大学や国立研究機関等は新規開業企業にとり「敷居が高い」といった理由でそれら大学や研究機関等からの技術指導等が受けられないこともあるだろう。このような場合には，行政等が近隣の大学や研究機関等の具体的情報を整理して提供し，少しでも大学・研究機関等への「敷居を低くする」という間接的な支援を行うことによって，新規開業企業の研究開発活動を促進することが可能になるかもしれない。

本章においては，新規開業企業が研究・技術開発活動においてどのような成果をあげているか，また研究・技術開発活動を促進するためには何が必要かということについて，個別企業に対する質問票調査を通じて得られたデータを用いて実証的な検討を行う。まず第2節では，新規開業企業の事業上の強み，技術的強み，研究・技術開発費，申請特許件数，新製品数，大学や国立研究機関・試験研究場（以下，「外部研究機関」という）からの技術指導，補助金の利用実態などの項目に関する集計結果を整理し，新規開業企業の研究・技術開発活動について概観する。続いて，第3節では研究開発活動やさまざまな企業特性が特許申請数等に対して与える影響について，第4節では開発活動の成果に対してプラスの影響を与えると思われる外部研究機関との連携の決定要因について，そして第5節では研究開発関連の補助金が研究開発活動を当初の目的どおり促進しているかどうかについて，実証分析を行う。最後に第6節では，本章の分析を踏まえて，政策的含意を中心に議論を締めくくる。

2．新規開業企業における研究・技術開発活動の現状

2．1．開業時の技術的優越性

新規開業企業にとって，他社に優越する技術的な要素（技術知識，アイデア，設備等）を持つことは，その後の事業成長に重要な影響を与えると考えられる。本調査においても，開業時点で保有していた要素のうち，その後の事業展開において「強み」を形成したのはどのような要素か，について尋ねた。その結果は，表8-1に整理されている。回答企業数が多かった3つの

表8-1 事業上の「強み」

	全産業	製造業	運輸業	通信業	卸売業	小売業	飲食店	サービス
属人的スキル	166 (19.7)	25 (14.6)	3 (16.7)	3 (33.3)	30 (13.9)	15 (11.5)	1 (9.1)	84 (33.2)
組織に固有のノウハウ	78 (9.3)	15 (8.8)	1 (5.6)	0 (0.0)	15 (6.9)	12 (9.2)	4 (36.4)	29 (11.5)
特許保有	36 (4.3)	21 (12.3)	0 (0.0)	1 (11.1)	8 (3.7)	1 (0.8)	0 (0.0)	4 (1.6)
ハイテクである	28 (3.3)	9 (5.3)	0 (0.0)	2 (22.2)	5 (2.3)	4 (3.1)	0 (0.0)	5 (2.0)
原材料確保	14 (1.7)	3 (1.7)	0 (0.0)	0 (0.0)	7 (3.2)	1 (0.8)	2 (18.2)	1 (0.4)
生産設備保有	17 (2.0)	14 (8.2)	0 (0.0)	0 (0.0)	1 (0.5)	1 (0.8)	0 (0.0)	1 (0.4)
特定市場に絞った	115 (13.7)	23 (13.5)	3 (16.7)	1 (11.1)	26 (12.0)	17 (13.1)	1 (9.1)	43 (17.0)
販路・流通チャネル	117 (13.9)	12 (7.0)	1 (5.6)	0 (0.0)	48 (22.2)	36 (27.7)	1 (9.1)	13 (5.1)
ブランド等	20 (2.4)	2 (1.2)	0 (0.0)	0 (0.0)	8 (3.7)	5 (3.9)	0 (0.0)	4 (1.6)
過去の事業との関連性がある	212 (25.2)	42 (24.6)	9 (50.0)	2 (22.2)	61 (28.2)	31 (23.9)	2 (18.2)	52 (20.6)
その他	39 (4.6)	5 (2.9)	1 (5.6)	0 (0.0)	7 (3.2)	7 (5.4)	0 (0.0)	17 (6.7)
計	842 (100)	171 (100)	18 (100)	9 (100)	216 (100)	130 (100)	11 (100)	253 (100)

(注) 各欄上段の数値は，回答企業数を，下段の数値は，その業種ごとの構成比（％）を示す。なお，対象企業の中には，産業分類の不明な企業が含まれるため，全産業の回答企業数と，上記7産業における回答企業数の総和とは一致しない。以下の表についても同様。

産業について見ると，製造業の場合，過去の事業との関連性24.6％，属人的スキル14.6％など，サービス業の場合，属人的スキル33.2％，過去の事業との関連性20.6％など，卸売業の場合，過去の事業との関連性28.2％，販売・流通チャネル22.2％などであった。

過去の事業との関連性が大きな割合を占めたことは，新規開業企業にとっ

ては，過去の実務経験や過去に蓄積した技術知識，すなわち，過去の事業経験とともに，経営者自身に蓄積された属人的な経営資源を有効利用することが，事業上の「強み」を形成すると言える。同時に，特定市場にターゲットを絞ること，販路を確保することなど需要サイドにおける要因も重要であることがわかる。また，生産設備の存在がそれほど重要な要因とはならないことは，一般に，新規開業企業が，小さな規模からスタートすることとも整合的である。ただし，技術関連要因を産業別に見ると，製造業においては，特許保有，生産設備保有などは，他の産業に比べると相対的に重要となっている[1]。

2.2. 研究・技術開発の状況

企業の事業上の強みや競争力は開業当初から備わっている場合もありえるが，開業後の研究・技術開発活動を通じて形成されていくものもあるだろう。表8-2は，回答企業の開業時から現在にいたるまでの研究・技術開発活動の実施状況をまとめたものである。これを見ると，全産業平均では約70%が継続的あるいは少なくても必要に応じて研究開発を行ってきたと回答している。予想どおり，製造業は行っていると回答した企業は80%以上に達している一方，小売・卸売業等では比率が低い。

表8-2 研究・技術開発活動への取組みの程度

	全産業	製造業	運輸業	通信業	卸売業	小売業	飲食店	サービス
継続的	283 (28.5)	96 (48.2)	2 (11.1)	4 (26.7)	59 (22.9)	18 (13.0)	6 (46.2)	88 (28.3)
不定期	311 (31.3)	72 (36.2)	6 (33.2)	7 (46.7)	76 (29.5)	37 (26.6)	3 (23.0)	98 (31.5)
全く行わず	400 (40.2)	31 (15.6)	10 (55.6)	4 (26.6)	123 (47.7)	84 (60.4)	4 (30.8)	125 (40.2)
計	994 (100.0)	199 (100.0)	18 (100.0)	15 (100.0)	258 (100.0)	139 (100.0)	13 (100.0)	311 (100.0)

次に，表8-3は研究・技術開発活動を継続的もしくは必要に応じて行っていると回答した企業の2001年度における研究開発のための支出額をまとめ

たものである。全産業では3割弱の企業が会計上で見た直接的な研究開発支出を行っていない。この中には研究開発活動を継続的に行っていると回答した企業も含まれており，新規開業企業の中には，商品の開発や製造における日常的改良費用と研究開発費を区別して把握していない企業がある，あるいは開業者や開発担当者が正規の労働時間外に研究開発活動を行っている場合もあることを示していると言えよう。この点は，後の表8－9の集計作業過程で明らかになったが，約3割の企業が研究者・技術者数がゼロと回答していることからもうかがわれる。

表8－3 研究・技術開発費（2001年度）

	全産業	製造業	運輸業	通信業	卸売業	小売業	飲食店	サービス
0	143 (28.5)	19 (13.6)	4 (66.7)	3 (37.5)	35 (30.4)	24 (52.2)	0 (0.0)	51 (31.3)
1～1000万円	296 (59.0)	92 (65.7)	2 (33.3)	1 (12.5)	72 (62.6)	21 (45.7)	6 (100)	94 (57.7)
1001～2000万円	27 (5.4)	12 (8.6)	0 (0.0)	2 (25.0)	4 (3.5)	0 (0.0)	0 (0.0)	8 (4.9)
2001～3000万円	16 (3.2)	6 (4.3)	0 (0.0)	1 (12.5)	2 (1.7)	1 (2.2)	0 (0.0)	5 (3.1)
3001～4000万円	3 (0.6)	2 (1.4)	0 (0.0)	0 (0.0)	0 (0.0)	0 (0.0)	0 (0.0)	1 (0.6)
4001～5000万円	6 (1.2)	2 (1.4)	0 (0.0)	0 (0.0)	0 (0.0)	0 (0.0)	0 (0.0)	4 (2.5)
それ以上	11 (2.2)	7 (5.0)	0 (0.0)	1 (12.5)	2 (1.7)	0 (0.0)	0 (0.0)	0 (0.0)
計	502 (100)	140 (100)	6 (100)	8 (100)	115 (100)	46 (100)	6 (100)	163 (100)
平均値（万円）	688.6	1177.7	58.3	2187.5	567.7	154.8	176.6	471.5
最小値（万円）	0	0	0	0	0	0	10	0
最大値（万円）	32061	32061	300	10000	30000	3000	600	5000

売上高に占める研究開発費の比率を示した表8－4によると，研究開発集約度（研究開発費／売上高比率）の平均値は，2001年度について全産業では6.9％，製造業11％，通信業8.9％，サービス業7.3％などであった。

表 8-4 研究開発集約度 (%)

年度	全産業	製造業	運輸業	通信業	卸売業	小売業	飲食店	サービス
2001年度	6.9	11.0	0.13	8.9	3.0	1.6	1.0	7.3
2000年度	5.6	5.4	0.01	8.9	2.2	0.7	0.8	5.9
1999年度	9.8	12.0	0.29	3.5	3.2	0.9	0.6	10.0

2.3. 研究・技術開発の成果

それでは、上記のような研究・技術開発活動の成果は、どの程度得られているのであろうか。まず、表8-5、表8-7は2001年度の特許申請数および市場に出された新商品の数をまとめたものである。また、表8-6は、申請特許件数の1999-2001年における平均値を産業別に整理したものである。予想されたことではあるが、特に特許については、ほとんどの企業の申請数がゼロであり、あったとしても数件程度にとどまっている。

表 8-5 申請特許件数 (2001年度)

	全産業	製造業	運輸業	通信業	卸売業	小売業	飲食店	サービス
0	490 (82.1)	100 (64.1)	11 (100)	9 (90.0)	116 (84.7)	53 (94.6)	6 (85.7)	172 (87.8)
1～10件	104 (17.4)	55 (35.3)	0 (0.0)	0 (0.0)	21 (15.3)	3 (5.4)	1 (14.3)	24 (12.2)
11～50件	3 (0.5)	1 (0.6)	0 (0.0)	1 (10.0)	0 (0.0)	0 (0.0)	0 (0.0)	0 (0.0)
計	597 (100)	156 (100)	11 (100)	10 (100)	137 (100)	56 (100)	7 (100)	196 (100)
平均値(件)	0.4	0.9	0	1.5	0.2	0.1	0.3	0.2
最小値(件)	0	0	0	0	0	0	0	0
最大値(件)	20	15	0	15	3	1	2	5

表 8-6 平均申請特許件数 (1999-2001年) および特許保有件数 (件)

	全産業	製造業	運輸業	通信業	卸売業	小売業	飲食店	サービス
申請特許数	1.26	2.51	0.00	3.10	0.89	0.25	0.85	0.59
特許保有件数	0.84	1.78	0.00	3.36	0.71	0.08	0.50	0.29

次に表8-8では，研究開発活動が事業収益に結び付いたかどうかという設問に対する開業者の主観的な評価をまとめた。全体の74%が「事業収益の拡大に大いに貢献した」，または「まずまず貢献した」と回答している。特に製造業では，「大いに貢献した」という比率が25%以上を占めている。

表8-7 新製品数（2001年度）

	全産業	製造業	運輸業	通信業	卸売業	小売業	飲食店	サービス
0	349 (59.5)	61 (38.6)	8 (80.0)	6 (60.0)	80 (56.7)	43 (82.7)	3 (42.9)	132 (70.2)
1～10件	222 (37.8)	91 (57.6)	2 (20.0)	3 (30.0)	54 (38.3)	7 (13.5)	4 (57.1)	56 (29.8)
11～50件	12 (2.0)	5 (3.2)	0 (0.0)	1 (10.0)	5 (3.6)	1 (1.9)	0 (0.0)	0 (0.0)
51～100件	2 (0.2)	0 (0.0)	0 (0.0)	0 (0.0)	1 (0.7)	1 (1.9)	0 (0.0)	0 (0.0)
101～200	1 (0.2)	1 (0.6)	0 (0.0)	0 (0.0)	0 (0.0)	0 (0.0)	0 (0.0)	0 (0.0)
それ以上	1 (0.1)	0 (0.0)	0 (0.0)	0 (0.0)	1 (0.71)	0 (0.0)	0 (0.0)	0 (0.0)
計	587 (100)	158 (100)	10 (100)	10 (100)	141 (100)	52 (100)	7 (100)	188 (100)
平均値(件)	3.4	3.2	0.2	2.7	8.4	1.6	5.0	0.7
最小値(件)	0	0	0	0	0	0	0	0
最大値(件)	800	150	1	20	800	60	10	10

表8-8 研究開発活動の事業収益の拡大への寄与

	全産業	製造業	運輸業	通信業	卸売業	小売業	飲食店	サービス
大いに貢献した	92 (17.0)	41 (24.7)	0 (0.0)	0 (0.0)	18 (14.2)	5 (10.6)	0 (0.0)	23 (14.1)
まずまず貢献した	308 (56.9)	95 (57.2)	4 (66.7)	7 (77.8)	72 (56.7)	20 (42.6)	6 (85.7)	97 (59.5)
全く貢献しなかった	141 (26.1)	30 (18.1)	2 (33.3)	2 (22.2)	37 (29.1)	22 (46.8)	1 (14.3)	43 (26.4)
計	541 (100)	166 (100)	6 (100)	9 (100)	127 (100)	47 (100)	7 (100)	163 (100)

さらに表8-9から，雇用増加率は，全産業では4.8%，製造業で3.9%だが，サービス業では8%と高かった。

表8-9 研究者の割合，雇用成長率

	全産業	製造業	運輸業	通信業	卸売業	小売業	飲食店	サービス
研究人員／従業員数	0.51	0.17	1.8	0.23	0.96	0.44	0.006	0.31
雇用増加率	4.75	3.86	5.02	4.91	2.47	3.44	5.45	8.0

(注) 雇用増加率は，現在従業員数／開業時従業員数の比率で定義される。

以上で見た研究開発活動とその成果に関する相関分析において，統計的に有意な関係だけを要約してみると，研究開発活動を継続している企業は，収益性も良好であり，研究員1人当たりの研究費も多く，研究費／売上高比率が高く，特許の出願件数，保有件数が多い傾向にあった。

他方，雇用増加率（現在従業員数／開業時従業員数の比率）に関わる相関分析の結果を見ると，全サンプルの場合，利益が上がっている企業ほど雇用増加率は大きいということが確認されただけであった。考察対象を製造業企業に限定した場合，雇用増加率は収益性とともに研究員1人当たりの研究費とも正の相関関係にあったが，収益性は雇用増加率としか正の相関関係になく，これらの関係はなお明瞭とは言えない。

なお，雇用増加率と研究員1人当たりの研究費との間の単純回帰分析の結果は，製造業企業について，

(8-1) 雇用増加率$=0.0015$ 研究開発費／研究員数$+4.030$　$R^2=0.129$
　　　　　　　　(2.796)　　　　　　　　　　　(4.550)

であった（括弧内はt値）。

2.4. 外部研究機関の影響

技術知識は，自らの研究開発活動だけではなく，外部機関との情報交換を通じても得ることはできる。特に，研究開発資源の制約に直面すると考えられる新規開業企業にとっては，大学や研究機関，公設試験場あるいは取引先企業から技術的に有益な情報を得ることもあるだろう。表8-10および図8-1は，回答企業が開業から現在に至るまでに，わが国大学やその他の研究開

発機関から技術指導や助言を受けたかどうかについて整理したものである。集計結果を見ると，大学から技術指導・助言を受けた企業は14％，国立研究機関からは8％と非常に少ないが，研究・試験機関の中では，公設試験場との関係が18％と相対的に強いという結果が得られている。大学・研究機関からの技術指導・助言を受けた企業の多くは，それが有益であったと回答している。これに対して，41％の企業が取引先企業からの技術指導・助言を受けたと回答しており，新規開業企業にとっては，大学や公的研究機関よりも，取引先企業等の方が身近な，または具体的な相談相手となっていることがうかがえる。

表8-10 大学からの技術指導・助言利用の状況

	全産業	製造業	運輸業	通信業	卸売業	小売業	飲食店	サービス
利用しなかった	518 (86.5)	105 (71.9)	9 (100)	9 (81.8)	128 (90.8)	51 (91.1)	9 (100)	188 (92.6)
利用し有益だった	61 (10.2)	34 (23.3)	0 (0.0)	2 (18.2)	9 (6.4)	2 (3.6)	0 (0.0)	10 (4.9)
利用したが役に立たなかった	20 (3.3)	7 (4.8)	0 (0.0)	0 (0.0)	4 (2.8)	3 (5.4)	0 (0.0)	5 (2.5)
計	599 (100)	146 (100)	9 (100)	11 (100)	141 (100)	56 (100)	9 (100)	203 (100)

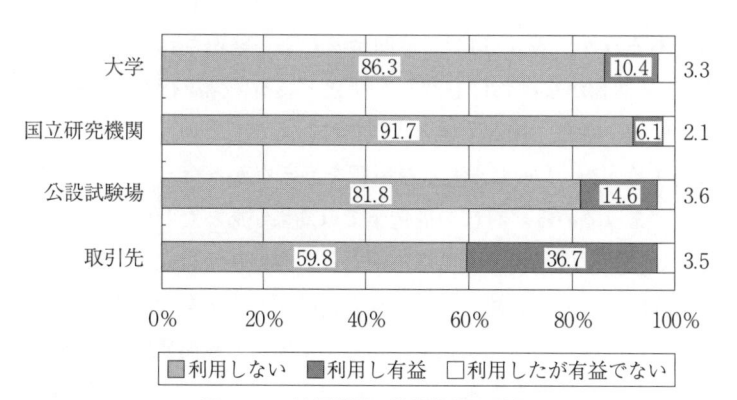

	利用しない	利用し有益	利用したが有益でない
大学	86.3	10.4	3.3
国立研究機関	91.7	6.1	2.1
公設試験場	81.8	14.6	3.6
取引先	59.8	36.7	3.5

図8-1 外部機関の技術指導の影響

2.5. 補助金・助成金の影響

新規開業企業の研究・技術開発活動に対しては，国や地方自治体によるさまざまな支援措置が講じられている。その代表的なものとして，直接的な研究開発補助金がある。表8-12は，開業時から今日に至るまでに国や地方自治体が提供する研究開発関連補助金の利用の有無をまとめたものであるが，これを見ると，製造業で利用したのは23％程度，一方申請したにもかかわらず採用されなかったのが12％程度となっている。2000年度の補助金・助成金の受給額は表8-13のとおりであり，製造業では1件当たり660万円程度である。

表8-12 補助金の利用実態

	全産業	製造業	運輸業	通信業	卸売業	小売業	飲食店	サービス
利用した	110 (16.1)	42 (23.3)	3 (25.0)	2 (18.2)	14 (8.5)	6 (9.0)	2 (22.2)	35 (16.3)
申請したが採されなかった	59 (8.6)	22 (12.2)	0 (0.0)	3 (27.3)	8 (4.9)	1 (1.5)	0 (0.0)	23 (10.7)
申請を行なったことはない	514 (75.3)	116 (64.4)	9 (75.0)	6 (54.5)	142 (86.6)	60 (89.6)	7 (77.8)	157 (73.0)
計	683 (100)	180 (100)	12 (100)	11 (100)	164 (100)	67 (100)	9 (100)	215 (100)

それでは，補助金は，期待どおりに企業の研究・技術開発活動を促進しているのであろうか。表8-14で，補助金の効果が整理されている。全産業で見ると，「補助金がなければ意図した研究・技術開発を行わなかった」，「補助金制度により研究・技術開発を大規模に行えた」という回答が全体の半数近くに達する一方，「あまり大きな影響を与えなかった」という回答は20％程度にとどまっている。特に，製造業では効果があったという回答が多い一方，サービス業では「現段階では不明」という回答が目立つ。後で詳細に分析するように，研究開発補助金・助成金は必ずしも企業の研究開発活動を促進しているとは限らず，単に企業が自ら支出する研究開発費が補助金に置き換わるだけという見解もある。しかし，少なくても本調査における直接的な質問への回答からは，研究開発補助金は企業の研究・技術開発活動を促進していると言って差し支えないだろう。

表8-13 補助金受給額（2000年度）

	全産業	製造業	運輸業	通信業	卸売業	小売業	飲食店	サービス
0	191 (76.1)	40 (66.7)	5 (71.4)	4 (100)	55 (90.2)	25 (83.3)	1 (50.0)	55 (71.4)
1～1000万円	50 (19.9)	15 (25.0)	2 (28.6)	0 (0.0)	6 (9.8)	4 (13.3)	1 (50.0)	18 (23.4)
1001～2000万円	7 (2.8)	2 (3.3)	0 (0.0)	0 (0.0)	0 (0.0)	1 (3.3)	0 (0.0)	4 (5.2)
2001～3000万円	1 (0.4)	1 (1.7)	0 (0.0)	0 (0.0)	0 (0.0)	0 (0.0)	0 (0.0)	0 (0.0)
それ以上	2 (0.8)	2 (3.3)	0 (0.0)	0 (0.0)	0 (0.0)	0 (0.0)	0 (0.0)	0 (0.0)
計	251 (100)	60 (100)	7 (100)	4 (100)	61 (100)	30 (100)	2 (100)	77 (100)
平均値	231.9	663.7	72.8	0	6.72	111.6	50	162.1
最小値	0	0	0	0	0	0	0	0
最大値	20000	20000	500	0	150	2000	100	2000

表8-14 補助金の効果

	全産業	製造業	運輸業	通信業	卸売業	小売業	飲食店	サービス
制度がなければ研究を行なわなかった	32 (27.4)	13 (31.0)	0 (0.0)	0 (0.0)	2 (11.8)	2 (18.2)	0 (0.0)	11 (31.4)
制度により研究を大規模に行なうことができた	22 (18.8)	12 (28.6)	0 (0.0)	0 (0.0)	4 (23.5)	1 (9.1)	1 (50.0)	4 (11.4)
あまり大きな影響を与えなかった	22 (18.8)	9 (21.4)	1 (50.0)	0 (0.0)	3 (17.7)	1 (9.1)	1 (50.0)	6 (17.1)
現段階では不明	41 (36.0)	8 (19.1)	1 (50.0)	2 (100)	8 (47.1)	7 (63.6)	0 (0.0)	14 (40.0)
計	117 (100)	42 (100)	2 (100)	2 (100)	17 (100)	11 (100)	2 (100)	35 (100)

ただし，自由記述欄には，補助金・助成金申請の煩雑さを訴えるものがいくつか見られたことには留意すべきであろう。

3. 研究開発活動の成果に関する実証分析

3.1. モデルと変数

アンケート調査の集計結果から,例えば研究・技術開発を継続的あるいは不定期ではあるが必要に応じて行っている企業の8割以上が,研究・技術開発活動は事業収益の拡大に貢献したという回答を得た。成果に対して影響を与える要因としては,研究・技術開発活動だけではなくさまざまなものが考えられるが,これらの集計表からだけでは,その他の要因が何らかの有意な影響を及ぼしているか否かを明らかにすることはできない。本節においては,単純なモデルを用いて,研究・技術開発活動やその他の要因が成果に対して与える影響について定量的な分析を行う。ここで分析の対象となるのは,開業から現在までに研究・技術開発活動を「継続的に行ってきた」あるいは「不定期ではあるが行ってきた」と回答した企業である。

研究・技術開発活動の成果に対して影響を与える要因としては,研究開発費の支出といった研究開発活動の程度を表す指標だけでなく,さまざまな企業特性,開業者特性等が考えられる。ここでは,研究開発活動の成果は,研究開発活動の程度を表す指標,企業特性,開業者特性,産業特性によって決定される以下のような関数で表されると仮定し,その影響を回帰分析によって推定する。

(8-2) 　成果＝f(研究開発活動の程度,企業特性,開業者特性,産業特性)

本調査においては,直接的な研究・技術開発活動の成果を表す指標としては,過去3年間の申請特許数および市場に出した新商品数を尋ねており,これらの変数が成果を表す指標として利用可能である[2]。ところで,申請特許数および市場に出した新商品数ともゼロ値をとることが多く,特に申請特許数はたとえゼロでない場合でも,ほとんどの値が一桁にとどまっている。この場合,特許申請数そのものではなく,むしろ特許の申請を行ったか否かという情報の方が重要であるかもしれない。そこで,得られた数値をそのまま

被説明変数として用いるだけでなく,「特許申請を行う＝1, 行わない＝0」とするダミー変数, あるいは「新商品を市場に出す＝1, 出さない＝0」とするダミー変数を被説明変数とした推定も行うこととした。申請特許数および新商品数をそのまま被説明変数として用いた場合にはトービットモデル, ダミー変数とした場合にはプロビットモデルによって推定を行った。

説明変数で企業の研究開発活動を示す指標としては, 2000年度および1999年度の研究・技術開発費の平均や2000年度の研究者数, 大学等の外部研究機関からの技術指導や助言の有無を表すダミー変数, 取引先からの技術指導・助言の有無を表すダミー変数を, 企業特性としては企業年齢, 2001年度の売上高, 開業時の特許保有数を, そして開業者特性として開業者の年齢および

表8-15　変数の定義

変数	定義
（被説明変数）	
特許申請数	2001年度の申請特許数
特許有無	2001年度に特許申請を行っている場合を1, それ以外を0とするダミー変数
新商品数	2001年度に市場に出した新商品の数
新商品有無	2001年度に新商品を市場に出した場合を1, それ以外を0とするダミー変数
（説明変数）	
企業年齢	開業からの年数
売上高2000	2000年度の売上高
研究開発支出額9900	2000年度と1999年度の研究開発支出額の平均
研究者数2000	2000年度の研究者数
開業時特許数	開業時の特許保有数
ハイテクダミー	事業上の強みとして「ハイテクである」をあげた場合を1, それ以外を0とするダミー変数
外部研究機関技術指導有無	外部研究機関からの技術指導・助言を利用した場合を1, それ以外を0とするダミー変数
取引先技術指導有無	取引先からの技術指導・助言を利用した場合を1, それ以外を0とするダミー変数
年齢	開業者の年齢
学歴ダミー	開業者の最終学歴が大学以上の場合を1, それ以外を0とするダミー変数
産業ダミー	各業種毎の産業ダミー

表8-16 変数の基本統計量

変数	平均値	中央値	最大値	最小値	標準偏差
特許申請数	0.556575	0	20	0	1.854114
特許有無	0.299694	0	1	0	0.458826
新商品数	5.036697	0	800	0	45.16926
新商品有無	0.519878	1	1	0	0.50037
企業年齢	5.042813	5	8	2	1.470988
売上高2000	35886.55	12430	1200000	0	90119.24
研究開発支出額9900	634.5199	100	25000	0	1886.312
研究者数2000	1.979205	1	51	0	4.041236
開業時特許保有数	0.480122	0	30	0	2.563082
ハイテク	0.036697	0	1	0	0.188306
外部技術指導有無	0.302752	0	1	0	0.460153
取引先指導有無	0.415902	0	1	0	0.493632
開業者年齢	51.03976	53	78	27	9.227606
学歴	0.617737	1	1	0	0.486685

学歴を用いた。さらに業種の相違をコントロールするために，業種ダミーを加えた。

推定に用いた各変数の定義および基本統計量の詳細は，表8-15，表8-16のとおりである。

3.2. 推定結果

上記モデルの推定結果は，表8-17にまとめられている。

まず特許に対する影響について見てみよう。特許申請数については，1999-2000年度の研究開発支出額は，プラスに有意な影響を与えている。これは，研究開発支出額が多い企業ほど特許申請数が多くなるという予想どおりの結果を示していると言える。また，開業時の特許保有数，大学等の外部研究機関からの技術指導・助言利用の有無ダミーの係数もプラスで有意となっている。研究開発を積極的に行うという企業特性があれば，当然特許申請数も増加するだろう。開業時に特許を保有しているということは，研究開発型の企業であるという特性を示していると考えられるので，この係数がプラスで有意となったことも予想どおりと言える。また，外部研究機関からの技術指導・助言利用の有無ダミーがプラスで有意になったのは，外部研究機関から

第 8 章 研究開発

表 8-17 成果への影響

被説明変数	特許有無	特許申請数	新商品有無	新商品数
定数項	−0.959511*	−5.663681**	0.057806	28.08592***
	0.527124	2.266038	0.500802	25.48563
企業年齢	−0.016589	−0.20375	−0.000501	−0.23798
	0.054347	0.222917	0.05041	2.505783
売上高2000	4.76E−07	2.60E−06	1.62E−06	3.64E−05
	8.57E−07	3.57E−06	1.21E−06	4.01E−05
研究開発支出額9900	0.000338***	0.000385**	0.00033***	0.000311
	8.47E−05	0.000157	9.51E−05	0.001904
研究者数2000	−0.002535	−0.079436	−0.002249	−0.094707
	0.024166	0.104735	0.02092	1.031463
創業時の特許保有数	0.1003***	0.330013***	0.044601	−0.127254
	0.03739	0.108868	0.033391	1.468773
ハイテク	−0.064461	2.304784	0.136176	−2.092173
	0.408553	1.500456	0.400001	18.76017
外部研究機関技術指導有無	0.322551*	1.809032**	0.53081***	10.72902
	0.178444	0.733865	0.177746	8.671521
取引先技術指導有無	0.020628	−0.322263	0.241826	−4.168302
	0.163817	0.678428	0.154117	7.635476
創業者年齢	9.25E−05	0.043725	−0.012874	−0.629348
	0.008831	0.036331	0.008418	0.426214
学歴	−0.064378	−0.342452	0.086927	5.930747
	0.163487	0.685402	0.153998	7.781108
McFadden R^2	0.18776		0.151821	
Adj R^2		0.136754		−0.271546
対数尤度	−171.309	−310.0121	−200.3513	−1036.423
被説明変数=1の数	105		183	
観測数	342	342	342	341

各行の上段は係数,下段は標準誤差。
***,**,*はそれぞれ1%,5%,10%水準で有意。
業種ダミーは省略。

の技術指導等を受けた企業は,数は少ないものの,それは有益であったと回答した比率が高いという,第2節で述べたアンケートに対する直接的な回答内容と整合的である。一方,この結果は外部研究機関の技術指導や助言が成果に結び付いているという解釈だけでなく,特許を申請するような企業は,積極的に外部研究機関に技術指導や助言を求めるということを示していると

も考えられる[3]。

　ただし，特許の保有や申請に対する影響という点で，外部研究機関からの技術指導等はプラスで有意な影響を与えている一方，取引先からの技術指導等の利用の有無ダミーは有意にはならなかった。また，開業者の個人的属性を表す学歴等も有意な影響を及ぼしているという結果は得られなかった。

　研究開発活動の成果を特許で捉えると，係数の符号および有意性は，被説明変数に申請特許数の実数をとっても，特許申請を行ったか否かを表すダミー変数をとっても変わらないのに対し，市場に出した新商品数を成果として被説明変数に用いると，両者の間で結果は大きく異なった。被説明変数として新商品数をそのまま用いると，全ての係数が有意でなくなってしまう。この分析結果は，市場に出した新商品数は研究開発の成果を表す指標としては必ずしも適切でないことを示している可能性がある。

　被説明変数を新商品の有無というダミー変数にした場合には，研究開発支出額，および外部研究機関からの助言利用の有無ダミーの係数がプラスで有意となったが，それ以外の変数の係数は有意とならなかった。

3.3. 小括

　本節の実証分析の結果，企業の研究技術開発支出額や大学等の研究機関からの技術指導は，特許申請等のパフォーマンスに対してプラスの影響を与えていることが明らかになった。ただし，このことは極めて常識的な結果であり，例えば『中小企業白書』等でも既に指摘されていることである[4]。単に研究開発支出額や大学等の技術指導が成果に対してプラスの影響を与えているという指摘にとどまらず，企業の研究開発支出額に対して影響を与える要因，あるいは大学等の外部研究機関との連携を積極的に行わせる要因についても検討を行うことが求められる。そこで，以下の第4節においては「外部研究機関との連携」の決定要因について，さらに第5節では研究開発支出額に対して影響を与えると予想される研究開発補助金の効果について実証分析を行い，上記の課題に応えることとしたい。

4. 外部研究機関との連携の決定要因に関する分析

4.1. モデルと変数

　これまでの分析で示したように，大学等の外部研究機関からの技術指導や助言は有益である場合が多いのにもかかわらず，それほど多くの新規開業企業が技術指導等を受けているわけではない。それでは，どのような企業が技術指導を受ける等，外部研究機関との連携を行っているのであろうか。産学連携の決定要因に関する最近の実証研究としては，Baldwin and Link (1998) や Leyden and Link (1999)，Fritsch and Lukas (2001) 等があげられる。これらの先行研究における「連携」とは，共同研究レベルのものとして捉えられていることが多い。それに対し，本調査では外部研究機関からの「技術指導や助言等の有無」を尋ねているにすぎない。とはいえ，技術指導や助言利用が活発に行われる条件を明らかにすることは，産学連携を促す施策を検討するためにも有益であろう。

　産学連携に限らず，企業が研究面で共同関係を構築する要因について，先行研究では，企業特性や市場構造，R&Dのスピルオーバー効果等，さまざまなものが検討されている。例えば，Fritsch and Lukas (2001) においては，ドイツの製造業約1800社を対象とした分析が行われ，企業規模が大きいほど，また研究開発集約度が高いほど，公的研究機関と共同研究に取り組む傾向が高いという結果が得られている[5]。

　ここでも先行研究を参考にして，企業が大学等の外部研究機関から技術指導を受けることができるような関係を築くか否かは，企業特性，開業者特性，産業特性（ダミー）によって決定され，それは以下のような関数で表されると仮定する。

（8-3）　連携の有無 = f（企業特性，開業者特性，産業特性）

　被説明変数は，大学等の外部研究機関からの技術指導等を受けている場合には1，それ以外には0をとるダミー変数とする。

企業特性としては，研究開発への取組みの程度，企業年齢，開業時の全従業員数，開業時の特許保有数，アンケートにおける経営戦略として重視する項目を用いた。経営戦略として重視する項目とは，本調査の「質問票の問22」

表8-19　変数の定義

変数	定義
（従属変数）	
技術指導等有無	大学，国立研究機関，公設試験場からの技術指導や助言を利用したことがある場合を1，それ以外を0とするダミー変数
（説明変数）	
企業年齢	開業からの年数
開業時従業員数	開業時の従業員総数
研究開発状況	研究開発活動を継続的に行ってきた場合を1，それ以外を0とするダミー変数
ハイテクダミー	事業上の強みとして「ハイテクであること」をあげた場合を1，それ以外を0とするダミー変数
開業時特許数	開業時の特許保有数
売上げ重視	経営戦略として売上高を重視する程度 全く重視しない＝1……非常に重視する＝5　以下，同じ
利益率重視	利益率を重視する程度
株主重視	株主等の利益を重視する程度
従業員重視	従業員の利益を重視する程度
取引先重視	取引先の利益を重視する程度
リスク回避重視	事業失敗のリスク回避を重視する程度
新製品開発重視	新製品・新サービスの開発を重視する程度
新規開拓重視	新規顧客・販売ルートの開拓を重視する程度
同業ネットワーク重視	同業種の企業間ネットワークを重視する程度
周辺ネットワーク重視	周辺地域の企業間ネットワークを重視する程度
補助金ダミー	研究開発に関連する補助金を受けたことがある場合を1，それ以外を0とするダミー変数
開業者年齢	開業者の年齢
開業者性別	開業者の性別　男＝1　女＝0
関連事業経験	現在の事業に関連した仕事の経験がある場合を1，それ以外を0とするダミー変数
事業経営経験	事業経営の経験がある場合を1，それ以外を0とするダミー変数
学歴ダミー	開業者の学歴が大学卒以上の場合を1，それ以外を0とするダミー変数
産業ダミー	各業種毎のダミー変数

であげられている項目を用い，それらをどの程度重視するかを5段階評価で回答した数値を変数とした。

開業者特性としては，開業者の年齢，性別，事業経営の経験の有無を用いた。

各変数の定義の詳細は，表8-19のとおりである。

4.2. 推定結果

プロビットモデルによって推定された結果は，以下の表8-20のとおりである。

まず，企業特性を示す変数の影響について見てみよう。研究開発活動に対する取組みの程度を示す変数の係数はプラスで有意となっており，研究開発に積極的に取り組んでいる企業ほど技術指導等を受ける傾向があるという，予想どおりの結果が得られたが，開業時の従業員総数の係数は有意にならなかった[6]。また，事業の強みが「ハイテクである」こと，あるいは開業時の特許保有数等も有意な影響を及ぼしていない。したがって，外部研究機関から技術指導等を受けているのは，いわゆるハイテク産業が中心というわけではなく，また特許を保有しているような「研究開発集約型」の企業ばかりでもないことが明らかとなった。つまり，図8-1の実態の背後も同時に推し量れば，新規開業企業の場合，外部研究機関が担う技術的指導・助言の内容として，高度技術や特許技術より，日常的生産に直結した原材料の加工・開発方法や生産プロセスの改良・改善に関する具体的事項などが多いものと考えられる。

次に，経営戦略として重視している項目については，「周辺地域の企業間ネットワーク」および「株主や出資者の利益」を重視するほど，技術指導等を受ける傾向が高くなるという結果が得られている。周辺地域におけるネットワークを築くことを経営戦略として重視していれば，その一環として地域の研究機関との連携も強めることは自然なことと言ってよい。ただし，株主や出資者の利益を重視することと，外部機関との連携に対する積極的姿勢との関係は，現段階では必ずしも明らかではない。

さらに開業者特性を示す変数について見てみると，まず開業者の年齢の係

表 8-20 外部研究機関との連携の決定要因

被説明変数：技術指導等を受けたことがある＝1

説明変数	係数	標準誤差
定数項	−3.764289	0.88152***
企業年齢	0.003297	0.054798
開業時従業員数	0.002841	0.007137
研究開発状況	0.463258	0.1663***
ハイテク	−0.234699	0.432629
創業時の特許保有数	0.033141	0.033147
売上げ重視	−0.008353	0.077456
利益率重視	−0.155326	0.114916
株主重視	0.141115	0.079346*
従業員重視	0.138071	0.127323
取引先利益重視	−0.122783	0.119222
リスク回避重視	0.117134	0.090971
新製品開発重視	−0.006465	0.115801
新規開拓重視	0.112768	0.117908
同業ネットワーク重視	0.031715	0.081211
周辺地域ネット重視	0.176313	0.082934**
補助金ダミー	0.636975	0.210353***
開業者年齢	0.025512	0.009309***
開業者性別	0.613181	0.52453
関連事業経験	−0.347685	0.203844*
事業経営経験	−0.041966	0.174839
学歴ダミー	−0.019318	0.167498
McFadden R^2	0.236234	
対数尤度	−174.7777	
被説明変数＝1の数	111	
観測数	378	

***，**，*はそれぞれ1％，5％，10％水準で有意。
業種ダミーは省略。

数がプラスで有意になっている。一般に年齢が高いほど人脈等も広がることを考えれば，これも妥当な結果と言えるだろう。ただし，開業者の事業経験の有無については，有意な影響は及ぼしていないという結果が得られた。一方，開業者の学歴については，学歴が高いほど外部研究機関との関係も強まるという結果が予想されたが，本推定では学歴ダミーの係数はプラスで有意にはならなかった。また，表示をしていないが，学歴を示すダミー変数を

「理系の大学・大学院卒業以上＝1，それ以外＝0」としても，結果はほとんど変わらなかった。このことは，新規開業企業が大学等の外部研究機関と連携を行うときに，開業者の出身大学の指導教授等との関係を活かすということは，それほど多くないということを示している。つまり，当面解決しなければならない技術課題の解決に際して，新規開業企業が外部研究機関に助言を求めるのは，大学（院）時の人脈等ではなく，開業者自身の積極的な姿勢や行動力などの要因に基づくものと考えることができる。

なお，この分析では外部研究機関を区別することなく一括して扱っているが，大学，国立研究機関，公設試験場毎に個別に同様の分析を行っても，有意になる変数はほとんど変わらなかった。

5．研究開発補助金の効果

5．1．研究開発補助金に関する論点

研究開発支出の成果である技術知識は公共財的な性質があるため，それから得られる利益を専有するのは非常に困難であり，資本市場が十分効率的に機能しなければ，リスクが大きいと同時に社会的便益も大きい投資が阻害される傾向が強いといったことから，研究開発活動は社会的に見て過少にしか行われない可能性が高いと考えられている。したがって，社会的有用性を認められながらも事業化に向けた資金が不足している研究開発活動を促進するためには，補助金等の措置が必要であるとされ，実際に研究開発に対してはさまざまな補助金・助成金が投じられてきた。今回行われたアンケートでも，前節で触れたとおり，補助金が「あまり大きな影響を与えなかった」という回答は20％程度にとどまっており，補助金は新規開業企業の研究・技術開発において，一定の促進効果を発揮していると考えられる（表8-14）。

研究開発活動に対する公的資金の提供を契機に民間企業が研究開発活動を促進するとき，補助金と研究開発支出は「補完関係」にあるというが，両者が補完関係にあると考えられているがゆえに補助金という公的資金が交付される。しかし，補助金交付が結果的に企業自身の負担する当該課題への研究開発支出額を当初計画とは逆に減少させる，すなわち補助金と企業の研究開

発支出が「代替関係」になってしまう可能性も指摘されている。

　研究開発補助金が，企業自身の負担する研究開発支出を減少させてしまう第1の原因としては，補助金の対象となる研究開発プロジェクトを採択するプロセスで，補助金を支給したプロジェクトが失敗したときに非難されることを恐れて，成功確率の高いと思われるプロジェクトおよび事後的評価の容易なプロジェクトが選択される傾向に陥りやすいということがあげられる。研究開発補助金は，上述のとおり，社会的便益は大きいが不確実性も大きいため，公的助成がなければ民間企業が実施しにくい研究開発計画に対して給付されるべきものである。補助金と研究開発支出の「代替関係」の下では，補助金がなくても企業が自己資金を用いて実施したであろう研究開発計画に公的資金を補助しているだけで，リスクが大きく民間企業だけでは行われないような研究開発支出を推進することにはならない。この点については，例えばWallsten (2000) は，事業年数の若い，技術集約的企業を対象にして，SBIR (Small Business Innovation Research grant) が企業の自己資金による研究開発支出額を増加させるかどうかを検証した結果，SBIRは企業の自己資金による研究開発支出額を減少させる可能性があることを示した。そして，民間企業の研究開発計画が公的資金によってcrowd-out（締め出し）される理由として，SBIR補助金の審査過程においては社会的便益の高い投資計画よりも，むしろ私的便益の高い投資計画が採択される傾向にあることをあげている。

　「代替関係」となる第2の原因としては，研究者確保が容易でないことがあげられる[7]。公的資金の提供助成を受けた企業は，研究開発を推進するために，新たに研究者・技術者を確保する必要があるが，研究者市場において優秀な研究者の確保が難しければ，すなわち研究者の供給が非弾力的であれば，既に雇用している研究者が新たな研究開発プロジェクトを担当せざるを得ない。しかし，1人の研究者が行うことができる研究開発活動には制約があるため，新たな投資プロジェクト推進のためには，現在進行中の投資プロジェクトを中止あるいは縮小させる必要性が生じるかもしれない。この場合，公的資金によって進められる研究開発は，既に進行中の研究開発支出をcrowd-outする結果となる。

このように，公的資金と企業の研究開発支出額との関係は，代替・補完関係のいずれでもありうるため，実証的な検証が不可欠である。公的資金と企業の研究開発資金との代替・補完関係については，アメリカを中心としていくつかの実証研究が存在する[8]。David, Hall and Toore (2000) によると，政府研究開発と企業研究開発の「代替関係」を主張する研究は，アメリカの研究例では約半数を占めている。さらに，企業レベルのデータに基づいた実証研究に限定すると，12件中7件が両者の代替関係があるという結果が得られており，その中には上述のWallsten (2000) が含まれる。

これに対して，「補完関係」を示した先行研究としては，Link (1982) やLach (2000) 等が挙げられる。Link (1982) は，政府研究開発が企業の基礎・応用研究や開発に及ぼす影響を検討した。Linkは，まず，政府研究開発が企業の研究開発総額を増加させるものの，支出構成を見ると，政府研究開発が基礎研究を減少させる一方で開発研究を増加させることを明らかにした。またLach (2000) は，イスラエルのハイテク企業を対象に，技術開発補助金が企業の研究開発に及ぼす影響について検討し，1ドルの補助金は，長期的には，企業の研究開発を0.41ドル増加させることを示している。

日本におけるこの問題に関する研究を概観すると，産業レベルデータに基づいた実証研究は存在するものの[9]，企業レベルのデータに基づいた研究，とりわけ新規開業企業を対象にした分析はほとんど行われていない。

5.2. 研究開発補助金の効果

単純に研究開発補助金額と企業の研究開発支出額の間の相関係数を計算すると，高いプラスの値が得られる場合が多い。しかし，これは補助金が研究開発支出を促進するという効果だけでなく，研究開発活動を活発に行っている企業ほど補助金が給付される傾向が強いという結果を表しているという面もある。したがって，研究開発補助金の民間企業の研究開発支出に対する影響を検討する場合には，両者間の関係における「内生性」を考慮して分析を行わなければならない。例えば，上述のWallsten (2000) は，推定の際に操作変数法を用いる等の手法をとることによって，内生性の問題を処理している。

われわれも企業の研究開発支出と研究開発補助金の内生性の問題を考慮するために，操作変数法を用いて，各企業の研究開発支出額を研究開発補助金やその他の企業属性に対して回帰させ，さまざまなパターンで推定を行った。しかしながら，用いる操作変数によって，研究開発補助金の係数の推計値の符号が逆になったり，またそれが有意の場合も有意でない場合もあるなど，推計結果は非常に不安定なものとなった。したがって，現時点では新規開業企業に対する研究開発補助金の効果については，確定的なことは言えない。ここでは，中小企業総合研究機構（2003）が行った推計結果を参考までに掲載しておく。中小企業総合研究機構（2003）では，上記の内生性の問題を考慮するために，説明変数として研究開発補助金の1期から3期のラグをとるという単純な方法を採用した[10]。

表8-21　研究開発補助金の効果

被説明変数	2001年度研究開発支出額	
推定方法	OLS	TOBIT
定数項	−513.8	−1257
	(464)	(−920.3)
売上高	0.0037	0.0047**
	(0.0029)	(0.002)
補助金（2000年度）	−0.0073	−0.0025
	(0.056)	(0.0983)
補助金（1999年度）	0.3502	0.4168
	(0.3628)	(0.637)
補助金（1998年度）	2.352***	2.525***
	(0.5538)	(0.9058)
決定係数	0.307	0.027
観測数	111	111

（注）最小二乗法による推計では，分散不均一を調整済。
　　　括弧内数値は標準誤差。
　　　産業ダミーの係数は省略。
　　　＊＊＊は1％水準で有意，＊＊は5％水準で有意。
（出所）中小企業総合研究機構（2003），pp.159-60より作成。

これを見ると，2つの推計方法とも，1期前および2期前の補助金額の係数が統計的に有意な値が得られないのに対して，3期前の1998年度補助金の係数はプラスで有意になり，またその絶対値も1期前および2期前に比べて

かなり大きくなっている。この結果からは，研究開発補助金と企業の研究開発支出額の間には「補完関係」があるものの，補助金が企業の研究開発を促進する効果はすぐには現れず，ある程度の時間的な経過を伴うことが推測される。すなわち，補助金を支給された直後には研究開発支出額を増やすとは限らないが，2-3年後には交付された補助金に触発され，関連する研究開発支出を拡大する効果が期待できるということである。

ただし，上述のようにこの分析だけでは必ずしも断定的なことは言えないので，研究開発補助金が企業の研究開発活動に対して与える効果は，今後より詳細な実証分析が求められる分野であると言えよう。

6．おわりに

最後に，新規開業企業の研究・技術開発活動を一層促進させるためには，どのような施策が求められるのか，産学連携と研究開発補助金・助成金に絞って検討し，本章のまとめとしたい。

産学連携の推進は，今日の日本において重要な政策課題の1つとなっている。本調査で得られたデータを利用した分析でも，外部研究機関との連携に取り組んでいる企業は必ずしも多くないものの，連携は研究開発活動の成果を高める効果があるという結果が得られ，その重要性が改めて浮き彫りになった。それでは，行えば有益である場合が多いにもかかわらず，なぜ多くの企業が外部研究機関との連携に取り組まないのだろうか。中小企業庁編『2002年版中小企業白書』によれば，産学連携を実施しなかった理由として，「大学を利用する研究テーマがなかった」ということ以外では，「産学連携をする方法がわからない」，「大学に関する情報がない」あるいは「敷居が高い」といったことが上位に並んでいる[11]。こうした点から，大学等の研究機関と特別な関係をもっている企業のみが産学連携を行っているという見解があった。しかし本章の推定結果からも明らかなように，開業者の大学（院）時代の指導教授等のつながりを利用するという事例は，必ずしも多くなく，また特許を保有している企業が特別有利というわけでもなかった。この事実は，個人的な関係や特別な技術がなくても，大学等の研究機関との関

係を築くことが現状に見られており、またそれは可能であることを示している。産学連携を通じて新規開業企業のイノベーション活動をより促進するためには、大学等の研究機関に関する情報を整備し、新規開業企業にとっても、「敷居は高くない」と感じさせる状況を作り出すことが強く求められていると言えよう。

次に補助金についてであるが、直接的には、研究・技術開発にかかわる補助金・助成金は、新規開業企業の研究開発活動を促進するという結果が得られており、その予算的拡充が期待される。しかし今日の財政状況を考えると、補助金・助成金交付の大幅な拡充は容易ではない。また、予算制約以外の点でも、補助金・助成金はいくつか困難な問題点を含んでいる。その最も大きな点は、補助金の交付対象となる研究開発プロジェクトをどのように選択するかということである。繰り返しになるが、研究開発補助金の対象となるべきプロジェクトとは、社会的収益率が高いにもかかわらず不確実性が高いので、助成措置がなければ開発が行われないようなプロジェクトである。助成が行われなくても成功確率が高いものは、企業は自ら開発を行うと考えられるからである。したがって、助成を行うべき対象は、公的助成措置が存在しなければ開発を行えないようなプロジェクトの中で、最も社会的収益率が高いものということになる。しかし、そのようなプロジェクトを選定することは、決して容易でない。また、たとえ選定することは可能であったとしても、そのようなプロジェクトは必ずしも成功確率が高くないので、失敗するプロジェクトが増えて非難を受けることを恐れて、助成機関が対象を選定するプロセスで、成功確率が高そうなプロジェクトを採択する傾向が出てくるかもしれない。この場合、補助金は、単に企業が自ら支出する予定であった研究費を肩代わりするだけになる可能性が高くなり、研究開発活動を促進することにはならない。今回の実証分析によれば、そのような傾向は明確には見られなかったが、研究・技術開発補助金を拡充する場合には、そのような事態にならないように補助対象のプロジェクトを選定する必要がある。

【注】
＊本章は、『新規開業研究会報告書――企業家活動に関する研究の進展および有効な支援シ

ステムの構築に向けて―』(財)中小企業総合研究機構,第8章「研究・技術開発活動の成果に関する分析」2003年3月,pp.141-162に加筆・修正を行ったものである。
1)店頭公開した企業を対象に行った類似の分析結果では,製造業の場合,ノウハウが41.5%,ハイテクが19.8%,過去の事業との相乗効果が18.9%などであり,サービス業の場合,流通チャネルが31.3%,ノウハウが26.3%,市場規模が25.0%などであった(Akashi and Yasuda [2001])。本章での結果との違いは,サンプルの特性に依存すると考えられる。
2)特許申請数は,研究開発の成果を表す指標として利用されることが多いが,出願書類作成が煩雑である,あるいは出費を要すること等のため,特に事務部門が組織化されていない新規開業企業の場合は,成果をあげた場合でも出願を行わない可能性があることに注意が必要である。
3)技術指導・助言の有無ダミーは,開業時から今日までが対象となっていることに注意が必要である。被説明変数は2001年度の値であり,開業後まもなく大学等から技術指導を受けたが,それ以降全く新しい技術開発の課題に取り組み,それが2001年度に結実したという可能性もある。
4)中小企業庁編『2002年版中小企業白書』pp.268-270.
5)Baldwin and Link (1998) および Leyden and Link (1999) は,企業が共同研究に取り組む要因というよりも,大学等の研究機関が参加する Research Joint Venture (RJV) の特性を分析した研究と言える。なお,Fritsch and Lukas (2001) では,公的研究機関だけでなく,顧客やその他企業との共同研究の要因分析を行っているが,決定要因にあまり大きな違いはないという結果が得られている。
6)ここで研究開発への取り組みを表す指標として,研究開発支出額あるいは研究開発集約度を用いずに,研究開発を継続的に行ってきたか否かを示すダミー変数を利用したのは,被説明変数である産学連携の有無は,最近だけでなく開業以来の経験について尋ねているためである。
7)研究者以外の生産要素価格上昇および金利の上昇等も crowding-out の原因となる。David and Hall (2000) 参照。
8)産業レベルのデータに基づいた分析としては,Mamuneas and Nadiri (1996) 等があげられる。またビジネスライン(個別事業単位)レベルのデータを用いた研究としては,Leyden and Link (1991) 等がある。
9)Baba (1990) は,政府研究開発補助金と産業レベルでの研究開発支出額との関係から,政府 R&D の補完的効果が crowding-out 効果を上回ることを示した。
10)TOBIT による推計を行っているのは,被説明変数にゼロ値が多く含まれているためである。
11)中小企業庁編『2002年版中小企業白書』pp.107-113.

〔伊藤 康・明石 芳彦〕

第9章

政策金融の活用

1. はじめに

　わが国の開業率は1980年代半ば以降，廃業率を下回る状況が続いている。1990年代，こうした状況が次第に明らかになるにつれ，政府は既存の中小企業に対する支援の他，新規開業を促進しようとする施策にも力点が置くようになってきた。

　例えば，国民生活金融公庫（以下，「公庫」という。）では2002年1月に「新創業融資制度」を発足させた。本制度は新規開業を志す者に対して融資に係る形式要件を廃止し，ビジネスプラン（事業計画）を審査して，無担保・無保証人，本人保証もなしで融資する制度である（融資限度は750万円）。施行以来，利用実績を順調に伸ばしつつあり。2005年3月3日現在で1万5897件（融資残高約507億円）となっている。

　また，2003年2月からは「中小企業挑戦支援法（中小企業等が行う新たな事業活動の促進のための中小企業等協同組合法等の一部を改正する法律）」が施行された。同法では，商法の最低資本金規制に係る特例が設けられ，新たに開業する者について，一定の要件のもと，株式会社の場合は1000万円，有限会社の場合は300万円という最低資本金規制を企業設立後5年間は適用しない旨，定められた。この特例についての実績を見ると，2005年4月8日時点で申請件数2万8220件，成立件数2万2575件，さらに本制度を適用し設

立された会社のうち、その後、最低資本金規制をクリアした者が1568件であるのに対して、解散した者は140件となっており、制度の滑り出しとしては順調なものとなっている。

ところでこうした政策面での開業支援措置の背景にあるのは、開業企業が開業時に特に資金面の困難性を感じるという事実である。実際、中小企業庁の調査（中小企業庁編 [2002], p.53）によると、開業時の困難性として第1に挙げられているのは「自己資金不足」（49.4％）であり、「創業資金の調達」も困難性の上位に位置付けられている。そうであるとすると、資金面での支援や株式会社の設立の際の資本金規制の免除は、中小企業の開業、あるいは株式会社形式での開業を容易にする効果を持つはずである。

本章で論じるのは開業支援のための政策金融を利用することにより開業者がどのように成果を挙げているかということである。具体的には「新創業融資制度」創設以前の開業支援のための政策金融の代表的存在であった公庫の新規開業者への融資に焦点を当て、政策金融が開業資金規模を変化させる効果があるのかという点を分析する。

普通に考えれば政府系金融機関の融資の利用は開業資金規模を拡大させると考えられる。ところがさまざまな可能性を考慮に入れた場合、こうした仮説は理論的には自明のものではなく、実証分析の結果を待って判断しなければならない。

そこで次節では政府系金融機関の融資の利用が資金規模に対して与える影響についてさまざまな可能性を考察することから始めることとしよう。

2．新規開業者が直面する金融環境と政策金融の効果

1．で示したように開業者は開業時に資金面での困難に直面することが多い。そこでまずこうした開業時の資金面の困難性は何故発生するのかという点から議論を進めよう。開業者が資金面の困難に直面する理由としては2つのものが考えられる。

第1は新規開業という試みは大変リスクが高く、金融機関が通常行う金融業務の枠の中では資金を提供できないということである。開業したばかりの

企業の撤退率,すなわち失敗する確率は,ある程度,時間をつんだ企業に比べ極めて高い。例えば,日本において企業ベースで開業後の生存率を調べた分析は筆者の知る限り存在しないが,製造業の事業所ベースで見ると景気動向如何にかかわらず開業して1年目で2～3割の事業所が撤退する[1]。こうしたハイリスクの試みについて金融機関は関心を示さないということが新規開業時の資金調達を困難にしている第1の理由である[2]。

　新規開業企業の資金調達を困難にする第2の理由は,新規開業に係る開業者の情報,開業プロジェクトの内容が金融機関には十分に理解されず,金融機関と開業者の間で情報が十分に共有できないという貸し手と借り手の間の「情報の不完全性」の存在である。情報の経済学によるとこうした情報の不完全性が存在する場合,金融機関は資金需要者のうち,誰が金利とともに元本を返済する良好な借り手であり,誰がそうではないのかを見分けることができず,資金需要に見合った資金提供が行われない事態が生じる場合があるのである[3]。

　こうした「情報の不完全性」の問題は新規開業企業に限らず,既存中小企業と金融機関の間でも生じるものである。しかしながら,開業してしかるべき実績を積み,また,金融機関とも継続的かつ取引横断的関係(経済学の用語では「リレーションシップ・バンキング」と言う[4])を形成してきた既存企業であれば,金融機関も企業の内容についての情報を従来の取引実績を通じて入手することができ,こうした「情報ギャップ」を解消することは可能である。ところが開業したばかりの企業ではこうした経路を通じた情報伝達は難しい。結果として開業時資金規模は,自己資金として使用可能であり,かつ,担保として提供し金融機関からの融資を受ける手立てとなる開業者自身の資産に依拠することとなる。すなわち開業時資金規模は,開業時の資産保有高によって左右されるという意味で「流動性制約」が存在する可能性があるのである[5]。

　仮にこうしたハイリスク,流動性制約の存在により開業時の資金調達の規模が過小なものに留まるとすると,「新創業融資制度」等の政策的支援の余地が発生する。すなわち,開業時の資金不足を補完する形で政策金融が手当することにより開業資金規模が過小なものとなることを防ぐ効果をもつこと

となる。

　しかしながら、こうした制度には上記のように開業時の資金不足を補完する可能性がある一方、これとは全く異なる効果を有する可能性がある。それは開業者がここまで述べたような理由で流動性制約を受けている者ばかりではないからである。中には開業資金規模を大きくする気がなく、無理なく金融機関から借入れできる範囲で開業する者もある。こうした開業者にとって政府系金融機関による政策金融はどのような効果を有するであろうか。

　一般に政府系金融機関の融資は民間金融機関の融資に比べ金利等の貸出し条件が借り手にとって有利であるのみならず[6]、審査が民間金融機関に比べ緩いと言われる。自己資金および民間金融機関からの融資で十分に開業資金を調達できる開業者にとって民間金融機関に比べ借入れが簡便かつ、(わずかではあるものの)好条件の政府系金融機関融資の存在の影響は明らかである。開業者は資金調達を民間金融機関ではなく政府系金融機関の融資に頼るであろう。つまり、民間金融機関から政府系金融機関への乗換えである。そしてこの場合、開業資金規模はほぼ変わらない。

　こうした乗換えは、開業者自身にとっては金利負担軽減をもたらすものであり、補助金と同じく好ましいことである。しかしながら、開業資金規模を変化させることの少ないこうした政策金融は政策当局の意図と離れたものであるとともに、近年しばしば話題となる政府系金融機関による民業圧迫の典型例ともなってしまう。

　ここまで見てきたように、開業者の政策金融の利用方法、政策金融の効果は開業者の状況次第で異なるものとなる。金融機関との関係は個別企業ごとに形成されるものであり、すべての企業に一様に一方の関係が形成されるとは言えない。しかしながら、どちらの関係が大勢を占めるのかということについては多くの新規開業企業のデータを検証することによって知ることが可能である。そしてそのことによって新規開業時の政策金融が果たして当初の目的を充足する効果を有するものなのかどうか、つまり全体で見た政策金融制度の是非について検証可能である[7]。そしてこうした実証を行うことは中小企業に係る政策金融の意味を理解し、評価するためにも欠くべからざるプロセスである。

そこで3．では政策金融を利用することが新規開業企業の規模に対してどのような影響を与えるのかについて財団法人中小企業総合研究機構の「新規開業にかかる実態調査」[8]をもとに分析していくこととしよう。

3．開業資金規模の決定要因の実証結果

3．1．推定式と変数

最初に述べたように新規開業企業の資金規模に対して政策金融がどのような影響を与えるのかを分析することが本章の目的である。しかしながら開業企業の資金規模に影響を与える要因は政策金融のみではないことから，開業資金規模に対する政策金融の影響を抽出するためには他の要素の影響を考慮しなければならない。そこで本章での開業資金規模の推定では「新規開業にかかる実態調査」をもとに開業資金規模に影響を与える可能性のあるいくつかの変数を説明変数に加える。こうして得られた最終的な推定式の中で政策金融の利用変数の係数符号が有意に正であるか否かを見ることが最終的な作業となる。本章で用いる基本的な推定式は以下のようなものである。

開業資金規模（自然対数表示）＝f（男性ダミー，年齢，大学卒以上ダミー，本人の事業経験有りダミー，独立型開業ダミー，業種ダミー，開業直前時収入ダミー，国民生活金融公庫利用ダミー）

「新規開業にかかる実態調査」の調査回答企業のうち，これらすべての変数に係る情報を収集することができる企業879対象の回答データから，これらの変数の開業資金規模への影響を検証することがここからの作業となるが，その前にここで用いる変数の定義，開業資金規模への影響のついて考えられる可能性を述べていくこととしよう。

まず，被説明変数である開業資金規模としては「新規開業にかかる実態調査」では開業時資金調達総額をとることができるので，これを開業資金規模とみなし以下の分析を行うこととする。

開業時の規模としては従業者数で見た規模もあり，こちらは過去の内外の

分析において最もしばしば用いられるものであるが[9]，流動性制約の存在や政策金融の利用によって直接の影響を受ける性質のものではないことから，本章の分析における規模の指標としては，資金で見た規模をとることとする。開業時資金規模は金額での表示となることから物価水準の年々の変動による影響を受けやすいという欠点はあるが，「新規開業にかかる実態調査」の対象企業が1994年から1999年というわが国の物価が比較的安定的に推移した時期に開業した企業を対象としていることを勘案すると，開業年の異なる企業同士の規模を金額ベースで比較することに伴う計測誤差は軽微なものにとどまるであろう。

なお，図9-1および表9-1に示すように開業資金規模の分布は歪みが大きいことから説明変数としては自然対数表示をとったものを用いることとする。

次に，説明変数について叙述するとともに，説明変数ごとに予想される符号を確認していくこととしよう。開業資金規模は開業者本人の属性や開業企業の活動分野等さまざまな要因によって決定されるものである。そのうち，ここでは開業者本人の属性から説明に入ることとする。

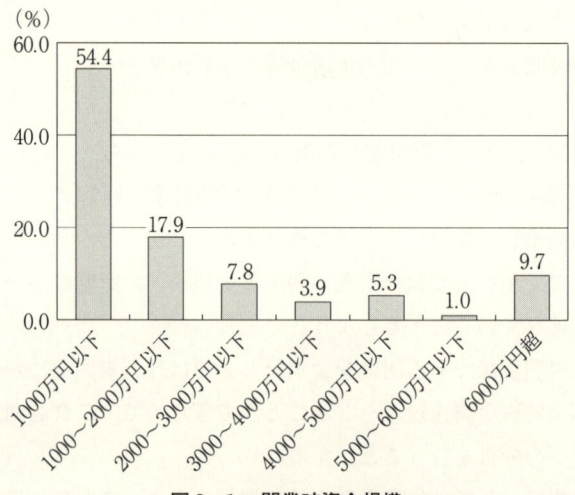

図9-1　開業時資金規模

区分	割合(%)
1000万円以下	54.4
1000～2000万円以下	17.9
2000～3000万円以下	7.8
3000～4000万円以下	3.9
4000～5000万円以下	5.3
5000～6000万円以下	1.0
6000万円超	9.7

表 9-1　データの概要（観測数＝879企業）

ⅰ）開業規模

	平　均	中央値	標準偏差
開業資金調達規模（万円）	4292	1000	17566

ⅱ）開業者の属性

(1) 性別

男性	女性
854（97.2％）	25（2.8％）

(2) 開業時年齢

年　齢	人	％
20代以下	10	1.1
30代	96	10.9
40代	246	28.0
50代	369	42.0
60代以上	158	18.0
平均	50.1歳	
中央値	52歳	
標準偏差	9.39歳	

(3) 学歴

大卒以上	508（57.8％）
その他	371（42.2％）

(4)(5) 事業経営経験，関連した仕事の経験の有無

	あり	なし
事業経営経験	287（32.7％）	592（67.3％）
関連仕事経験	705（80.2％）	174（19.8％）

(6)

開業タイプ	独立型	588（66.9％）
	分社型	138（15.7％）

(7) 開業直前の個人年収

0～250万円未満	250万～500万未満	500万～1000万未満	1000万～1500万未満	1500万～
48（5.5％）	150（17.1％）	383（43.6％）	216（24.6％）	82（9.3％）

(8) 開業業種

業種	製造業	運輸業	通信業	卸売業	小売業	飲食店	サービス業
	174（19.8％）	20（2.3％）	13（1.5％）	242（27.5％）	130（14.8％）	12（1.4％）	288（32.8％）

(9) 政策金融の利用

公庫融資を申請した	202（23.0％）	融資を認められた	156（77.2％）
		融資を認められなかった	46（22.8％）
公庫融資を申請しなかった	572（65.1％）		
無回答	105（11.9％）		

(1) 性別・女性ダミー（女性＝1，男性＝0）

　近年の開業についての関心の高まりとともに女性の開業者の活躍についてもマスコミ等の興味が集まりつつある。しかしながら，わが国においては欧米と異なり女性開業者と言われる存在がどのくらい存在するのかといった基礎的な実態についてはわかっていない。数少ない研究から言えるのは女性開業者の場合，従業者数で見ると開業規模は男性に比べ小規模であるということである[10]。女性の場合，家計の補助として，あるいは生活の糧を得るというより生きがい志向から開業する場合が少なくなく，そのことが男性に比べた開業規模の小規模化につながっているのであろう。

　「新規開業にかかる実態調査」では開業者の性別についてきいている（本章で用いるサンプルでは男性97.2%，女性2.8%，表9-1）ことから推定では開業者が女性の場合に1，男性の場合に0をとるダミー変数を説明変数に用いることとする。この変数の係数の符号は上記の事実から見てマイナスと予想される。

(2) 開業した年齢

　開業者個人の属性のうち，開業資金規模に影響を与えると考えられるものとして，性別の他に開業時の年齢がある。

　すなわち，年齢の高い者は若年層に比べ個人的ネットワークが豊富であり，職歴も豊富であるため，流動性制約を受ける度合いが若年層に比べ低いと考えられるからである。また，高齢者に多い退職金を元手とした開業の場合には流動性制約の影響はさらに低くなる。

　ただし，高齢者の場合，開業してもそれを本格的な事業にしようという意欲が若年の場合より低いことが多いとも考えられる。そうしたケースでは開業企業をむやみと大きくしないものと考えられ，開業時の年齢と開業資金規模は負の相関関係が生まれることとなる。

　したがって，後者の影響を考慮に入れた場合，開業年齢と開業資金規模の関係がどうなるのかについては実証を待たねばならない。

　以上の考察を踏まえ，本論では開業した年齢を開業資金規模の説明変数として用いる。

なお，本章で用いるサンプル中の開業者の年齢別の分布は表9-1のとおりである。

(3) 高学歴ダミー（大卒，大学院卒＝1，その他＝0）

学歴と開業資金規模の関係については正の相関関係が想定される。高学歴は金融機関等にとって高い信用のシグナルとなると考えられることから，高学歴者はより容易に資金を調達することができる可能性があるからである。ここでは高学歴のメルクマールとして大卒，大学院卒をとり，それに当てはまるものを1，そうでないものを0とするダミー変数を用いる。

なお，この基準で見たときの高学歴者は本章で用いるサンプルの57.8％（508対象），その他は42.2％（371対象）となる（表9-1）。

(4) 事業経営経験ダミー（事業経営経験あり＝1，その他＝0）

開業企業の経営者が事業経営経験を有する場合，開業企業の規模は事業経営経験のない開業者に比べ大きくなる可能性がある。というのは，事業経営経験のある者は事業経営経験のない者に比べ企業経営に精通し，開業後，事業を円滑に進めることができると考えられ，外部資金の調達がより容易になるからである。

そこでここでは事業経営経験がある開業者の場合に1を，そうではない場合に0をとる事業経営経験ダミーを変数として用い，事業経営経験の開業資金規模に対する影響を見ることとする。

なお，本章で用いるサンプル中，事業経営経験のある開業者は32.7％（287対象），事業経営経験のない開業者は67.3％（592対象）であった（表9-1）。

(5) 関連仕事経験ダミー（関連仕事経験あり＝1，その他＝0）

開業した分野に関連した仕事の経験の有無も開業資金規模に影響を与える可能性がある。開業した分野に関連した仕事の経験がある者はそうした経験がない開業者に比べ順調に仕事を進めるものと考えられることから，資金調達等を容易に行うことができ，流動性制約が弱いと考えられるからである。

ここでは，開業した分野に関連のある仕事の経験があるとする開業者の場

合に1を,そうではない場合に0をとる関連仕事経験ダミーを変数として用い,開業した分野に関連のある仕事の経験の有無が開業資金規模に与える影響を見ることとする。

なお,本章で用いるサンプル中,開業分野の関連仕事の経験があるとする場合は80.2%(705対象),そうした経験のない場合は19.8%(174対象)であった(表9-1)。

(6) 開業タイプ(分社型開業ダミー(分社型開業=1,その他=0)および独立型開業ダミー(独立型開業=1,その他=0)

次に開業タイプについて見ると「新規開業にかかる実態調査」は4つの選択肢を提示して,回答者に1つを選ばせている。第1は「特定企業(直前の勤務先など)の指揮系統下で,特定企業の関連会社として開業した」という分社型,第2は「フランチャイズ形態で開業した」という「フランチャイズ型」,第3は「特定企業(直前の勤務先など)の指揮系統下に入らず,特定企業とは強い資本関係等を持たずに開業した」という「独立型」,第4は「家業を発展させる形で,自ら新しい会社を設立して今の事業を始めた」という「家業発展型」である。これらのうち,「分社型」は親企業という後ろ盾が存在することから,資金調達が容易であり開業資金規模に対してプラスの影響を持つと考えられる。他方,「独立型」は,何らかの後ろ盾を背景としていない点で資金面の制約も強く,開業資金規模にはマイナスの作用を持つと考えられる。

そこで本論ではこれらのタイプの開業について分社型開業ダミーおよび独立型開業ダミーを説明変数に加えることとする。

なお,本章で用いるサンプル中,独立型開業は66.9%(588対象),分社型開業は15.7%(138対象)であった(表9-1)。

(7) 開業直前の年間収入状況ダミー

「新規開業に係る実態調査」では,開業直前の開業者個人の年間年収について,(1)250万円未満,(2)250~500万円未満,(3)500万~1000万未満,(4)1000万~1500万未満,(5)1500万円以上に分けてきいている(本章で用いるサンプ

ルにおける本質問に対する回答の分布は図9-2)。本論では(3)500万～1000万未満をベンチマークとして(1)、(2)、(4)、(5)に対応した4つの年間収入ダミー変数を推定式に加える。年間収入は通常、開業者の保有資産規模と正の相関があると考えられることから、開業直前の年間収入ダミー変数の係数は、高年収に対応したものほど大きくなると考えられる。

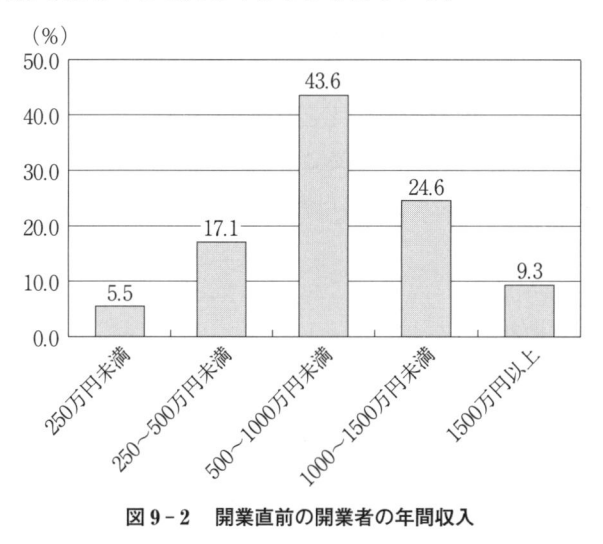

図9-2 開業直前の開業者の年間収入

(8) 開業業種ダミー

「新規開業にかかる実態調査」においては開業した業種について産業大分類ベース（製造業、運輸業、通信業、卸売業、小売業、飲食店、サービス業）で尋ねている（本章で用いるサンプル中の業種分布は表9-1のとおり）。企業が活動する業種の違いによって開業資金規模は変化することは明らかである。したがって業種毎のダミー変数（ベンチマークをサービス業として、製造業、運輸業、通信業、卸売業、小売業、飲食店それぞれについてのダミー変数）を説明変数として用いることとする。

(9) 政策金融利用ダミー（国民生活金融公庫申請認可＝1、認可されなかった＝0）

「新規開業にかかる実態調査」では開業時の資金調達について国民生活金

融公庫からの融資を申請したか，および，申請が認可されたかについて尋ねている。2.の考察から公庫からの融資が開業資金規模に影響を与える可能性があることは明らかである。そこでここでは公庫に融資を申請し，かつ，認可された者については1，そうではない者については0の値をとる政策金融利用ダミーをモデルの中に組み入れることとする。

本変数はわれわれのモデルで最も注目するべきものであり，本ダミーに変数の係数の符号が有意にプラスの場合，企業規模に対して政策金融が当初の意図どおりプラスの効果を持つこととなり，そうではない場合，政策金融が有効に作用していない可能性があることとなる。

なお，サンプル中の政策金融の申請および認可の状況は表9-1に示したとおりである。

3.2. 検証結果

以上，本論に係る推定モデルおよびモデルに登場する諸変数について述べた。ここからは上記のデータとモデルに基づく実証結果に移ることとなるが，その前に本論の主目的である開業時に公庫の融資を受けた政策金融利用企業とそうでない企業の開業資金調達規模を見ていくこととしよう（表9-2）。

表9-2　開業時調達資金規模（国民生活金融公庫からの資金調達の有無別）

	平均値	第一四分位	中央値	第三四分位
融資申請・認可	2248	700	1000	2438
融資申請・不認可	1426	475	1000	1350
融資不申請	4958	600	1000	3000

まず，平均値を見ると政策金融を利用することなく開業しているグループは最も大きくなっており，政策金融を申し込み，認可を受けた者がこれに続いている。つまり，政策金融を利用している者の方がむしろ開業資金規模が小さい。また，政策金融を利用することなく開業しているグループでは平均値が第三四分位を越えており，少数の開業企業の大規模な資金調達が全体に影響を与えている可能性がある。

次に第一四分位，第三四分位の水準を見ると，第三四分位について各グ

ループはほぼ平均と同じ傾向を持っているが，第一四分位では政策金融を利用したグループの方が申請も行っていないグループより開業資金規模が大きくなっており，また，申請したが融資の認可がなかったグループでの開業資金規模が500万円を割る低いものとなっている。

　以上が政策金融の利用と開業資金規模の関係の単純な比較であるが，公庫を利用した開業とそうではない開業では開業者属性，開業分野等が異なることを考慮に入れると，こうした比較のみでは政策金融が開業資金規模を押し上げているのかどうかは明らかではない。そこで2.で紹介した推計モデルの結果に移ることとしよう。これを示したのは表9-3の第Ⅰ列から第Ⅲ列である。

　このうち，第Ⅰ列は公庫に認可申請を行った202のケースについて最小二乗法を用いて開業資金規模と説明変数の関係を回帰分析した結果である。女性ダミー，開業年齢および大卒以上，事業経営経験，関連事業経験，分社型開業，独立型開業，開業直前の年収の各ダミー変数の係数の符号は予想のとおりであるが，統計的に有意であったもの（5％の有意水準）は開業年齢と開業資金規模の関係のみであった。また，政策金融について見ると認可を得て利用した者の開業資金規模はそうではない者に比べ極めて顕著に（有意水準1％）大きかった。このことから政策金融の申請者はより民間金融機関より有利な貸し出し条件を求めてというより，流動性制約下，開業資金規模を拡大するために政策金融を利用していると言え，民間金融機関も政策金融が利用可能になった分だけ自らからの融資を縮小させるというわけではないことが推察できる。

　第Ⅱ列は「新規開業にかかる実態調査」の回答企業全体を対象に同様の分析を行った結果である。女性ダミー，開業年齢および大卒以上，事業経営経験，関連事業経験，分社型開業，独立型開業，開業直前の年収の各ダミー変数の係数の符号は，関連事業経験ダミーを除き，第Ⅰ列と同じであった。加えて開業年齢以外に開業者が大卒以上，分社型開業，開業直前の収入の高さは開業資金規模と正の関係を有すること，他方，独立型開業，開業直前の収入の低さは強く（それぞれ有意水準1％）開業資金規模と負の関係を有することが観察された。ここでも政策金融の利用者ではそうではない者に比べ有

表9-3 開業企業規模に係る推計結果

被説明変数 開業時資金調達額（自然対数）	I (最小二乗法推計)	II (最小二乗法推計)	III (サンプル・セレクション・モデルによる推計)
女　性	-0.331 (0.376)	-0.243 (0.226)	-0.304 (0.361)
開業年齢	0.023 (0.009)***	0.014 (0.004)***	0.023 (0.011)**
大卒以上	0.090 (0.131)	0.259 (0.075)***	0.108 (0.146)
事業経営経験	0.249 (0.149)*	0.042 (0.082)	0.243 (0.177)
関連事業経験	0.020 (0.183)	-0.045 (0.094)	-0.003 (0.218)
分社型開業	0.011 (0.288)	0.562 (0.130)***	0.010 (0.371)
独立型開業	-0.201 (0.183)	-0.279 (0.102)***	-0.210 (0.199)
開業直前年収(1)	-0.242 (0.269)	-0.307 (0.172)*	-0.389 (0.161)**
開業直前年収(2)	-0.424 (0.165)**	-0.379 (0.107)***	
開業直前年収(4)	0.298 (0.184)	0.385 (0.097)***	0.276 (0.262)
開業直前年収(5)	0.116 (0.314)	0.876 (0.136)***	
政策金融利用	0.460 (0.159)***	0.207 (0.097)**	0.426 (0.146)***
製造業	0.484 (0.184)***	0.357 (0.104)***	0.476 (0.175)***
運輸業	0.040 (0.533)	0.358 (0.251)	0.011 (0.506)
通信業	-0.784 (0.527)	0.085 (0.309)	-0.808 (0.502)
卸売業	0.173 (0.172)	0.116 (0.095)	0.155 (0.163)
小売業	0.328 (0.188)*	0.325 (0.116)***	0.304 (0.177)*
飲食業	2.139 (0.532)***	1.279 (0.320)***	2.102 (0.505)***
定　数	5.470 (0.498)***	6.172 (0.262)***	5.611 (0.959)***
選択関数　開業年齢			-0.011 (0.006)*
選択関数　女性			0.082 (0.322)
選択関数　大卒以上			-0.117 (0.102)
選択関数　事業経営経験			0.162 (0.111)
選択関数　関連事業経験			0.196 (0.132)
選択関数　分社型開業			-0.369 (0.196)*
選択関数　独立型開業			0.141 (0.140)
選択関数　直前収入(1)(2)			0.104 (0.129)
選択関数　直前収入(4)(5)			-0.302 (0.124)**
選択関数　定数項			-0.215 (0.351)
F 値	4.64***	16.29***	
ワルド・カイ比	—	—	63.26***
自由度調整済決定係数	0.246	0.239	
逆ミルズ比	—	—	1.146
観察数	202	879	774

（注）(1) ＊＊＊は1％水準で有意，＊＊は5％水準有意，＊は10％水準有意を示す。
　　　(2) 内は標準誤差。
　　　(3) 開業直前の年収(1)～(5)の区分は3.1.(7)参照。

意に開業資金規模が大きくなっており，上で述べた推察が正しいことがうかがわれる[11]。

ただし，第Ⅱ列について注意しなければならないことは，認可を受ける前提として申請という手続きがあるということである。もしも融資の申請を行う者が，もともと企業経営に熟達し，政策金融という有利な選択肢を知っており，かつ，それを利用して開業資金規模を大きくすることに長じている者であるとすれば，そうした者の中から選ばれる融資認可獲得者の開業資金規模は，大きくなるはずである。そうしたサンプル・セレクション・バイアスの存在可能性を考慮した分析が第Ⅲ列の推計である。そこでは，政策金融申請者はそうではない者と比べどのような属性を有しているかについて選択関数により情報を得て，それをもとに政策金融申請者の開業者全体に比べた属性の偏り（サンプル・セレクション・バイアス）を補正して開業資金規模と説明変数の関係について推計を行っている[12]。

ここでも開業資金規模に関する主な説明変数の係数符号については第Ⅱ列と変わらない。特に政策金融認可は極めて高い有意水準（1％）で開業資金規模に対して正の影響を与えている。また，選択関数（公庫に融資申請をした場合は1，それ以外は0をとる。）については，分社型で融資申請する確率が低く，低収入グループで融資申請する確率が高い等の妥当な結果が得られている[13]。

このことからも政策金融が開業資金規模にプラスの影響を与えているということができよう。

それでは，これらの推計によると政策金融はどの程度の開業資金規模の拡大をもたらしているのであろうか。これについて試算を試みたものが図9－3である。ここでは表9－3第Ⅰ列をもとに公庫借入の認可を得ることができた（政策金融を利用した）開業者のうち，開業資金規模の第一四分位にある者が，政策金融がなかったとした場合にどの程度，開業規模を縮小させるのかを政策金融利用ダミー変数を0とすることにより試算したものである。

ここからわかるように，仮に政策金融が利用できなかったとした場合，実際には認可を受けることができた開業者の開業資金規模は，不認可であった者と同一水準となってしまう。別の言い方をすると，実際に観察された政策

(万円)

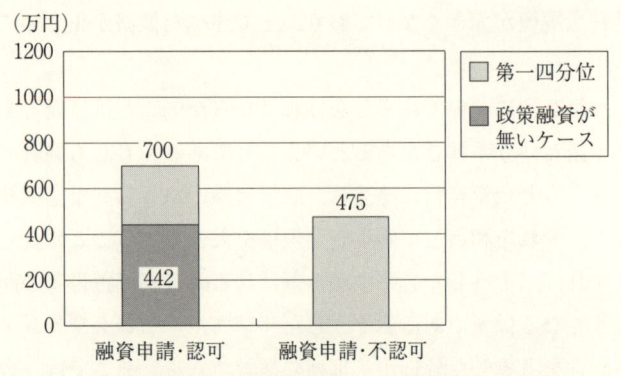

図9-3 国民生活金融公庫融資による開業規模拡大効果

凡例：第一四分位／政策融資が無いケース

融資申請・認可：700（うち442）
融資申請・不認可：475

金融申請認可開業者と不認可開業者の開業資金規模の相違は開業者の属性，業種等の相違によって説明できるものというより，そのほとんどが政策金融を受けることができたのか否かということに起因するものである。その意味でも政策金融が開業資金規模に対して与える影響は大きいと言える。

4．政策的含意および今後の課題

われわれは開業資金規模の決定要因について日本のデータ・セットを用いて分析を行った。われわれのデータ・セットからは開業時の年齢，開業の形態（分社化，独立型），開業の直前の収入が開業資金規模に有意に正の影響を与えることがわかった。さらに公的機関の資金利用者についてはそうでない者に比べ開業資金規模が大きくなることがわかった。また，政策金融の開業資金規模に与える影響についての具体的試算も行った。

ここまでの分析は，開業資金規模が流動性による制約を受けている場合が少なくないことを示しており，政策的には開業時における資金面での助成が開業資金規模拡大に有効であることを示している。

こうした本論の結果は今日，定着しつつある喧しい「官から民へ」の流れに逆行するものであるととらえられるかもしれない。しかしながら，政策金融については民業圧迫，官僚の天下り先の確保等の文脈で語られることが多く，そうした政治的視点からその是非が問われることが多い反面，そうした

リスクに対して比較的中立的な金融機関の存在する意味，それが実際の中小企業の資金調達や経済全体における資源配分に与える影響はどのようなものかという観点から数量的分析が行われることは非常に少ない。本論の分析はそうした計量分析のささやかな試みであり，われわれのデータ・セットから言えるのは，少なくとも開業時については政策金融が一定の役割を果たすと言えることを述べるにとどまるものである。

なお，本分野の研究の観点から見ると，開業資金規模との関係で今後，着目するべきは開業者の内面的動機の関係であろう。開業者の中には，企業を大きくしていこうという典型的起業家もいれば，現在の規模を維持し，生活できればという者も存在する。こうした意義の差は開業資金規模にも影響するであろう。その意味で今後の開業資金規模の研究としては開業動機等との関係の分析があるのではないであろうか。この点についての分析も今後の課題である[14]。

【注】

1）中小企業庁編（2002），p.66.
2）もっとも，最近では都市銀行の中にもリスクの大きい創業直後の企業を対象にした融資制度も登場しつつある。しかしながらそうした制度も決算書のない開業時を対象としているわけではない。
3）こうした可能性について初めて指摘したのはStiglitz and Weiss（1981）である。
4）リレーションシップ・バンキングの代表的文献としてはBerger and Udell（1995），Petersen and Rajan（1994），Petersen and Rajan（1995）が挙げられる。
5）新規開業に係る流動性制約については，海外においては広く指摘されている。例えばEvans and Jovanovic（1989）はアメリカの白人男子について資産を多く保有している者ほど，自営業者になる可能性が高いことを発見した。また，Holtz-Eakin, Joulfaian, and Rosen（1994）は，遺産相続に着目し相続を受け資産を大きく増加させた者が高い確率で自営業者となることを紹介した。また，Lindh and Ohlson（1996）は，スウェーデンのデータをもとに宝くじの当選と自営業者の関係について分析した。結果として，宝くじ当選者の方が自営業者である可能性は高かった。さらに，Praag, Hans, and Rajan（1995），Blanchflower and Oswald（1998）も資産の水準が開業規模を規定していることを報告している。

また，わが国においては阿部，山田（1998）が中高年齢層の独立開業にとって持ち家の有無等の資産状況が有意な影響を有していることを発見するとともに，玄田，石原，神林（1998），玄田，神林（2001）も総務省「全国消費実態調査」の個票を用いた多項

選択モデルから自営業の選択と資産保有状況が関連していることを報告している。

さらに，開業時の流動性制約と開業規模の関係を理論的に分析した文献としてはMattinelli（1997）が挙げられる。

6）ただし，本書においてわれわれが使用する「新規開業にかかる実態調査」からのサンプルにおいても新規開業者に対する国民生活金融公庫の金利は平均で2.46％であるのに対して，民間金融機関では平均2.64％と，両者の差はわずかなものであった。

7）理想的には政策金融に係る制度はこの両者を峻別し，必要な者のみ利用できるようにするものなのであろう。しかしながら，政府が定める制度は明確な基準がない限り，ある企業は利用可能であるが，別の企業は利用を排除することは困難である。

8）「新規開業にかかる実態調査」の詳細については，第1章を参照。

9）例えば，Mata（1993, 1996），Mata and Machado（1996）がこれに該当する。

10）例えば，このような指摘は国内については高橋（2002），中小企業庁（2002）が行っている。

11）第Ⅰ列に比べ係数の絶対値は小さくなっているが，これは第Ⅱ列のサンプルに資金調達手段を多く有し，流動性制約がほとんどない企業が含まれていることによるものと考えられる。

12）通常，サンプル・セレクション・モデルの推定には説明変数の数に応じた大サンプルが必要となる。こうした制約を少しでも避けるため，第Ⅲ列の分析では開業直前の収入に係るダミー変数を低収入グループ（(1), (2)）と高収入グループ（(4), (5)）にまとめている。

13）サンプル・セレクション・モデルの推定方式としては不完全情報最尤法によるものと完全情報最尤法によるものがあるが，ここでは後者を用いた。

なお，ここでのモデルで申請の有無の決定と開業資金規模の決定の相関の程度を示すミルズ比は，両決定間に相関はあることを有意に示してはおらず，サンプル・セレクション・モデル自体が有効であることは示されなかった。

14）この方向で既に行われている試みとしては，安田（2004）がある。

〔安田　武彦〕

補章

企業家タイプと企業家活動

1. はじめに

　企業家活動に関するアメリカの代表的研究者（代表的テキスト）であるジェフリー・ティモンズ教授（Jeffrey Timmons, *New Venture Creation*）も指摘するように，企業家活動のプロセス推進の中心は「企業家（起業家）」である。欧米では，後述するように企業家が極めて多様な存在（Not a homogeneous entity）であることが多くの研究によって明らかにされているが，わが国では経営学，経済学の両分野において企業家そのものに関する研究はほとんど実施されてきていないと言ってもよい。経営学において主たる研究対象はやはり「組織」であり，伝統的経済学（新古典派経済学）においても企業の規模や企業の経営者（企業家）そのものが重要な意味を持つことはない。しかし，政策のコスト効率性の視点からもターゲットを明確にした支援施策の実施が不可欠であり，企業家そのものを直接的に対象とする研究の進展がわが国においても求められている。

　また，わが国では，近年，開業率が廃業率を大幅に下回っており，中小企業はもとよりわが国経済の活力の減退までもが懸念されており，新規開業および第二創業の活性化は緊急の課題となっている。しかしながら，欧米では新規開業および第二創業の実態について綿密な分析がなされ，多様な施策がすでに実施され成果を上げているのに対して，わが国では実態把握が必ずし

も十分とは言えない。このような状況の改善への貢献を目的として、経済産業省中小企業庁の政策課題に係る調査研究の一環として、イギリスのノッティンガム大学ビジネス・スクールのポール・ウェストヘッド教授の協力を得て、事業主に関する日英比較共同調査を実施することとした。同調査は、日英両国とも同じ質問項目を用い、事業規模を問わず幅広い業種を対象に実施した。今後、日英両国を比較検討することによって、わが国の事業主における特徴を把握・分析し、今後の新規開業、第二創業支援に関する施策立案に対するインプリケーションを提示することが可能と言えよう。

本章は、その前段階となる予備的分析の結果を提示するものである。第2節では、企業家タイプと企業家活動に関する先行研究について簡単なレビューを行う。第3節では、今回実施したアンケート調査の実施方法と回答企業の概要を紹介する。第4節では、アンケート回答企業を、1つは事業経営の契機別（自ら創業した事業主か事業を継承した事業主か）、もう1つは所有形態別（家族所有企業の事業主か非家族所有企業の事業主か）に分けて、回答企業の構成を見る。第5節では、上記の2つのタイプ別に分けて、1．事業を創業・継承した理由、2．ビジネス・チャンスの認識、3．重視する経営のパフォーマンス指標、4．新たな取り組みに対する態度、5．パフォーマンス、という5つのテーマに関して両グループ間に違いが見られるかどうかを分析する。第6節は、本章の総括である。

2．企業家タイプと企業家活動に関する先行研究

企業家は極めて多様であることが明らかになってきており、それを反映して企業家に関する研究も多様な側面からアプローチされるようになっている。まず、1つの研究の流れは、企業を興す前段階に注目するというものである。将来事業を興すことに関心を持っている個人は潜在的企業家（Nascent Entrepreneur）と呼ばれており、こうした企業家予備軍の特徴を明らかにしようとする研究が進展している。例えばReynolds（1997）は、アメリカの成人人口の約4％がNascent Entrepreneurであるとし、かつこれらは大きく3つのグループ（年齢や雇用形態等で分類）から構成され、新規開業の83％

がこれら3つのグループから生まれていることを指摘している。Carter *et al.* (1996) は，アメリカにおいて起業を検討している71名について18カ月後の追跡調査を実施し，48％が開業，22％が断念，残りの30％は以前模索中であるとの状況を報告するとともに，開業に至ったグループの特徴（事業実現に向けた活動の積極性など）を分析している。Delmar and Davidsson (2000) は，スウェーデンを対象とした分析（ノルウェーとアメリカとの比較）を行い，スウェーデンの成人人口の約2％が Nascent Entrepreneur であり，ノルウェーやアメリカと比較して比率がかなり小さいことを指摘している。

　わが国については，原田（2002）の研究がこうした視点からの分析に近いものである。原田は，就業構造基本調査の個票データを用いて，日本の潜在的開業者の分析を行い，諸外国に比べて潜在的開業者比率は低いが，実際の開業企業数に対する比率からすれば相当数の潜在的開業者が存在するとしている。また，高い失業率と大都市圏（都道府県別分析）が潜在的開業者に対してプラスの影響を持っていることを明らかにしている。

　もう1つの研究の流れは，実際に事業を興した企業家について分析を進展させるというものである。こうしたテーマに関する分析には，極めて多様な視点から豊富な研究の蓄積がある。Westhead and Wright (1998) は，企業家には初めて事業を興した企業家（Novice Entrepreneur）と，これまでに事業を興した経験のある企業家（Habitual Entrepreneur）がおり，さらに，後者の Habitual Entrepreneur には2つのタイプ，すなわち1つの事業を終えてから新たに別の事業を興す Serial Entrepreneur と，複数の事業を同時並行的に行っている Portfolio Entrepreneur がいることをイギリスに関する大規模なアンケート調査によって明らかにしている。また，これら3つのタイプの企業家は，起業動機，行動様式，資金調達源などが大きく異なるが，3者の起業後のパフォーマンスには大きな差が見られないことを明らかにしている。企業家を3つのタイプに分類するという視点と，上述の Nascent Entrepreneur の分析を統合した研究として，Alsos and Kolvereid (1998) があるが，彼らはノルウェーの Novice Entrepreneur, Serial Entrepreneur, Parallel Entrepreneur（上記の Portfolio Entrepreneur と同義）の形成過程

の分析し，Parallel Entrepreneur のベンチャー事業の実現可能性が高いことを明らかにしている。

このほか，男性企業家（Male Entrepreneur）と女性企業家（Female Entrepreneur）という視点からの分析も支援施策のあり方との関連で研究が進展している。男性と女性の支援に対するニーズは異なるのか，同じなのかという疑問に対して，こうした分析の先駆的な研究である Birley *et al.*（1987）や Chrisman *et al.*（1990）は，両者に違いは見られず，女性向けに特化したサービスの必要性はないと結論付けている。しかし，わが国に関して国民生活金融公庫総合研究所が最近実施したわが国の女性企業家を対象とした調査によれば，女性企業家も多様であり，タイプ別にパフォーマンスにも違いが見られることなどが明らかになっている（高橋［2002］などを参照）。

家族経営企業（ファミリービジネス）と非家族経営企業（ノン・ファミリービジネス）の比較についても多様な視点から膨大な研究の蓄積がある（*Family Business Review* などに掲載されている論文を参照されたい）。例えば，Westhead and Cowling（1997）や Morris *et al.*（1997）などが明らかにしているように，家族経営企業のオーナーの重要な事業目的は次の世代の家族メンバーに経営を引き継ぐこと，家族経営企業として生存できるようにすることであり，非家族経営企業とは事業目的そのものに違いが見られる。また，家族経営企業のパフォーマンスに関しても多くの分析が実施されているが，家族経営企業のほうが非家族経営企業よりも高いパフォーマンスをあげることができるとの仮説に基づいた検証から，逆に非家族経営企業のほうが家族経営企業よりも高いパフォーマンスをあげることができるとの仮説に基づいた検証まで多様な研究が実施されてきていると言えよう。また，こうした視点と関連して，企業には企業家が自ら創業した場合もあれば，事業を継承した場合もあり，こうした比較の視点からの分析も多く見られる。

このように，企業家が多様であることから新規事業をスタートする動機も多様である。Taylor（1996）の自営業を対象とした分析では，仕事それ自体，主導権を握れる自由，所得，職の保証，時間の管理といった動機が指摘されている。また，起業動機と起業後のパフォーマンスとの関連性を分析した Birley and Westhead（1994）においても，自由・独立性，市場機会の発見，

自分の時間の管理,お金といったさまざまな動機が指摘されている(わが国を対象に起業後の成長率と起業動機との関連性を分析したものとして,安田[2004]を参照)。こうした起業動機の多様性との関連での企業家研究の新しい流れとして,Leadbeater(1997)やGlancey et al.(2000)の研究以降,ボランティア,民間企業が提供するサービスのギャップを埋める存在として社会的貢献を起業の目的とする社会企業家(Social Entrepreneur)の存在が注目されている。ただ,こうしたSocial Entrepreneurの実態についての学術研究は今のところほとんど見られないのが現状である。

3. アンケート調査方法

ノッティンガム・ビジネス・スクールのポール・ウェストヘッド教授の協力を得て,将来的に日英比較の視点からの分析が可能となるように,できる限り同様の方法での調査を検討した。イギリス調査では,大企業の子会社,工場(支店事業所),外国企業,非営利企業を対象外とし,Dun & Bradstreetのデータベースから独立系企業のみを抽出している。郵送先企業の抽出方法については,イギリス調査では,12の地域と,4つの業種(農業,製造業,建設業,サービス業)の2つの視点から郵送対象企業を抽出している。例えば仮に,イギリス全体の事業所総数における,スコットランドの構成比が10%,スコットランドにおける製造業の構成比が30%(農業10%,建設業10%,サービス業50%)としよう。このような状況の下で,送付対象企業を5000とすれば,5000×0.1=500をスコットランドの企業に郵送する。さらに,業種の内訳を考慮し,500×0.3=150を製造業に送付する。以上のサンプリング・フレイムにもとづいて,送付先企業をデータベースからランダムに抽出するという方法を採用している。

わが国を対象とした調査においては,まず総務庁統計局「平成11年事業所・企業統計調査報告」から1999年7月1日時点における企業数(株式・有限・合資・合名・相互会社の合計)の都道府県別,業種別のデータを入手した。このデータをもとに,各都道府県の企業数の全国の総企業数に対する構成比を算出し,次に各都道府県における業種別の構成比を算出した。最後に,

アンケート送付先企業7000社に対して，都道府県別，業種別の送付先企業数を算出し，具体的な送付先企業については東京商工リサーチのデータベースからランダムに抽出した。事業所統計からの計算によれば，農林漁業，鉱業，建設業，製造業，電気・ガス・熱供給・水道業，運輸・通信業，卸売・小売・飲食店，金融・保険業，不動産業，サービス業の10業種の構成比は，全国ベースではそれぞれ0.6％，0.1％，18.1％，19.2％，0.0％，3.4％，36.0％，1.0％，5.6％，16.1％となっている（図補-1）。これに対してアンケート回答企業の業種別構成は，0.5％，0.0％，14.8％，15.7％，3.8％，3.2％，36.1％，1.8％，2.9％，21.1％となっている（図補-2）。業種別の回答企業の構成比を見る限り，送付先企業の業種別構成比をほぼ反映した回答企業の構成になっているように思われる。

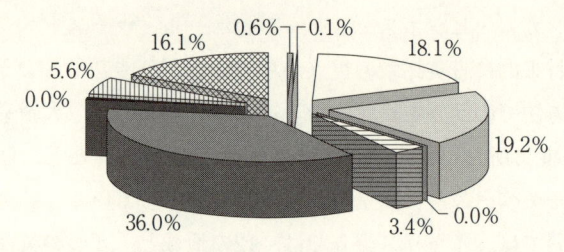

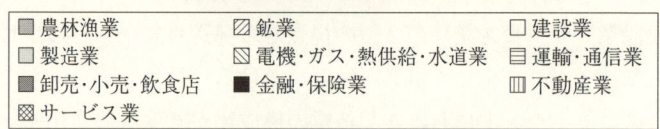

図補-1　アンケート送付先企業の業種別内訳

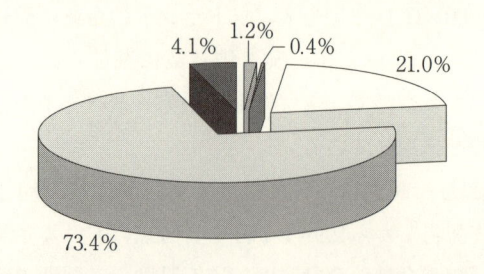

図補-2　アンケート回答企業の事業組織形態別内訳

回答企業の事業組織形態別の内訳を見れば，有効回答567社のうち，個人企業7，合名会社・合資会社2，有限会社119，株式会社416，その他23となっており，有限会社と株式会社でほぼ100％を占める（図補-3）。

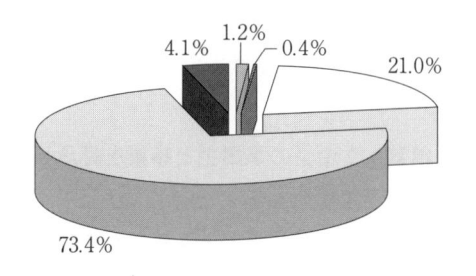

図補-3　アンケート回答企業の事業組織別内訳

他の企業の子会社であるかどうかの質問に対しては，有効回答564のうち，「はい」と回答した企業は63（11.2％）にすぎず，501（88.8％）は独立系企業である（図補-4）。子会社は独立系企業とはかなり性格を異にするため，イギリスにおける分析と同様，以下の分析においては独立系企業のみにサンプルを限定して分析を行う。

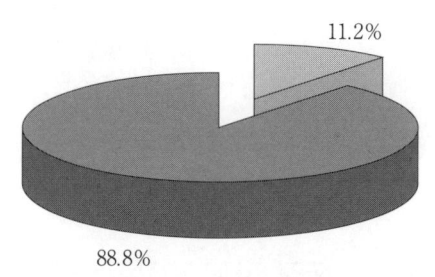

図補-4　アンケート回答企業の子会社と独立系企業の内訳

4．企業家タイプの定義

本章では，第2節で示した欧米における先行研究の成果をふまえ，わが国

の事業主を対象とした調査によって入手したデータの分析を通じて，企業家タイプ別の違いについて分析することにしたい。ただ，以下での分析は，自ら創業した企業の事業主と事業を継承した企業の事業主の比較，家族経営企業の事業主と非家族経営企業の事業主の比較の2つの視点からの分析を行い，他の視点からの分析は今後の課題としたい。

4．1．自ら創業した企業の事業主と事業を継承した企業の事業主

「どうしてこの事業を経営することになったか」という質問に対して，有効回答550のうち「自ら創業した」と回答した事業主が232（40.6％），「事業を継承した」と回答した事業主が307（53.8％），「株式を購入または買収した」と回答した事業主が11（1.9％）となっている（図補-5）。わが国の場合，企業のM＆Aはこれまであまり活発ではなかったことを反映して，株式を購入または買収することによって事業主になったケースは極めて少数であることがわかる。次節の分析では，他企業の子会社と株式を購入または買収することによって事業主になったものを除いた487社をサンプルとして，自ら創業した事業主と事業を継承した事業主の比較の視点から分析を行う。

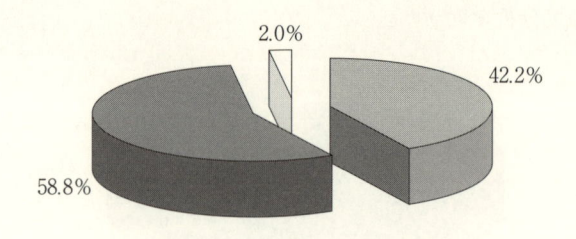

図補-5　アンケート回答企業の事業経営の契機別内訳

（自ら創業した 42.2％　事業を継承した 58.8％　株式を購入・買収した 2.0％）

4．2．家族経営企業の事業主と非家族経営企業の事業主

「50％を超える株式が血縁または結婚による1つの家族によって所有されているかどうか」を家族経営の定義として，本アンケートでは質問を行っている。有効回答560社のうち，家族経営の企業が386（68.9％），家族経営で

ない企業が174（31.1％）となっており，7割は家族企業であることがわかる（図補-6）。以下では，他企業の子会社を除いた501社をサンプルとして，家族経営企業の事業主と非家族経営企業の事業主の比較の視点から分析を行う。

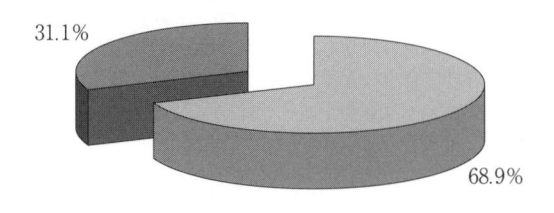

31.1％
68.9％

■家族経営 ■非家族経営

図補-6 アンケート回答企業の家族経営，非家族経営別の内訳

5．企業家タイプ別の比較分析

5．1．事業を創業および継承した理由

事業を創業，継承した理由として，表補-1に示す24の各理由がどの程度重要であったのかについて，5段階（1．全く重要ではない，2．あまり重要ではない，3．普通，4．ある程度は重要，5．極めて重要）で質問を行っている。以下は，その回答状況の比較である。

5．1．1．自ら創業した事業主と事業を継承した事業主の比較

Mann-Whitney検定の結果によれば，1％水準（両側）で両グループ間に有意な差が見られる項目は，表補-2に示されるように，1．新しい事業を開始し成長させることの諸問題または機会に遭遇したため，2．今まで身に付けた知識や技術にさらに磨きをかけるため，3．技術開発において革新者であり，その先駆者となるため，4．新製品のためのアイディアを発展させるため，6．自分の仕事を，自分のやりかたで実行できる自由度が高いから，8．自分の人生において有意義であるから，9．目前の好機を活用するため，20．家系の伝統を継承できるから，21．親類の幸せにつながるから，22．私

表補-1　事業を創業および継承した理由（24の評価項目リスト）

1. 新しい事業を開始し成長させることの諸問題または機会に遭遇したため
2. 今まで身に付けた知識や技術にさらに磨きをかけるため
3. 技術開発において革新者であり，その先駆者となるため
4. 新製品のためのアイデアを発展させるため
5. 自分の尊敬する人のようになりたいため
6. 自分の仕事を，自分のやりかたで実行できる自由度が高いから
7. 自分自身で時間を自由に管理できるため
8. 自分の人生において有意義であるから
9. 目前の好機を活用するため
10. 自分自身，配偶者，子供の生活の安定のため
11. 個人的な富を生み出すため（所得やキャピタルゲインの獲得）
12. 税控除などの間接的利益を得ることができるから
13. 現在直面している税負担を軽減するため
14. 自分自身と家族の生活にとって選択の柔軟性が高まるため
15. 何かを達成でき，社会的に認められるため
16. 社会における，より高い地位を得ることができるから
17. 家族の地位および名声が高くなるため
18. 友人に尊敬されるため
19. 社会において，より大きな影響力を持つことができるため
20. 家系の伝統を継承できるから
21. 親類の幸せにつながるから
22. 私の暮らす地域社会の幸せにつながるから
23. 私と同じ背景を持つ人々の幸せにつながるから
24. 失業または解雇されていたため

の暮らす地域社会の幸せにつながるから，24. 失業または解雇されていたため，の11項目となっている。1, 2, 3, 4, 6, 8, 9, 24の8項目については，自ら創業した事業主はこれらの理由をより重視する傾向が見られる。20, 21, 22の3項目については，事業を継承した事業主がより重視する傾向にある。

5.1.2. 家族経営企業の事業主と非家族経営企業の事業主の比較

Mann-Whitney 検定の結果によれば，1％水準（両側）で両グループ間に有意な差が見られる項目は，表補-3に示されるように，7. 自分自身で時間を自由に管理できるため，10. 自分自身，配偶者，子供の生活の安定のため，11. 個人的な富を生み出すため（所得やキャピタルゲインの獲得），12.

補章　企業家タイプと企業家活動　241

表補-2　事業を創業および継承した理由の比較（自ら創業した事業主と継承した事業主）

	重要度	1	2	3	4	5
1. 新しい事業を開始し成長させることの諸問題または機会に遭遇したため						
自ら創業した	回答数	16	19	53	61	60
	構成比	7.7	9.1	25.4	29.2	28.7
事業を継承した	回答数	48	41	70	47	35
	構成比	19.9	17.0	29.0	19.5	14.5
2. 今まで身に付けた知識や技術にさらに磨きをかけるため						
自ら創業した	回答数	21	23	50	66	51
	構成比	10.0	10.9	23.7	31.3	24.2
事業を継承した	回答数	37	36	74	71	23
	構成比	15.4	14.9	30.7	29.5	9.5
3. 技術開発において革新者であり，その先駆者となるため						
自ら創業した	回答数	35	44	74	35	19
	構成比	16.9	21.3	35.7	16.9	9.2
事業を継承した	回答数	73	60	73	22	11
	構成比	30.5	25.1	30.5	9.2	4.6
4. 新製品のためのアイデアを発展させるため						
自ら創業した	回答数	44	38	61	43	19
	構成比	21.5	18.5	29.8	21.0	9.3
事業を継承した	回答数	66	64	61	37	13
	構成比	27.4	26.6	25.3	15.4	5.4
6. 自分の仕事を，自分のやりかたで実行できる自由度が高いから						
自ら創業した	回答数	7	12	31	71	91
	構成比	3.3	5.7	14.6	33.5	42.9
事業を継承した	回答数	9	24	65	90	57
	構成比	3.7	9.8	26.5	36.7	23.3
8. 自分の人生において有意義であるから						
自ら創業した	回答数	13	7	47	71	72
	構成比	6.2	3.3	22.4	33.8	34.3
事業を継承した	回答数	13	17	79	87	47
	構成比	5.3	7.0	32.5	35.8	19.3
9. 目前の好機を活用するため						
自ら創業した	回答数	13	20	75	58	43
	構成比	6.2	9.6	35.9	27.8	20.6
事業を継承した	回答数	26	21	113	55	28
	構成比	10.7	8.6	46.5	22.6	11.5
20. 家系の伝統を継承できるから						
自ら創業した	回答数	84	61	51	9	2
	構成比	40.6	29.5	24.6	4.3	1.0
事業を継承した	回答数	43	27	75	59	46
	構成比	17.2	10.8	30.0	23.6	18.4
21. 親類の幸せにつながるから						
自ら創業した	回答数	83	52	69	3	0
	構成比	40.1	25.1	33.3	1.4	0.0
事業を継承した	回答数	72	55	88	22	4
	構成比	29.9	22.8	36.5	9.1	1.7
22. 私の暮らす地域社会の幸せにつながるから						
自ら創業した	回答数	47	37	94	22	6
	構成比	22.8	18.0	45.6	10.7	2.9
事業を継承した	回答数	31	44	109	45	17
	構成比	12.6	17.9	44.3	18.3	6.9
24. 失業または解雇されていたため						
自ら創業した	回答数	124	30	32	7	8
	構成比	61.7	14.9	15.9	3.5	4.0
事業を継承した	回答数	184	22	25	2	1
	構成比	78.6	9.4	10.7	0.9	0.4

重要度の1は全く重要ではない。5は極めて重要である。

税控除などの間接的利益を得ることができるから，14. 自分自身と家族の生活にとって選択の柔軟性が高まるため，の5項目となっている。これらの5項目について，家族経営企業はより重視する傾向が見られる。

表補-3　事業を創業および継承した理由の比較（家族経営企業と非家族経営企業）

	重要度	1	2	3	4	5
7. 自分自身で時間を自由に管理できるため						
家族経営企業	回答数	42	60	121	87	39
	構成比	12.0	17.2	34.7	24.9	11.2
非家族経営企業	回答数	23	23	43	17	7
	構成比	20.4	20.4	38.1	15.0	6.2
10. 自分自身，配偶者，子供の生活の安定のため						
家族経営企業	回答数	19	35	106	97	92
	構成比	5.4	10.0	30.4	27.8	26.4
非家族経営企業	回答数	12	19	54	22	8
	構成比	10.4	16.5	47.0	19.1	7.0
11. 個人的な富を生み出すため（所得やキャピタルゲインの獲得）						
家族経営企業	回答数	43	61	144	73	24
	構成比	12.5	17.7	41.7	21.2	7.0
非家族経営企業	回答数	27	36	34	13	3
	構成比	23.9	31.9	30.1	11.5	2.7
12. 税控除などの間接的利益を得ることができるから						
家族経営企業	回答数	116	94	116	15	5
	構成比	33.5	27.2	33.5	4.3	1.4
非家族経営企業	回答数	48	35	25	3	0
	構成比	43.2	31.5	22.5	2.7	0.0
14. 自分自身と家族の生活にとって選択の柔軟性が高まるため						
家族経営企業	回答数	43	62	175	56	12
	構成比	12.4	17.8	50.3	16.1	3.4
非家族経営企業	回答数	28	35	36	14	0
	構成比	24.8	31.0	31.9	12.4	0.0

重要度の1は全く重要ではない。5は極めて重要である。

このように，事業を創業および継承した理由について見るとき，自ら創業した事業主と事業を継承した事業主との間，および家族経営企業の事業主と非家族経営企業の事業主の間で大きな違いが見られる。また，自ら創業した事業主と事業を継承した事業主の比較で統計的に有意な差が見られる項目と，家族経営企業の事業主と非家族経営企業の事業主の比較で差が見られる項目

補章 企業家タイプと企業家活動　243

はかなり異なっていることがわかる。

5.2. ビジネス・チャンスの認識・特徴

　ビジネス・チャンスの認識・特徴に関して，表補-4に示す26の記述がどの程度あてはまるのかについて，5段階（1．大変当てはまる，2．ある程度当てはまる，3．どちらとも言えない，4．あまり当てはまらない，5．全く当てはまらない）で回答するように事業主に質問している。

5.2.1. 自ら創業した事業主と事業を継承した事業主の比較

　Mann-Whitney 検定の結果によれば，1％水準（両側）で両グループ間に有意な差が見られる項目は，表補-5に示されるように，4．私の事業のアイディアは，技術主導型のものであった，7．私の事業のアイディアは，技術主導型のものであった，10．私の大きな強みの1つは，経営資源を組織化し，さまざまな仕事をバランス良く組み合わせることにある，14．私の大きな強みの1つは，技術的または職務的領域における専門性にある，15．私の大きな強みの1つは，技術的に優れた商品またはサービスを開発する能力にある，25．現在の事業のコンセプトは，私が別の会社で働いていたときに発展したものである，26．現在の事業のアイディアは，全く私自身が独自に考えたものである，の7項目となっている。4，7，14，15，25，26の6項目については，自ら創業した事業主がこれらの記述に対してうなずけると回答する傾向が見られる。10の1項目については，事業を継承した企業家のほうが，よりうなずけると回答する傾向にある。

5.2.2. 家族経営企業の事業主と非家族経営企業の事業主の比較

　Mann-Whitney 検定の結果によれば，1％水準（両側）で両グループ間に有意な差が見られる項目は，表補-6に示されるように，9．私の大きな強み1つは，担当者を組織化し，担当者に動機を与えることによって，良い結果を得るということにある，10．私の大きな強みの1つは，経営資源を組織化し，さまざまな仕事をバランス良く組み合わせることにある，11．私の大きな強みの1つは，効率的な協力体制を確立し，効果的に仕事を委任できる

表補-4　ビジネス・チャンスの認識・特徴（26の評価項目リスト）

1. この事業の背後にあるアイディアは，地道な努力から生まれたものである
2. この事業の背後にあるアイディアは，偶然の出来事から生まれたものである
3. 私の事業のアイディアは，市場ニーズをとらえたものである
4. 私の事業のアイディアは，技術主導型のものであった
5. 私の事業のアイディアは，私の資金調達の能力によって生まれたものである
6. 私は，顧客の満たされていないニーズを正確に認識している
7. 私の大きな強みの1つは，人々が望む製品やサービスを具体的に知っているということにある
8. 私の大きな強みの1つは，質の高いビジネス・チャンスをつかむことのできる能力にある
9. 私の大きな強み1つは，担当者を組織化し，担当者に動機を与えることによって，良い結果を得るということにある
10. 私の大きな強みの1つは，経営資源を組織化し，さまざまな仕事をバランス良く組合わせることにある
11. 私の大きな強みの1つは，効率的な協力体制を確立し，効果的に仕事を委任できる能力にある
12. 私の大きな強みの1つは，人々を監督し，動かし，先導する能力にある
13. 私は，限られた経営資源で最高の結果を生む経営資源の割り当てができる
14. 私の大きな強みの1つは，技術的または職務的領域における専門性にある
15. 私の大きな強みの1つは，技術的に優れた商品またはサービスを開発する能力にある
16. ビジネス・チャンスの識別は，長年にわたるいくつかの学習段階を経てできるものである
17. アイディアが，長年にわたって発展しうるコンセプトを具体的にしたものということが極めて重要である
18. 問題はアイディアを識別することではなく，資本やその他の経営資源を獲得することである
19. 私が長年にわたって識別してきたいくつかのビジネス・チャンスには，互いに関連性を持たないことが多かった
20. 1つのビジネス・チャンスについて検討することは，しばしば他のビジネス・チャンスの発見に結び付く
21. 良いビジネス・チャンスを識別するには，通常，特定の市場に没頭（特化）する必要がある
22. 現在の事業の背後にあるアイディアは，急にわいてきたような気がする
23. 現在の事業を開始するためのアイディアについては，念入りに努力して調査した
24. 現在の事業のコンセプトは，私と他の人々との会話から発展したものである
25. 現在の事業のコンセプトは，私が別の会社で働いていたときに発展したものである
26. 現在の事業のアイディアは，全く私自身が独自に考えたものである

補章 企業家タイプと企業家活動　245

表補-5　ビジネス・チャンスの認識・特徴に関する比較（自ら創業した事業主と継承した事業主）

	あてはまり度	1	2	3	4	5
4．私の事業のアイディアは，技術主導型のものであった						
自ら創業した	回答数	30	65	40	31	30
	構成比	15.3	33.2	20.4	15.8	15.3
事業を継承した	回答数	23	57	59	43	51
	構成比	9.9	24.5	25.3	18.5	21.9
7．私の大きな強みの1つは，人々が望む製品やサービスを具体的に知っているということにある						
自ら創業した	回答数	26	116	50	8	3
	構成比	12.8	57.1	24.6	3.9	1.5
事業を継承した	回答数	25	108	93	18	5
	構成比	10.0	43.4	37.3	7.2	2.0
10．私の大きな強みの1つは，経営資源を組織化し，さまざまな仕事をバランス良く組合わせることにある						
自ら創業した	回答数	7	55	88	42	10
	構成比	3.5	27.2	43.6	20.8	5.0
事業を継承した	回答数	17	86	98	34	8
	構成比	7.0	35.4	40.3	14.0	3.3
14．私の大きな強みの1つは，技術的または職務的領域における専門性にある						
自ら創業した	回答数	38	90	51	20	6
	構成比	18.5	43.9	24.9	9.8	2.9
事業を継承した	回答数	26	67	89	48	14
	構成比	10.7	27.5	36.5	19.7	5.7
15．私の大きな強みの1つは，技術的に優れた商品またはサービスを開発する能力にある						
自ら創業した	回答数	21	67	75	27	13
	構成比	10.3	33.0	36.9	13.3	6.4
事業を継承した	回答数	13	40	106	61	24
	構成比	5.3	16.4	43.4	25.0	9.8
25．現在の事業のコンセプトは，私が別の会社で働いていたときに発展したものである						
自ら創業した	回答数	35	70	38	24	33
	構成比	17.5	35.0	19.0	12.0	16.5
事業を継承した	回答数	9	30	81	47	76
	構成比	3.7	12.3	33.3	19.3	31.3
26．現在の事業のアイディアは，全く私自身が独自に考えたものである						
自ら創業した	回答数	27	47	69	38	22
	構成比	13.3	23.2	34.0	18.7	10.8
事業を継承した	回答数	6	29	91	60	61
	構成比	2.4	11.7	36.8	24.3	24.7

あてはまり度の1はとてもうなずける。5は全くうなずけない。

能力がある，の3項目となっている。これらの3項目について，非家族経営企業の事業主はよりうなずけると回答する傾向が見られる。

表補-6 ビジネス・チャンスの認識・特徴に関する比較（家族経営企業と非家族経営企業）

	あてはまり度	1	2	3	4	5
9．私の大きな強み1つは，担当者を組織化し，担当者に動機を与えることによって，良い結果を得るということにある						
家族経営企業	回答数	27	120	114	56	19
	構成比	8.0	35.7	33.9	16.7	5.7
非家族経営企業	回答数	18	44	48	7	0
	構成比	15.4	37.6	41.0	6.0	0.0
10．私の大きな強みの1つは，経営資源を組織化し，さまざまな仕事をバランス良く組合わせることにある						
家族経営企業	回答数	19	88	147	65	17
	構成比	5.7	26.2	43.8	19.3	5.1
非家族経営企業	回答数	8	57	40	11	1
	構成比	6.8	48.7	34.2	9.4	0.9
11．私の大きな強みの1つは，効率的な協力体制を確立し，効果的に仕事を委任できる能力にある						
家族経営企業	回答数	25	144	116	48	7
	構成比	7.4	42.4	34.1	14.1	2.1
非家族経営企業	回答数	12	62	36	5	0
	構成比	10.4	53.9	31.3	4.3	0.0

あてはまり度の1はとてもうなずける。5は全くうなずけない。

ビジネス・チャンスの認識・特徴に関しても，自ら創業した事業主と事業を継承した事業主との間，および家族経営企業の事業主と非家族経営企業の事業主の間で大きな違いが見られる。また，自ら創業した事業主と事業を継承した事業主の比較で統計的に有意な差が見られる項目と，家族経営企業の事業主と非家族経営企業の事業主の比較で差が見られる項目はかなり異なっていることがわかる。

5.3．重視する経営のパフォーマンス指標

重視する経営のパフォーマンス指標について，表補-7に示す12の指標がどの程度重要であるかについて，5段階（1．極めて重要，2．かなり重要，

3．ある程度重要，4．多少重要，5．ほとんど重要ではない）で質問している。

表補-7　パフォーマンス基準としての重要性（12の評価項目リスト）

1．売上高水準
2．売上高成長率
3．キャッシュフロー
4．株主資本利益率
5．総利益マージン
6．事業からの純利益
7．企業の存続
8．企業の評判と地位
9．従業員の保障
10．企業の独立的所有（独立性）
11．家族・親族のための雇用の提供
12．自身の生活様式の維持／進展

5.3.1．自ら創業した事業主と事業を継承した事業主の比較

Mann-Whitney 検定の結果によれば，1％水準（両側）で両グループ間に有意な差が見られる項目は，表補-8に示されるように，6．事業からの純利益の1項目のみである。事業を継承した企業家のほうがより重視する傾向にある。

表補-8　パフォーマンス基準としての重要性（自ら創業した事業主と継承した事業主）

	重要度	1	2	3	4	5
6．事業からの純利益						
自ら創業した	回答数	60	60	54	8	4
	構成比	32.3	32.3	29.0	4.3	2.2
事業を継承した	回答数	87	105	32	4	5
	構成比	37.3	45.1	13.7	1.7	2.1

重要度の1は極めて重要である。5はほとんど重要ではない。

5.3.2．家族経営企業の事業主と非家族経営企業の事業主の比較

Mann-Whitney 検定の結果によれば，1％水準（両側）で両グループ間に有意な差が見られる項目は，表補-9に示されるように，11．家族・親族のための雇用の提供，12．自身の生活様式の維持／進展，の2項目となってい

る。これらの2項目について、家族経営企業は非家族経営企業と比べて重視すると回答する傾向が見られる。

表補-9　パフォーマンス基準としての重要性（家族経営企業と非家族経営企業）

	重要度	1	2	3	4	5
11. 家族・親族のための雇用の提供						
家族経営企業	回答数	24	49	116	48	76
	構成比	7.7	15.7	37.1	15.3	24.3
非家族経営企業	回答数	3	11	33	22	37
	構成比	2.8	10.4	31.1	20.8	34.9
12. 自身の生活様式の維持／進展						
家族経営企業	回答数	35	57	153	40	33
	構成比	11.0	17.9	48.1	12.6	10.4
非家族経営企業	回答数	7	13	46	25	17
	構成比	6.5	12.0	42.6	23.1	15.7

重要度の1は極めて重要である。5はほとんど重要ではない。

重視する経営のパフォーマンス指標に関して比較するとき、自ら創業した事業主と事業を継承した事業主との間、および家族経営企業の事業主と非家族経営企業の事業主の間で大きな違いが見られる。また、自ら創業した事業主と事業を継承した事業主の比較で統計的に有意な差が見られる項目と、家族経営企業の事業主と非家族経営企業の事業主の比較で差が見られる項目はかなり異なっていることがわかる。

5.4．事業に関する新たな取り組みに対する態度

事業に関する新たな取り組みに関して、表補-10に示す10の質問に対して、「はい」，「いいえ」で回答を求めている。

5.4.1．自ら創業した事業主と事業を継承した事業主の比較

カイ二乗検定によれば、1％水準（両側）で両グループ間に有意な差が見られる項目はない。5％水準で見ても統計的に有意な差は見られず、事業に関する新たな取り組みに対する態度については、自ら創業した事業主と事業を継承した事業主の態度に大きな差はないようである。

表補-10 新たな取り組みに対する態度（10の評価項目リスト）

1．新製品，または新しい品質の既存の製品を導入しましたか
2．新しい製造方式，または既存の方法を改良した方法を導入しましたか
3．新しい市場の発見，または，既存の市場で新しいマーケティング戦略を採用しましたか
4．新しい供給先を発見しましたか
5．資金管理の新しい方法を発見しましたか
6．あなたの組織において，新しい構造，システム，または手続き開発しましたか
7．とりわけより低いレベルで革新的な人々を参入させることで，新しいカルチャーを導入しましたか
8．人材を管理し開発するための新しい方法を展開していますか
9．品質管理とR&D（研究開発）を実施する新しい方法を展開していますか
10．政府およびその他の外部機関との取引について新しい方法を発見しましたか

5．4．2．家族経営企業の事業主と非家族経営企業の事業主の比較

カイ二乗検定によれば，1％水準（両側）で両グループ間に有意な差が見られる項目は，表補-11に示されるように，7．とりわけより低いレベルで革新的な人々を参入させることで，新しいカルチャーを導入しましたか，8．人材を管理し開発するための新しい方法を展開していますか，の2項目となっている。これらの2項目について，非家族経営企業は「はい」と回答する傾向が見られる。

事業に関する新たな取り組みに対する態度に関して比較するとき，自ら創

表補-11 新たな取り組みに対する態度（家族経営企業と非家族経営企業）

		はい	いいえ
7．とりわけより低いレベルで革新的な人々を参入させることで，新しいカルチャーを導入しましたか			
家族経営企業	回答数	45	282
	構成比	13.8	86.2
非家族経営企業	回答数	29	85
	構成比	25.4	74.6
8．人材を管理し開発するための新しい方法を展開していますか			
家族経営企業	回答数	102	230
	構成比	30.7	69.3
非家族経営企業	回答数	56	59
	構成比	48.7	51.3

業した事業主と事業を継承した事業主の比較では統計的に有意な差が見られる項目がないが，家族経営企業の事業主と非家族経営企業の事業主の比較では差が見られる項目がいくつかあり，両者の態度は異なっていることがわかる。

5.5．パフォーマンス

表補-12，表補-13，表補-14は，直近年度における経営状況，競争企業と比較した現在の収益状況，現在の事業を創業・所有したときと比べての現在の生活水準の3点に関して，自ら創業した事業主と事業を継承した事業主の比較，家族経営企業と非家族経営企業の比較を行っている。カイ二乗検定の結果によれば，直近年度における経営状況については両グループ間に5％水準（両側）で有意な差が見られる。事業を継承した事業主と非家族経営企業

表補-12　直近年度における経営状況

		赤字	収支均衡	黒字	Pearsonのカイ2乗	有意水準
自ら創業した	回答数	63	74	75	8.112	0.017
	構成比	29.7	34.9	35.4		
事業を継承した	回答数	77	60	116		
	構成比	30.4	23.7	45.8		
家族経営企業	回答数	112	109	135	6.971	0.031
	構成比	31.5	30.6	37.9		
非家族経営企業	回答数	28	29	61		
	構成比	23.7	24.6	51.7		

表補-13　競争企業と比較した現在の収益状況

	収益状況	1	2	3	4	5	MWのU	有意水準
自ら創業した	回答数	16	56	86	49	6	26914	0.860
	構成比	7.5	26.3	40.4	23.0	2.8		
事業を継承した	回答数	14	73	108	52	8		
	構成比	5.5	28.6	42.4	20.4	3.1		
家族経営企業	回答数	27	90	144	83	14	19728	0.320
	構成比	7.5	25.1	40.2	23.2	3.9		
非家族経営企業	回答数	3	40	50	22	2		
	構成比	2.6	34.2	42.7	18.8	1.7		

収益状況の1は極めて悪い。5は極めて良い。

表補-14 現在の事業を創業・所有したときと比べての現在の生活水準

	生活水準	1	2	3	4	5	MWのU	有意水準
自ら創業した	回答数	9	20	53	103	31	23186	0.001
事業を継承した	構成比	4.2	9.3	24.5	47.7	14.4		
	回答数	9	23	112	95	19		
	構成比	3.5	8.9	43.4	36.8	7.4		
家族経営企業	回答数	16	34	119	157	38	20880	0.736
非家族経営企業	構成比	4.4	9.3	32.7	43.1	10.4		
	回答数	2	10	48	45	12		
	構成比	1.7	8.5	41.0	38.5	10.3		

生活水準の1は極めて貧しい。5は極めて良い。

において黒字企業の比率が高いようである。競争企業と比較した現在の収益状況については，Mann-Whitney検定によれば違いは見られない。しかし，現在の事業を創業・所有したときと比べての現在の生活水準に関しては，自ら創業した事業主と事業を継承した事業主の間に1％水準（両側）で有意な差が見られ，自ら創業した企業において良好であると回答している企業が多いようである。一方，家族経営企業と非家族経営企業の間には差は見られない。

6．おわりに

本章では，アンケート回答企業を，1つは事業経営の契機別（自ら創業した事業主か事業を継承した事業主か），もう1つは所有形態別（家族所有企業の事業主か非家族所有企業の事業主か）に分けて，1．事業を創業・継承した理由，2．ビジネス・チャンスの認識，3．重視する経営のパフォーマンス指標，4．新たな取り組みに対する態度，5．パフォーマンスという5つのテーマに関して違いが見られるかどうかを分析した。その結果，自ら創業した事業主と事業を継承した事業主との間，および家族経営企業の事業主と非家族経営企業の事業主の間で大きな違いが見られることが明らかとなった。また，自ら創業した事業主と事業を継承した事業主の比較で統計的に有意な差が見られる項目と，家族経営企業の事業主と非家族経営企業の事業主

の比較で差が見られる項目はかなり異なっていることも明らかになった。企業家タイプを考慮した研究の進展とともに、政策的にも対象とする企業家の特徴をふまえた、ターゲットを明確にした施策の実施の必要性を示唆している。

　重視する経営のパフォーマンス指標においても企業家タイプで大きく異なっている。本章でも明らかになったように、企業家は多様であり、事業を行う動機も多様な中で、企業の成長は何で測ればよいのか、企業家活動の成果を測るにはどうすればよいのだろうかという問題を議論する必要もあるだろう。Murphy *et al.* (1996) は、企業家活動研究におけるパフォーマンスの測定の問題を扱ったが、彼らは、1987-1993年のアントレプレナーシップ関連の51の論文を分析し、60％は指標選択の正当性がないまま1つのみ（もしくは2つ）の指標を用いていたと指摘している。実際、多くの研究で用いられている成果指標は、効率性 (Efficiency)、成長 (Growth)、利益 (Profit)、規模 (Size)、流動性 (Liquidity)、成功・失敗 (Success/Failure)、市場シェア (Market Share)、レバレッジ (Leverage) などさまざまである。Cooper and Artz (1995) のように、企業家の満足度を分析するような研究も多く見られる。「使いやすい成果指標」、「使用可能な成果指標」を用いるといった方向から、企業家タイプによって起業目的・事業目標も異なるということを考慮した「実態を反映した成果指標」の選択を考えていく必要もあると言えよう。

〔忽那　憲治〕

参考文献

第1章

Alvarez, S. A. and Barney, J. B. (2002), Resource-based Theory and the Entrepreneurial Firm. Hitt, M. A. et al. (eds.) *Strategic Entrepreneurship*. Blackwell Publishing.

Bygrave, W. D. (ed.) (2003), *The Portable MBA in Entrepreneurship*, 3rd Edition. John Wiley & Son.

中小企業庁編 (2002),『2002年版中小企業白書』ぎょうせい。

Hewlet, S. A. (2002), Executive Women and the Myth of Having It All. *Harvard Business Review*, Product Number 9616.

伊丹敬之 (1984),『新・経営戦略の論理』日本経済新聞社。

Knight, F. H. (1921), *Risk, Uncertainty and Profit*. Houghton Mifflin.

加藤勝美 (1985),『技術王国日立をつくった男』PHP研究所。

三浦綾子 (1990),『夕あり朝あり』新潮文庫。

野中郁次郎 (2002),『企業進化論』日経ビジネス文庫。

Orr, D. (1974), The Determinants of Entry: A Study of the Canadian Manufacturing Industries. *Review of Economics and Studies*, Vol. 58, pp. 58-66.

Reynolds, P. D. and White, S. D. (1997), *The Entrepreneurial Process*. Greenwood Publishing Group.

Storey, D. J. (1994), *Understanding the Small Business Sector*. Thomson Learning. (忽那憲治・安田武彦・高橋徳行訳『アントレプレナーシップ入門』有斐閣, 2004年)。

高橋徳行 (2004),「懐妊から誕生までの阻害要因について」『女性の自己雇用に関する研究会―報告書―』経済産業省。

武田晴人 (2004),『世紀転換期の起業家たち』講談社。

Timmons, J. (1999), *New Venture Creation*, 5th Edition. Irwin McGraw-Hill.

第2章

Adler, P.S. and Kwon, S. (2002), Social Capital: Prospects for a New Concept. *Academy of Management Review*, Vol. 27, No. 1, pp. 17-40.

Aldrich, H. (1999), *Organizations Evolving*. Sage Publications.

Aldrich, H. and Fiol, C.M. (1994), Fools Rush in? The Institutional Context of Industry Creation. *Academy of Management Review*, Vol. 19, No. 4, pp. 645-670.

Birley, S. (1984), The Role of Networks in the Entrepreneurial Process. *Journal of Business Venturing*, Vol. 1, pp. 107-117.

Bisk, L. (2002), Formal Entrepreneurial Mentoring: the Efficacy of Third Party Managed Programs. *Career Development International*, Vol. 7, No. 5, pp. 262-270.

Burt, R. (1992), *Structural Holes: The Social Structure of Competition*. Harvard University Press.

Burt, R. (2005), *Brokerage and Closure: An Introduction to Social Capital*. Oxford University Press.

Cooper, A.C. (1986), Entrepreneurship and High Technology. in Sexton, D.L. and Smilor, R.W. (eds.) *The Art and Science of Entrepreneurship*. Ballinger.

中小企業庁編 (2002), 『2002年版中小企業白書』ぎょうせい。

Doutriaux, J. (1992), Emerging High-Tech Firms: How Are Their Comparative Start-up Advantages? *Journal of Business Venturing*, Vol. 7, No. 4, pp. 303-322.

Eisenhardt, K.M. and Schoonhoven, C.B. (1990), Organizational Growth: Linking Founding Team, Strategy, Environment, and Growth among U.S. Semiconductor Ventures, 1978-1988. *Administrative Science Quarterly*, Vol. 35, No. 3, pp. 504-529.

Dubini, P. and Aldrich, H. (1991), Personal and Extended Networks are Central to the Entrepreneurial Process. *Journal of Business Venturing*, Vol. 6, pp. 305-313.

Granovetter, M. (1973), The Strength of Weak Ties. *The American Journal of Sociology*, Vol. 78, No. 6, pp. 1360-1380.

Granovetter, M. (1982), The Strength of Weak Ties? A Network Theory Revisited. in Marsden, P.V. and Lin, N. (eds.) *Social Structure and Network Analysis*. Sage.

Greiner, L.E. (1972), Evolution and Revolution as Organization Grows. *Harvard Business Review*, July-August.

平田光子（2002），「組織のマネジメント」（金井一頼・角田隆太郎編『ベンチャー企業経営論』有斐閣）。

加護野忠男（1981），「戦略創造の組織論」『組織科学』第23巻第1号。

金井壽宏（1994），『企業者ネットワーキングの世界—MITとボストン近辺の企業者コミュニティの探求—』白桃書房。

Kazanjian, R. and Rao, H. (1999), Research Note: the Creation of Capabilities in New Ventures-A Longitudinal Study. *Organization Studies*, Vol. 20, No. 1, pp. 125-142.

厚生労働省編（2001），『平成13年度能力開発基本調査』日本労働研究機構。

Lechler, T. (2001), Social Interaction: A Determinant of Entrepreneurial Team Venture Success. *Small Business Economics*, Vol. 16, No. 4, pp. 263-278.

Reynolds, P. D. (1991), Sociology and Entrepreneurship: Concepts and Contributions. *Entrepreneurship Theory and Practice*, Vol. 16, No. 2, pp. 47-70.

Roure, J. and Maidique, M. (1986), Linking Prefunding Factors and High Technology Venture Success: An Exploratory Study. *Journal of Business Venturing*, Vol. 1, pp. 295-306.

Ruef, M., Aldrich, H. and Carter, N. (2003), The Structure of Founding Teams: Homophily, Strong Ties and Isolation among US Entrepreneurs. *American Sociological Review*, Vol. 68, No. 2, pp. 195-222.

佐藤博樹・玄田有史編（2003），『成長と人材—伸びる企業の人材戦略—』勁草書房。

Stinchcombe, A. (1965), Social Structure and Organizations. in March, J. G. (ed.) *Handbook of Organizations*. Rand-Mcnally, pp. 142-193.

Timmons, J. A. (1999), *New Venture Creation*, 5th Edition. Irwin McGraw-Hill.

Van de Ven, A. H., Hudson, R. and Schroeder, D. M. (1984), Designing New Business Startups: Entrepreneurial, Organizational and Ecological Considerations. *Journal of Management*, Vol. 10, pp. 87-107.

Vesper, K. H. (1990), *New Venture Strategy*, 2nd Edition. Prentice Hall.

Vyakarnam, S., Jacobs, R. C. and Handelberg, J. (1997), Formation and Development of Entrepreneurial Teams in Rapid-Growth Businesses. *Paper presented at Frontiers of Entrepreneurship Conference*, Babson College.

山田幸三（1999），「ベンチャー企業の創造プロセス—創造段階の企業家活動—」（忽那憲治・山田幸三・明石芳彦編著『日本のベンチャー企業—アーリーステー

ジの課題と支援―』日本経済評論社)。

Yamada, J. (2004), *Entrepreneurship as Knowledge and Social Capital Creation. Meso-Organization and the Creation of Knowledge.* Quorum Greenwood Publishing, pp. 12-46.

第3章

Blundell, R. and Macurdy, T. (1999), Labor Supply: A Review of Alternative Approaches. in Ashenfelter, O. C. and Card, D. (eds.) *Handbook of Labor Economics.* Vol. 3A, North-Holland, pp. 1559-1695.

中小企業庁編 (2003),『2003年版中小企業白書』ぎょうせい。

De Fraja, G. (1996), Entrepreneur or Manager: Who Runs the Firm? *Journal of Industrial Economics,* Vol. 44, No. 1, pp. 89-98.

Evans, D. S. and Jovanovic, B (1989), An Estimated Model of Entrepreneurial Choice under Liquidity Constraints. *Journal of Political Economy,* Vol. 97, pp. 808-827.

原田信行 (1998),「企業家活動と経済成長」『日本経済研究』No. 37, pp. 165-177.

Harada, N. (2004), Productivity and Entrepreneurial Characteristics in New Japanese Firms. *Small Business Economics,* Vol. 23, pp. 299-310.

原田信行・木嶋恭一 (2002),「起業の意思決定における所得・余暇の代替と流動性制約」『日本ベンチャー学会誌 Japan Ventures Review』No. 3, pp. 139-148.

Harada, N. and Kijima, K. (2005), Consumption-Leisure Preference Structure: A New Explanation of the Evans-Jovanovic Results for Entrepreneurial Choice. *Small Business Economics,* forthcoming.

Killingsworth, M. R. and Heckman, J. J. (1986), Female Labor Supply: A Survey. in Ashenfelter, O. C. and Layard, R. (eds.) *Handbook of Labor Economics.* Vol. 1, North-Holland, pp. 103-204.

国民生活金融公庫総合研究所 (2003),「2002年度新規開業実態調査」。

Mroz, T. A. (1987), The Sensitivity of an Empirical Model of Married Women's Hours of Work to Economic and Statistical Assumptions. *Econometrica,* Vol. 55, No. 4, pp. 765-799.

Pencavel, J. (1986), Labor Supply of Men: A Survey. in Ashenfelter, O. C. and Layard, R. (eds.) *Handbook of Labor Economics.* Vol. 1, North-Holland, pp. 3-102.

Singh, I., Squire, L. and Strauss, J. (eds.) (1986), *Agricultural Household Models: Extensions, Applications and Policy*. Johns Hopkins University Press.

第4章

Audretsch, D. B. (1995), *Innovation and Industry Evolution*. MIT Press.

中小企業庁編 (2002), 『2002年版中小企業白書』ぎょうせい。

Evans, D. S. (1987a), Tests of Alternative Theories of Firm Growth. *Journal of Political Economy*, Vol. 95, No. 4, pp. 657-674.

Evans, D. S. (1987b), The Relationship between Firm Growth, Size and Age: Estimates for 100 Manufacturing Industries. *Journal of Industrial Economics*, Vol. 35, No. 4, pp. 567-581.

玄田有史 (2001),「独立の旬:開業のためのキャリア形成」『国民生活金融公庫「新規開業の実態調査」の再分析 (1999-2001年)』, SSJ DATA Archive Research Paper Series 17, pp. 9-21.

Hall, B. H. (1987), The Relationship between Firm Size and Firm Growth in the US Manufacturing Sector. *Journal of Industrial Economics*, Vol. 35, No. 4, pp. 583-606.

Harada, N. (2003), Who Succeeds as an Entrepreneur? An Analysis of the Post-Entry Performance of New Firms in Japan. *Japan and the World Economy*, Vol. 15, No. 2, pp. 211-222.

Honjo, Y. (2000a), Business Failure of New Firms: An Empirical Analysis Using a Multiplicative Hazards Model. *International Journal of Industrial Organization*, Vol. 18, No. 4, pp. 557-574.

Honjo, Y. (2000b), Business Failure of New Software Firms. *Applied Economics Letters*, Vol. 7, No. 9, pp. 575-579.

Honjo, Y. (2004), Growth of New Start-Up Firms: Evidence from the Japanese Manufacturing Industry. *Applied Economics*, Vol. 36, No. 4, pp. 343-355.

本庄裕司 (2004),「開業後のパフォーマンスの決定要因」国民生活金融公庫総合研究所編『2004年版新規開業白書』中小企業リサーチセンター, pp. 89-118.

Jovanovic, B. (1982), Selection and Evolution of Industry. *Econometrica*, Vol. 50, pp. 649-670.

Jovanovic, B. (2001), New Technology and the Small Firm. *Small Business Economics*, Vol. 16, pp. 53-56.

松繁寿和（2002），「起業後の成長を決定する要因」，三谷直紀・脇坂明編『マイクロビジネスの経済分析』東京大学出版会，pp. 3-19.
Okamuro, H. (2004), Survival of New Firms in an Industry Agglomeration: An Empirical Analysis Using Telephone Directory of Tokyo. *COE/RES Discussion Paper Series*, No. 65, Hitotsubashi University.
榊原清則・本庄裕司・古賀款久（2004），「技術系製造業におけるスタートアップ企業の成長要因」，*Discussion Paper*, No. 37, 文部科学省科学技術政策研究所。
Storey, D. J. (1994), *Understanding the Small Business Sector*. Thomson Learning. （忽那憲治・安田武彦・高橋徳行訳『アントレプレナーシップ入門』有斐閣，2004年）。
Storey, D. J. (2003), Entrepreneurship, Small and Medium Sized Enterprises and Public Policies. in Acs, Z. J. and Audretsch, D. B. (eds.) *Handbook of Entrepreneurship Research*. Kluwer Academic Publishers, pp. 473-511.
White, H. (1980), A Heteroscedasticity-Consistent Covariance Matrix and a Direct Test for Heteroscedasticity. *Econometrica*, Vol. 48, pp. 817-838.
White, H. (1982), Maximum Likelihood Estimation of Misspecified Models. *Econometrica*, Vol. 50, pp. 1-25.
安田武彦（2004），「起業後の成長率と起業家属性，起業タイプと起業動機—日本のケース—」『企業家研究』創刊号，pp. 79-95.

第5章

Almus, M. and Nerlinger, E. A. (1999), Growth of New Technology-Based Firms: Which Factors Matter? *Small Business Economics*, Vol. 13, pp. 141-154.
Barkham, R., Gudgin, E., Hart, M. and Hanvey, E. (1996), *The Determinants of Small Firm Growth. An Inter-Regional Study in the United Kingdom 1986-90*. Jessica Kingsley.
Birley, S. (1985), The Role of Networks in the Entrepreneurial Process. *Journal of Business Venturing*, Vol. 1, pp. 107-117.
Brixy, U. and Kohaut, S. (1999), Employment Growth Determinants in New Firms in Eastern Germany. *Small Business Economics*, Vol. 13, pp. 155-170.
Brüderl, J., Preisendörfer, P. and Ziegler, R. (1996), *Der Erfolg Neugegründeter Betriebe*. Duncker & Humblot.
Brüderl, J. and Preisendörfer, P. (1996), Network Support and the Success of

Newly Founded Businesses. *Small Business Economics*, Vol. 10, pp. 213-225.

Chell, E. and Baines, S. (2000), Networking, Entrepreneurship and Microbusiness Behaviour. *Entrepreneurship and Regional Development*, Vol. 12, No. 3, pp. 195-215.

中小企業庁編 (1999),『平成11年版中小企業白書』大蔵省印刷局。

中小企業庁編 (2002),『2002年版中小企業白書』ぎょうせい。

Davidsson, P., Kirchhoff, B., Hatemi-J, A. and Gustavsson, H. (2002), Empirical Analysis of Business Growth Factors Using Swedish Data. *Journal of Small Business Management*, Vol. 40, pp. 332-349.

Harada, N. (2003), Who Succeeds as an Entrepreneur? An Analysis of the Post-Entry Performance of New Firms in Japan. *Japan and the World Economy*, Vol. 15, No. 2, pp. 211-222.

Hirschman, A. O. (1970), *Exit, Voice, and Loyalty*. Harvard University Press.

Honjo, Y. (2004), Growth of New Start-up Firms: Evidence from the Japanese Manufacturing Industry. *Applied Economics*, Vol. 36, No. 4, pp. 343-355.

本庄裕司 (2004),「開業後のパフォーマンスの決定要因」, 国民生活金融公庫総合研究所編『2004年版新規開業白書』中小企業リサーチセンター, pp. 89-118.

国民金融公庫総合研究所編 (1999),『平成11年版新規開業白書』中小企業リサーチセンター。

国民生活金融公庫総合研究所編 (2002),『2002年版新規開業白書』中小企業リサーチセンター。

国民生活金融公庫総合研究所編 (2004),『2004年版新規開業白書』中小企業リサーチセンター。

Littunen, H. and Tohmo, T. (2003), The High Growgh in New Metal-Based Manufacturing and Business Service Firms in Finland. *Small Business Economics*, Vol. 21, pp. 187-200.

松繁寿和 (2002),「起業後の成長を決定する要因」, 三谷直紀・脇坂明編『マイクロビジネスの経済分析』東京大学出版会, 第1章。

延岡健太郎 (1998),「部品サプライヤーの顧客ネットワーク戦略―顧客範囲の経済性―」, 藤本隆宏・西口敏宏・伊藤秀史編『リーディングス サプライヤー・システム』有斐閣, 第7章。

Ostgaard, T. A. and Birley, S. (1996), New Venture Growth and Personal Networks. *Journal of Business Research*, Vol. 36, pp. 37-50.

Robson, P. J. A. and Bennett, R. J. (2000), SME Growth: The Relationship with Business Advice and External Collaboration. *Small Business Economics*, Vol. 15, pp. 193-208.

Storey, D. J. (1994), *Understanding the Small Business Sector*. Thomson Learning. (忽那憲治・安田武彦・高橋徳行訳『アントレプレナーシップ入門』有斐閣, 2004年)。

安田武彦 (2004),「起業後の成長率と起業家属性, 起業タイプと起業動機―日本のケース―」,『企業家研究』創刊号, pp. 79-95.

第6章

Berger, A. N. and Udell, G. F. (1990), Collateral, Loan Quality, and Bank Risk. *Journal of Monetary Economics*, Vol. 25, No. 1, pp. 21-42.

Berger, A. N. and Udell, G. F. (1995), Relationship Lending and Lines of Credit in Small Firm Finance. *Journal of Business*, Vol. 68, No. 3, pp. 351-381.

Buck, A. J., Friedman, J. and Dunkelberg, W. C. (1991), Risk and Return in Small Business Lending: The Case of Commercial Banks. in Yazdipour, R. (ed.) *Advances in Small Business Finance*. Kluwer Academic Publishers, pp. 121-137.

Cavalluzzo, K. S., Cavalluzzo, L. C. and Wolken, J. D. (2002), Competition, Small Business Financing, and Discrimination: Evidence from a New Survey. *Journal of Business*, Vol. 75, pp. 641-679.

Cowling, M. (1997), Small Business Loan Requests: Who Gets the Cash? SME Centre Working Paper, No. 52, Warwick Business School.

Harhoff, D. and Körting, T. (1998), Lending Relationship in Germany: Empirical Evidence from Survey Data. *Journal of Banking & Finance*, Vol. 22, No. 10-11, pp. 1317-1353.

Kutsuna, K. and Cowling, M. (2003), Determinants of Small Business Loan Approval: Evidence from Japanese Survey after 1997 Financial Crisis. Kobe University, Discussion Paper Series, No. 8.

Petersen, M. A. and Rajan, R. G. (1994), The Benefits of Lending Relationships: Evidence from Small Business Data. *Journal of Finance*, Vol. 44, No. 1, pp. 3-37.

Storey, D. J. (1994), New Firm Growth and Bank Financing. *Small Business Economics*, Vol. 6, No. 2, pp. 139-150.

Storey, D. J. (1999), Discouraged Borrowers: A Study of Micro and Small Businesses in Trinidad and Tobago. SME Centre Working Paper, No. 68, Warwick Business School.

第 7 章

Avery, R. and Samolyk, T. (2000), Bank Consolidation and the Provision of Banking Service: The Case of Small Commercial Loans. *Federal Deposit Insurance Corporation Working Paper*.

Berger, A. and Udell, G. (1995), Relationship Lending and Lines of Credit in Small Firm Finance. *Journal of Business*, Vol. 68, No. 3, pp. 351–381.

Berlin, M. and Mester, L. (1998), On the Profitability and Cost of Relationship Lending, *Journal of Banking & Finance*, Vol. 22, pp. 873–897.

Blackwell, D. and Winters, D. (1997), Banking Relationships and the Effect of Monitoring on Loan Pricing. *Journal of Financial Research*, Vol. 20, pp. 275–289.

Bodenhorn, H. (2003), Short-Term Loans and Long-Term Relationships: Relationship Lending in Early America. *Journal of Credit & Banking*, Vol. 35, No. 4, pp. 485–505.

Boot, A. (2000), Relationship Banking: What Do We Know ? *Journal of Financial Intermediation*, Vol. 9, pp. 7–25.

Cole, R. (1998), The Importance of Relationships to the Availability of Credit. *Journal of Banking & Finance*, Vol. 22, pp. 959–977.

Degryse, H. and Cayseele, P. (1999), Relationship Lending within a Bank-based System: Evidence from European Small Business Data. *Journal of Financial Intermediation*, Vol. 9, pp. 90–109.

Detragiache, E., Garella, P. and Guiso, L. (2000), Multiple versus Single Banking Relationships: Theory and Evidence. *Journal of Finance*, Vol. 22, No. 10–11, pp. 1133–1161.

Elsas, R. and Krahanen, J. (1998), Is Relationship Lending Special? Evidence form Credit-File Data in Germany. *Journal of Banking & Finance*, Vol. 22, pp. 1283–1316.

Harhoff, D. and Körting, T. (1998), Lending Relationship in Germany: Empirical Evidence from Survey Data. *Journal of Banking & Finance*, Vol. 22, No. 10–11, pp. 1317–1353.

James, C. and Wier, P. (1990), Borrowing Relationships, Intermediation and the

Cost of Issuing Public Securities. *Journal of Financial Economics*, Vol. 28, pp. 149–171.

Keeton, W. (1996), Do Bank Mergers Reduce Lending to Business and Farmers? *Economic Review*, Federal Reserve Bank of Kansas City, Vol. 81, pp. 63–75.

Lehmann, E. and Neuberger, D. (2000), Do Lending Relationships Matter? Evidence from Bank Survey Data in Germany. *CoFE（Center of Finance and Econometrics）Discussion Paper*, No. 4.

根本忠宣（2002），「情報インフラの高度化が中小企業の資金調達に与える影響」『21世紀の金融システム』中央大学出版会, pp. 151–192.

─── (2005),「中小企業における資金調達手法の多様性」『商工金融』第55巻第1号, 1月号, pp. 10–32.

Ongena, S. and Smith, D. (2000a), Bank Relationships: A Review. in Harker, P. and Zenios, A. (eds.) *The Performance of Financial Institutions*. Cambridge University Press, pp. 221–258.

Ongena, S. and Smith, D. (2000b), What Determines the Number of Bank Relationships?: Cross-Country Evidence. *Journal of Financial Intermediation*, Vol. 9, pp. 26–56.

Peek, J. and Rosengren, E. (1998), Bank Consolidation and Small Business Lending: It's not just Bank Size that Matters. *Journal of Banking & Finance*, Vol. 22, pp. 799–820.

Petersen, M. A. and Rajan, R. G. (1994), The Benefits of Lending Relationships: Evidence from Small Business Data. *Journal of Finance*, Vol. 44, No. 1, pp. 3–37.

Scott, J. (2000), Relationships, Access to Credit and Loan Pricing: An Analysis of Small Business Experience. Unpublished manscript.

Stiglitz, J. and Weiss, A. (1981), Credit Rationing in Markets with Imperfect Information. *American Economic Review*, Vol. 71, No. 3, pp. 393–410.

Strahan, P. and Weston, J. (1998), Small Business Lending and the Changing Structure of the Banking Industry. *Journal of Banking & Finance*, Vol. 22, pp. 821–845

寺西重郎（2003），『日本の経済システム』岩波書店。

Von Thadden, E. (1994), The Commitment of Finance, Duplicated Monitoring, and the Investment Horizon. Unpublished manuscript, Basel University.

第8章

Akashi, Y. and Yasuda, H. (2001), R&D Activity, "Core Assets", and Operating Performances of JASDAQ Companies. *Osaka City University Economic Review*, Vol. 36, No. 2, pp. 77-99.

Baba, M. (1990), The Economic Effects of Government R&D. (in Japanese) *Waseda Keizai Kenkyu (Waseda Economic Study)*, Vol. 31.

Baldwin, W. L. and Link, A. N. (1998), Universities as Research Partners: Does Size of the Venture Matter? *International Journal of Technology Management*, Vol. 15, No. 8, pp. 895-913.

Buson, I. (2000), An Empirical Evaluation of the Effects of R&D Subsidies. *Economics of Innovation and New Technology*, Vol. 9, No. 2, pp. 111-148.

中小企業庁編 (2002),『2002年版中小企業白書』ぎょうせい。

中小企業総合研究機構 (2003),『新規開業研究会報告書――企業家活動に関する研究の進展および有効な支援システムの構築に向けて――』(財)中小企業総合研究機構。

Cohen, W. M. (1995), Empirical Studies of innovative Activity. in Stoneman, P. (ed.) *Handbook of the Economics of Innovation and Technological Change*. Blackwell.

Fritsch, M. and Lukas, R. (2001), Who Cooperates on R&D? *Research Policy*, Vol. 30, pp. 297-312.

Hagedoorn, J., Link, A. N. and Vonortas, N. S. (2000), Research Partnership. *Research Policy*, Vol. 29, pp. 567-586.

Lach, S. (2000), Do R&D Subsidies Stimulate or Displace Private R&D?: Evidence from Israel. NBER Working Paper Series No. 7943.

Leyden, D. P. and Link, A. N. (1999), Federal Laboratories as Research Partners. *International Journal of Industrial Organization*, Vol. 17, pp. 575-592.

Link, A. N. (1982), An Analysis of the Composition of R&D Spending. *Southern Economic Journal*, Vol. 49, pp. 342-349.

Mamuneas, T. P. and Nadiri, M. I. (1996), Public R&D Policies and Cost Behavior of the US Manufacturing Industries. *Journal of Public Economics*, Vol. 63, pp. 57-81.

宮田由紀夫 (1997),『共同研究開発と産業政策』勁草書房。

Wallsten, S. J. (2000), The Effects of Government-Industry R&D Programs on

Private R&D: The Case of the Small Business Innovation Research Program. *Rand Journal of Economics*, Vol. 31, pp. 82-100.

第9章
阿部正浩・山田篤裕（1998），「中高齢期における独立開業の実態」『日本労働研究雑誌』452号，pp. 26-40.

Berger, A. N. and Udell, G. F. (1995), Relationship Lending and Lines of Credit in Small Firms Finance. *Journal of Business*, Vol. 68, No. 3, pp. 351-381.

Blanchflower, D. G. and Oswald, A. J. (1998), What Makes an Entrepreneur? *Journal of Labor Economics*, Vol. 16, No. 1, pp. 26-60.

中小企業庁編（2002），『2002年版中小企業白書』ぎょうせい。

中小企業庁編（2003），『2003年版中小企業白書』ぎょうせい。

Evans, D. S. and Jovanovic, B. (1989), An Estimated Model of Entrepreneurial Choice under Liquidity Constraints. *Journal of Political Economy*, Vol. 97, No. 4, pp. 808-827.

玄田有史・石原真三子・神林龍（1998），「自営業減少の背景」『調査季報』国民金融公庫総合研究所，第47号，pp. 14-35.

玄田有史・神林龍（2001），「自営業減少と創業支援策」『雇用政策の経済分析』東京大学出版会。

Holtz-Eakin, D., Joulfaian D. and Rosen, H. (1994), Entrepreneurial Decisions and Liquidity Constraints. *Rand Journal of Economics*, Vol. 25, No. 2, pp. 334-347.

Lindh, T. and Ohlsson, H. (1996), Self-Employment and Windfall Gains: Evidence from the Swedish Lottery. *Economic Journal*, Vol. 106, pp. 1515-1526.

Mata, J. A. (1993), Entry and Type of Entrant: Evidence from Portugal. *International Journal of Industrial Organization*, Vol. 11, No. 1, pp. 101-122.

Mata, J. A. (1996), Markets, Entrepreneurs and the Size of New Firms. *Economic Letters*, Vol. 52, No. 1, pp. 89-94.

Mata, J. A. and Machado, F. (1996), Firm Start-up Size: A Conditional Quintile Approach. *European Economic Review*, Vol. 40, No. 6, pp. 1305-1323.

Mattinelli, C. (1997), Small Firms, Borrowing Constraints, and Reputation. *Journal of Economic Behavior and Organization*, Vol. 33, No. 1, pp. 91-105.

Petersen, M. and Rajan, R. (1994), The Benefits of Lending Relationships: Evidence from Small Business Data. *Journal of Finance*, Vol. 49, No. 1, pp. 3-37.

Petersen, M. and Rajan, R. (1995), The Effects of Credit Market Competition on Lending Relationship. *Quarterly Journal of Economics*, Vol. 110, No. 441, pp. 407–443.

Praag, C., Mirjam, V. H. and Ophem, V. (1995), Determinants of Willingness and Opportunity to Start as an Entrepreneur. *Kyklos*, Vol. 48, No. 4, pp. 513–540.

Stiglitz, J. and Weiss, A. (1981), Credit Rationing in Markets with Imperfect Information. *American Economic Review*, Vol. 71, No. 3, pp. 393–410.

高橋徳行 (2002), 「女性起業家の現状と経営的特徴」『調査季報』国民生活金融公庫総合研究所, 第60号, pp. 1–20.

安田武彦 (2004), 「創業時の流動性制約と創業動機, 政策金融の効果」RIETI Discussion Paper Series 04-J-032.

補章

Alsos, G. A. and Kolvereid, L. (1998), The Gestation Process of Novice, Serial and Parallel Business Founders. *Entrepreneurship Theory & Practice*, Vol. 22, No. 4, pp. 101–114.

Birley, S., Moss, C. and Saunders, P. (1987), Do Women Entrepreneurs Require Different Training? *American Journal of Small Business*, Vol. 12, No. 1, pp. 27–36.

Birley, S. and Westhead, P. (1994), A Taxonomy of Business Start-Up Reasons and Their Impact on Firm Growth and Size. *Journal of Business Venturing*, Vol. 9, No. 1, pp. 7–31.

Carter, N. M., Gartner, W. B. and Reynolds, P. D. (1996), Exploring Start-Up Event Sequences. *Journal of Business Venturing*, Vol. 11, No. 3, pp. 151–166.

Chrisman, J. J., Carsrud, A. L., DeCastro, J. and Herron, L. (1990), A Comparison of Assistance Needs of Male and Female Pre-Venture Entrepreneurs. *Journal of Business Venturing*, Vol. 5, No. 4, pp. 235–248.

Cooper, A. C. and Artz, K. W. (1995), Determinants of Satisfaction for Entrepreneurs. *Journal of Business Venturing*, Vol. 10, No. 6, pp. 439–457.

Delmar, F. and Davidsson, P. (2000), Where Do They Come From? Prevalence and Characteristics of Nascent Entrepreneurs. *Entrepreneurship and Regional Development*, Vol. 12, No. 1, pp. 1–23.

Glancey, K. S., McQuaid, R. W. and Campling, J. (2000), *Entrepreneurial Econom-*

ics. Macmillan Press.

原田信行（2002），「潜在的開業者の実証分析」『日本経済研究』日本経済研究センター，第44号，pp. 122-140.

Leadbeater, C. (1997), *The Rise of the Social Entrepreneur*. Demos.

Morris, M. H., Williams, R. O., Allen, J. A. and Avila, R. A. (1997), Correlates of Success in Family Business Transitions. *Journal of Business Venturing*, Vol. 12, No. 5, pp. 385-401.

Murphy, G. B., Trailer, J. W. and Hill, R. C. (1996), Measuring Performance in Entrepreneurship Research. *Journal of Business Research*, Vol. 36, No. 1, pp.15-23.

Reynolds, P. D. (1997), Who Starts New Firms? Preliminary Explorations of Firms in Gestation. *Small Business Economics*, Vol. 9, No. 5, pp. 449-462.

高橋徳行（2002），「女性起業家の現状と経営的特徴」『調査季報』国民生活金融公庫総合研究所，第60号，pp. 1-20.

Taylor, M. P. (1996), Earnings, Independence or Unemployment: Why Become Self-Employed? *Oxford Bulletin of Economics and Statistics*, Vol. 58, No. 2, pp. 253-265.

Timmons, J. A. (1994), *New Venture Creation*, 4th Edition. Irwin.（ジェフリー・A・ティモンズ『ベンチャー創造の理論と戦略』ダイヤモンド社，1997年）。

Westhead, P. and Cowling, M. (1997), Performance Contrasts Between Family and Non-Family Unquoted Companies in the UK. *International Journal of Entrepreneurial Behaviour and Research*, Vol. 3, No. 1, pp. 30-52.

Westhead, P. and Wright, M. (1998), Novice, Portfolio and Serial Founders: Are They Different? *Journal of Business Venturing*, Vol. 13, No. 3, pp. 173-204.

Westhead, P. and Wright, M. (1999), Contributions of Novice, Portfolio and Serial Founders Located in Rural and Urban Areas. *Regional Studies*, Vol. 33, No. 2, pp. 157-173.

安田武彦（2004），「起業後の成長率と起業家属性，起業タイプと起業動機—日本のケース—」『企業家研究』創刊号，pp. 79-95.

執筆者紹介

【編著者】

忽那 憲治（くつな　けんじ）　まえがき，第6章，補章を担当
神戸大学大学院経営学研究科教授
大阪市立大学大学院経営学研究科後期博士課程修了。博士（商学）
㈶日本証券経済研究所研究員，大阪市立大学経済研究所講師，助教授，神戸大学大学院経営学研究科助教授を経て，現在に至る。
主要業績：
(1) Kutsuna, K. and Smith, R. (2004) Why Does Book Building Drive Out Auction Methods of IPO Issuance? Evidence from Japan. *Review of Financial Studies* 17(4), pp. 1129-1166.
(2) Kutsuna, K. and Harada, N. (2004) Small Business Owner-Managers as Latent Informal Investors in Japan: Evidence from a Country with a Bank-based Financial System. *Venture Capital: An International Journal of Entrepreneurial Finance* 6(4), pp. 283-311.
(3) Kutsuna, K., Okamura, H. and Cowling, M. (2002) Ownership Structure Pre- and Post-IPOs and the Operating Performance of JASDAQ Companies. *Pacific-Basin Finance Journal* 10(2), pp. 163-181.
(4) Kutsuna, K., Cowling, M. and Westhead, P. (2000) The Short-Run Performance of JASDAQ Companies and Venture Capital Involvement Before and After Flotation. *Venture Capital: An International Journal of Entrepreneurial Finance* 2(1), pp. 1-25.

安田 武彦（やすだ　たけひこ）　第9章を担当
東洋大学経済学部教授，独立行政法人経済産業研究所客員研究員
東京大学経済学部卒業，通商産業省入省。
スタンフォード大学客員研究員，信州大学教授，中小企業庁調査室長を経て，現在に至る。

主要業績：
(1) Yasuda, T. (2004) Firm Growth, Size, Age and Behavior in Japanese Manufacturing. *Small Business Economics* 24(1), pp.1-16.
(2) 安田武彦「中小企業の存立基盤とその再構築の諸条件―静態的アプローチと動態的アプローチによる一試論―」『日本中小企業学会論集第22集』同友館，2003年，pp.43-55.
(3) 安田武彦「起業後の成長率と起業家属性，起業タイプと起業動機―日本のケース―」『企業家研究』創刊号，2004年，pp.79-95.
(4) 安田武彦「企業成長と企業規模，企業行動，加齢効果―日本の製造業を中心とした報告―」『調査季報（国民生活金融公庫総合研究所）』第59号，2001年11月号，pp.1-26.

【著者】
高橋 徳行（たかはし　のりゆき）　第1章を担当
武蔵大学経済学部教授
バブソン大学経営学修士課程修了（MBA）。
国民生活金融公庫総合研究所主席研究員を経て，現在に至る。
主要業績：
(1) 高橋徳行『起業学の基礎』勁草書房，2005年．
(2) 高橋徳行『起業学入門』財団法人経済産業調査会出版部，2000年．
(3) 高橋徳行「米国の女性経営者」，国民生活金融公庫総合研究所編『日本の女性経営者』中小企業リサーチセンター，2004年．
(4) 高橋徳行「成長戦略と人材ニーズ」，佐藤博樹・玄田有史編著『成長と人材』勁草書房，2003年．

山田 仁一郎（やまだ　じんいちろう）　第2章を担当
香川大学経済学部助教授
北海道大学大学院経済学研究科博士後期課程修了．博士（経営学）
日本学術振興会特別研究員，香川大学経済学部講師を経て，現在に至る。
主要業績：
(1) Yamada, J. (2004) A Multi Dimensional View of Entrepreneurship: Towards a Research Agenda on Organization Emergence. *Journal of Management Devel-*

opment 23 (4), pp. 289-320.
(2) Yamada, J. (2004) Entrepreneurship as Knowledge and Social Capital Creation. *Meso-Organization and the Creation of Knowledge*, Quorum Greenwood Publishing, pp. 12-46.
(3) Yamada, J. (2003) Producer's Role and Career in the Japanese Film Industry: The Impact of Producer-Director Partnership's Evolution. *European Group of Organization Studies 19th Colloquium Conference Paper*.
(4) 山田仁一郎「知識編集プロセスとしての新製品開発と事業ドメインの変化：組織のイノベーション活動におけるアナロジーの実証分析」,『日本経営システム学会誌』第15巻第1号, 1999年, pp. 110-134.

原田 信行（はらだ　のぶゆき）　第3章を担当
筑波大学大学院システム情報工学研究科講師
東京工業大学大学院社会理工学研究科博士課程修了。博士（理学）
日本経済研究センター研究員，副主任研究員を経て，現在に至る。
主要業績：
(1) Harada, N. (2005) Potential Entrepreneurship in Japan. *Small Business Economics*, forthcoming.
(2) Harada, N. and Honjo, Y. (2005) Does the Creative Business Promotion Law Enhance SMEs' Capital Investment? Evidence from a Panel Dataset of Unlisted SMEs in Japan. *Japan and the World Economy*, forthcoming.
(3) Harada, N. (2004) Productivity and Entrepreneurial Characteristics in New Japanese Firms. *Small Business Economics* 23 (4), pp. 299-310.
(4) Harada, N. (2003) Who Succeeds as an Entrepreneur? An Analysis of the Post-Entry Performance of New Firms in Japan. *Japan and the World Economy* 15 (2), pp. 211-222.

本庄 裕司（ほんじょう　ゆうじ）　第4章を担当
中央大学商学部助教授
筑波大学大学院博士課程社会工学研究科博士課程修了。博士（社会経済）
中央大学商学部講師を経て，現在に至る。
主要業績：
(1) Honjo, Y. (2004) Growth of New Start-Up Firms: Evidence from the Japa-

nese Manufacturing Industry. *Applied Economics* 36(4), pp.343-355.
(2) Honjo, Y. (2001) Do Innovative Start-Ups Really Wish to Go Public? Evidence from Japanese Electrical Manufacturing Companies. *Applied Economics Letters* 8(7), pp.493-497.
(3) Honjo, Y. (2000) Business Failure of New Firms: An Empirical Analysis Using a Multiplicative Hazards Model. *International Journal of Industrial Organization* 18(4), pp.557-574.
(4) Honjo, Y. (2000) Business Failure of New Software Firms. *Applied Economics Letters* 7(9), pp.575-579.

岡室 博之（おかむろ　ひろゆき）　第5章を担当
一橋大学大学院経済学研究科助教授
ボン大学 Ph.D.（経済学）
一橋大学経済学部講師を経て，現在に至る。
主要業績：
(1) Okamuro, H. (2001) Risk Sharing in the Supplier Relationship: New Evidence from the Japanese Automotive Industry. *Journal of Economic Behavior and Organization* 45(4), pp.361-381.
(2) Okamuro, H. (2000) CAD/CAM Utilization Patterns in Japan and Germany. Ulrich Jürgens ed. *New Product Development and Production Networks*, Berlin (Springer), pp.407-424.
(3) 岡室博之「デフレ経済下における中小製造業の研究開発活動の決定要因」，『商工金融』54巻6号，2004年，pp.5-19.
(4) 岡室博之「中小企業の共同事業の成功要因：組織・契約構造の影響に関する分析」，『商工金融』53巻1号，2003年，pp.21-31.

根本 忠宣（ねもと　ただのぶ）　第7章を担当
中央大学商学部助教授
中央大学大学院商学研究科博士前期課程修了。
富士銀行（現みずほ銀行），三和総合研究所（現 UFJ 総合研究所），国士舘大学政経学部助教授を経て，現在に至る。
主要業績：
(1) 根本忠宣『基軸通貨の政治経済学』学文社，2003年。

(2) 根本忠宣「EUにおける金融システムの多様性とユーロ導入の影響」,村本孜編著『グローバリゼーションと地域経済統合』蒼天社出版,2004年,pp.146-186.
(3) 根本忠宣「情報インフラの高度化が中小企業の資金調達に与える影響」,『21世紀の金融システム』中央大学出版会,2002年,pp.151-192.
(4) 根本忠宣「イタリアの中小企業金融」,『調査季報(国民生活金融公庫総合研究所)』第70号,2004年8月号,pp.1-25.

伊藤 康(いとう やすし) 第8章を担当
千葉商科大学商経学部助教授
一橋大学大学院経済学研究科博士課程修了。
一橋大学経済学部助手,千葉商科大学講師を経て,現在に至る。
主要業績:
(1) 伊藤康「技術開発に対する助成措置の役割」,寺尾忠能・大塚健司編著『アジアにおける環境政策と社会変動―産業化・民主化・グローバル化―』アジア経済研究所研究双書シリーズ,近刊予定。
(2) 伊藤康「炭素税と環境技術普及補助金」,『環境経済・政策学会年報』第9号,2004年,pp.3-15.
(3) 伊藤康「環境政策と技術革新」,寺西俊一編『新しい環境経済政策』東洋経済新報社,2003年,pp.252-282.
(4) 伊藤康「環境保全と競争力―ポーター仮説の先にあるもの―」,『環境経済・政策学会年報』第6号,2001年,pp.100-113.

明石 芳彦(あかし よしひこ) 第8章を担当
大阪市立大学大学院創造都市研究科教授
神戸大学大学院経済学研究科博士課程修了。博士(経済学)
滋賀大学助教授,大阪市立大学経済研究所教授を経て,現在に至る。
主要業績:
(1) 明石芳彦『漸進的改良型イノベーションの背景』有斐閣,2001年。
(2) 忽那憲治・山田幸三・明石芳彦共編著『日本のベンチャー企業』日本経済評論社,1999年。
(3) 明石芳彦「アメリカのイノベーション・クラスター」,松岡憲司編『地域開発と企業成長』日本評論社,2004年,pp.121-144.

(4) 明石芳彦「ベンチャー企業における特許戦略」,『組織科学』35巻3号, 2002年, pp. 49-56.

▄ 日本の新規開業企業
　にほん　しんきかいぎょうきぎょう
〈検印省略〉

▄ 発行日──2005年6月16日　初版第1刷発行

▄ 編著者──忽那憲治・安田武彦
　　　　　　くつなけんじ　やすだたけひこ
▄ 発行者──大矢栄一郎
▄ 発行所──株式会社 白桃書房
　　　　　　　　　　　はくとうしょぼう
　　　　　〒101-0021　東京都千代田区外神田5-1-15
　　　　　☎03-3836-4781　📠03-3836-9370　振替00100-4-20192
　　　　　http://www.hakutou.co.jp/

▄ 印刷・製本──松澤印刷／榎本製本

　　© K. Kutsuna & T. Yasuda 2005　Printed in Japan　ISBN4-561-23432-2　C3034
　　Ⓡ 〈日本複写権センター委託出版物〉
　　　本書の全部または一部を無断で複写複製(コピー)することは，著作権
　　　法上での例外を除き，禁じられています。本書からの複写を希望され
　　　る場合は，日本複写権センター(03-3401-2382)にご連絡ください。
　　　落丁本・乱丁本はおとりかえいたします。

好 評 書

山田幸三著
新事業開発の戦略と組織
―プロトタイプの構築とドメインの変革―　　　　本体2800円

加護野忠男・角田隆太郎
山田幸三・㈶関西生産性本部編
日本企業の経営革新
　　　　本体3200円

榊原清則・大滝精一・沼上幹著
事業創造のダイナミクス
　　　　本体3500円

加護野忠男著
経営組織の環境適応
　　　　本体5000円

野中郁次郎・永田晃也編著
日本型イノベーション・システム
―成長の軌跡と変革への挑戦―　　　　本体4175円

金井壽宏著
企業者ネットワーキングの世界
―MITとボストン近辺の企業者コミュニティの探求―　　　　本体7400円

沼上　幹著
液晶ディスプレイの技術革新史
―行為連鎖システムとしての技術―　　　　本体7400円

伊丹敬之著
経営と国境
　　　　本体1429円

E.H.シャイン著　金井壽宏監訳　尾川丈一・片山佳代子訳
企業文化―生き残りの指針
　　　　本体2800円

出口将人著
組織文化のマネジメント
―行為の共有と文化―　　　　本体2200円

白桃書房

本広告の価格は消費税抜きです。別途消費税が加算されます。